Do avivamento metodista à Igreja do século 21

Do Avivamento Metodista à Igreja do Século 21

Marcelo Almeida
Mário A. Silva
Denise Américo
Melva Webb

Ágape
São Paulo, 2021

Do avivamento metodista à Igreja do século 21
Copyright © 2021 by Marcelo Almeida, Mario A. Silva, Denise Américo, Melva Webb
Todos os direitos desta publicação reservados para Ágape Editora e Distribuidora Ltda.

DIREÇÃO GERAL: **Luiz Vasconcelos**
EDITOR RESPONSÁVEL: **Omar Souza**
PREPARAÇÃO DE TEXTO: **Pedro Jorge**
REVISÃO DE TEXTO: **Lucas Nagem**
DIAGRAMAÇÃO: **Plinio Ricca**
CAPA: **Kelson Spalato Marques**

Imagens reproduzidas sob licença de Shutterstock.

Texto de acordo com as normas do Novo Acordo Ortográfico da Língua Portuguesa (1990), em vigor desde 1º de janeiro de 2009.

Dados Internacionais de Catalogação na Publicação (CIP)

Do avivamento metodista à Igreja do século 21 / Marcelo Almeida...[et al.]. -- Barueri, SP : Ágape, 2021.
336 p.

Bibliografia
ISBN versão impressa: 978-65-5724-039-7
ISBN ebook: 978-65-5724-036-6

1. Cristianismo - História 2. Igreja Cristã - História I. Título

21-1883   CDD 230

Índice para catálogo sistemático:
1. Cristianismo - História

EDITORA ÁGAPE LTDA.
Alameda Araguaia, 2190 — Bloco A — 11º andar — Conjunto 1112
CEP 06455-000 — Alphaville Industrial, Barueri — SP — Brasil
Tel.: (11) 3699-7107 | Fax: (11) 3699-7323
www.editoraagape.com.br | atendimento@agape.com.br

Sumário

INTRODUÇÃO: UMA ERA DE AVIVAMENTOS,
CONFLITOS SANGRENTOS E CRESCIMENTO DA FÉ 7

1. O MOVIMENTO METODISTA DE SANTIDADE 9

2. O GRANDE DESPERTAMENTO
NAS COLÔNIAS DA AMÉRICA DO NORTE 41

3. MOVIMENTOS DE RESTAURAÇÃO 52

4. O GRANDE DESPERTAR DAS MISSÕES MODERNAS 56

5. O SEGUNDO GRANDE DESPERTAMENTO 77

6. IDEOLOGIAS EUROPEIAS
QUE SE DISSEMINARAM PELO MUNDO 87

7. VENTOS DE ADVERSIDADE 100

8. O AVIVAMENTO COM D.L. MOODY 110

9. OS AVIVAMENTOS DE SANTIDADE DO SÉCULO 19 115

10. OS MINISTÉRIOS DE JORGE MÜLLER E WILLIAM BOOTH 137

11. A CHEGADA DO EVANGELHO AO BRASIL 145

12. NOVOS VENTOS DE AVIVAMENTO 166

13. O AVIVAMENTO NO PAÍS DE GALES 171

14. O PODEROSO AVIVAMENTO PENTECOSTAL 180

15. TENDÊNCIAS PERIGOSAS NAS
TEOLOGIAS DOS SÉCULOS 19 E 20 196

16. O CATOLICISMO ROMANO DO SÉCULO 20 210

17. AS MISSÕES PROTESTANTES NO SÉCULO 20 228

18. OS AVIVAMENTOS DE CURA DIVINA DOS ANOS 1950 250

19. OS MAIORES EVANGELISTAS DO SÉCULO 20 260

20. A IGREJA NA GRÃ-BRETANHA DO SÉCULO 20 279

21. O MOVIMENTO CARISMÁTICO DOS ANOS 1960 E 1970 283

22. O AVANÇO DA IGREJA EVANGÉLICA NO BRASIL 295

23. O MOVIMENTO DE RESTAURAÇÃO DA IGREJA 306

24. O ADVENTO DAS IGREJAS EM CÉLULAS 314

25. AS NOVAS FRONTEIRAS DO SÉCULO 21 322

REFERÊNCIAS 332

INTRODUÇÃO
UMA ERA DE AVIVAMENTOS, CONFLITOS SANGRENTOS E CRESCIMENTO DA FÉ

Avivamento, revolução e razão são as palavras que caracterizam o importante período da História cristã que abordamos neste terceiro volume da série "O essencial do Cristianismo". Trata-se de um tempo de maravilhoso agir do Espírito Santo na Igreja, levando a Reforma a se tornar uma autêntica restauração, indo muito além do que os reformadores clássicos entenderam e praticaram. Veremos a Igreja se tornando muito mais viva e atuante, enviando missionários literalmente para todos os confins da terra com um zelo evangelístico admirável. Sem dúvida, um período de ações sobrenaturais de Deus em meio a grandes trevas no mundo secular.

Um estudo da vida intelectual de 1500 a 1750 aparentemente revelaria uma cristianização progressiva no mundo. Mas uma parte significativa das novas filosofias surgidas pareciam contrárias à fé cristã. E, ainda assim, a maioria dos intelectuais continuava a prestar obediência à Igreja e ao Cristianismo, pelo menos com os lábios. Muito do que surgiria na França antes de sua sangrenta Revolução também era contra os princípios cristãos e se espalharia pelo mundo.

Por essa razão, foi um tempo de sangrentas rebeliões e de reação das trevas contra o levantar de Deus no meio e por intermédio de sua Igreja. Nada disso, entretanto, impediria os poderosos moveres do Espírito Santo. O primeiro sopro fresco de Deus nessa época foi o pietismo, indicando que sua ação seria ampla e abarcaria toda a Igreja.

Finalmente, com a chegada da Idade Contemporânea, o mundo passou a viver contradições cada vez mais profundas. As velhas estruturas da

Idade Moderna foram cedendo e dando espaço a um novo tipo de relação entre as nações. A Europa assumiu a liderança sobre o Ocidente e se tornou o centro do Mundo. O colonialismo praticado pelas nações europeias estabeleceu laços injustos com essas novas fronteiras na Ásia e na África, levando os países a uma corrida por territórios, mercados e recursos que culminou nas duas guerras mundiais, causando um derramamento de sangue sem precedentes.

Nesse mesmo tempo, os Estados Unidos ganharam um protagonismo indiscutível, liderando as grandes democracias ocidentais em contraponto ao paradigma comunista da União Soviética. Essa corrida por influência viveu seu clímax com a chamada Guerra Fria e, finalmente, com uma mudança cultural de aspectos profundos e definitivos. O fim do Modernismo, a chegada do Pós-modernismo e, mais tarde, o advento da internet impuseram ao mundo um novo tipo de cenário muito mais plural, subjetivo e incerto.

Chegamos, assim, ao terceiro milênio, quando a Igreja tradicional e convencional se revela incapaz de atualizar suas estruturas, e sua mensagem perde rapidamente adeptos e influência. Um novo modelo de Igreja emergente começa a surgir no cenário a partir do fim do século 20 e início do século 21. É uma Igreja mais adequada à explosão populacional e ao vertiginoso crescimento urbano.

Num mundo que, segundo a Organização das Nações Unidas (ONU), terá entre 8 bilhões e 16 bilhões de habitantes até o ano 2100, essa nova Igreja é cada vez menos presa a templos e cada vez mais disseminada em congregações que se reúnem em casas ou em pequenos grupos. Ela vive na prática a expressão "cada crente, um ministro; cada casa, uma igreja". Vai além do modelo de células para se tornar uma experiência muito próxima à experiência da Igreja apostólica dos primeiros dias da Era Cristã.

Esperamos que o conhecimento desses extraordinários moveres de Deus na História e das ondas de avivamento conduzidas pelo Espírito Santo seja fator de grande inspiração, informação e edificação de nossos leitores.

CAPÍTULO 1
O MOVIMENTO METODISTA DE SANTIDADE

"Prega a fé até obtê-la; e então, porque tu a tens, tu pregarás a fé."
Pedro Böhler

João Wesley e sua origem anglicana

Um dos períodos mais impressionantes da História da Igreja foi vivido pelo metodismo primitivo em sua busca pelo fogo interior do Espírito Santo e uma vida em profunda santidade. E nenhum líder é tão impressionante quanto o apóstolo desse movimento, João Wesley, cuja vida se estendeu por quase todo o século 18. Ele ficou conhecido não apenas por sua devoção ao Evangelho, mas também por seu estilo metódico na prática das disciplinas espirituais e em todas as rotinas da vida, de onde derivou o apelido "metodista" que se estendeu à denominação.

Certa manhã, um hospedeiro de Wesley o encontrou adormecido no topo da escada porque, tendo chegado atrasado para a hora de dormir, não se permitiu ir para a cama. O metodismo, com seu extenso efeito espiritual, alterou o curso da História da Inglaterra e poupou a nação da falência moral naquela geração.

As condições do país e da Igreja estatal inglesa

Naqueles dias, havia um grave esfriamento espiritual, com uma ortodoxia morta e paralisada. Os ministros não pregavam a Palavra. Um escritor, de acordo com Fischer (1961, p. 99-100), relatava que, "depois de ouvir todos os ministros de importância em Londres, nenhum sermão continha qualquer coisa do Cristianismo mais do que as palavras de Cícero, e ninguém podia dizer, pelos sermões, se os pregadores eram discípulos de Confúcio, Maomé ou Cristo".

Vários autores relatam sobre esse período, entre eles Buyers (1957, p. 7), apontando que "o fracasso da religião desse século estava nisto: tinha deixado de ser viva e não tocava na vida. A Inglaterra parecia um 'vale de ossos secos' que esperava o sopro divino para vivificá-los".

Walker nos chama atenção para algo de extrema relevância na época: "O racionalismo penetrava todas as classes de pensadores religiosos, de modo que, mesmo entre os ortodoxos, o Cristianismo se assemelhava mais a um sistema de moralidade apoiado por sanções divinas." (1967, p. 7) Porém, o estado moral era lastimável. "Havia três coisas que caracterizavam a vida moral do povo inglês daquela época: diversões, violência e alcoolismo. Essas diversões consistiam em peças obscenas nos teatros, touradas e brincadeiras cruéis com ursos, leitura de livros imorais e a prática de muitos vícios. O adultério era um passatempo."[1]

A embriaguez chegou a tal ponto que alguns estadistas se alarmavam, com medo de que o povo se destruísse. A violência e o homicídio eram tão comuns que não era seguro andar pelas ruas de Londres à noite. A blasfêmia e o palavreado de baixíssimo calão eram ouvidos em qualquer lugar.

As condições sociais eram terríveis. Os operários ganhavam pouco e viviam sobrecarregados de impostos. Os ricos tinham interesse apenas em si. Consequentemente, a pobreza se espalhou. Muitos viviam como pedintes de esmolas. Por outro lado, o código penal era muito severo, e as pessoas eram condenadas à morte por ofensas de menor importância. Certa vez, o próprio pai de Wesley foi lançado na prisão simplesmente por não ter como pagar algumas dívidas.

> **A ESPIRITUALIDADE MISSIONÁRIA**
> "Ouvi, então, a voz do Senhor que dizia: 'Quem é que vou enviar? Quem irá de nossa parte?' Eu respondi: 'Aqui estou. Envia-me!'" (Is 6:8) A espiritualidade, para ser cristã, precisa ser missionária, já que a proclamação da fé a toda a criatura é um comissionamento de Jesus Cristo, entregue por ele mesmo a todos os seus discípulos, independentemente de nosso tempo na História. Crer é proclamar!

1   BUYERS, 1957, p. 6.

O povo de coração endurecido tinha prazer em assistir às execuções das penas de morte em praça pública. As prisões eram infernos na terra, e os prisioneiros maltratados eram obrigados a se manter por conta própria ou pagar aos carcereiros pelo cuidado. Eram verdadeiros antros de doenças e iniquidades.

A Inglaterra estava às vésperas da Revolução Industrial que transformaria o país agrícola numa potência mundial. Isso envolveria mudanças sociais e estruturais, com todos os problemas decorrentes desse desenvolvimento tecnológico rápido. A Igreja não estava preparada para se ajustar àqueles novos tempos.

Como em todas as épocas da História cristã, havia pessoas interessadas em transformar as coisas. William Law (1686-1761) foi um dos homens que Deus levantou para alertar e exortar a nação. Havia uma nova filosofia que se tornara muito popular, o deísmo, que cegara muita gente. Law o combateu por intermédio de seu livro *As bases e as razões para a regeneração cristã*, e escreveu outro intitulado *Sério apelo à vida devota e santa*, de 1728, que ainda é um clássico da literatura exortativa inglesa.

A vida de João Wesley foi moldada em grande medida por esse livro. Isaque Watts (1674-1748) foi considerado o fundador da moderna hinologia inglesa. Seus hinos de 1707 e *Salmos de Davi na linguagem do Novo Testamento* (1719) quebraram os preceitos quanto ao uso dos cânticos e hinos.

Antes do metodismo, havia as sociedades religiosas, pequenos grupos de prática devocional. Tinham como principais objetivos a oração, a leitura da Bíblia, o cultivo da vida cristã, a participação na Ceia do Senhor e obras sociais, como auxílio aos pobres, soldados, marinheiros e prisioneiros. Esses grupos também encorajavam a pregação do Evangelho. A mais antiga dessas sociedades foi formada em Londres por um grupo de jovens em 1678, e por volta de 1700 já havia aproximadamente uma centena delas em atividade na capital inglesa, além de muitas outras no restante do país e na Irlanda. Em 1702, Samuel Wesley, pai de João Wesley, organizou uma sociedade religiosa em Epworth. Eram muito parecidas com os *Collegia Pietatis* do pietista Spenner, mas não foram apoiadas por muitos clérigos, que as consideravam como fanatismo.

A partir de 1710, o movimento declinou muito, mas, segundo Walker (1967, p. 204-205), as sociedades religiosas continuaram a ter importância no início do metodismo:

> Tais esforços, no entanto, apenas tinham influência local e parcial. O grosso do povo inglês estava na letargia espiritual, ainda que consciente do pecado e convencido da realidade da futura punição. Não havia sido despertada a emoção da lealdade a Cristo, da salvação por seu intermédio e da transformação pela fé. Era necessário um apelo por um impacto espiritual. Algo forte para convencer o coração, mais do que aquelas argumentações frias e lógicas.
>
> A profunda transformação efetuada na Inglaterra, cujos resultados fluíram em enormes consequências pelas terras da língua inglesa, foi primordialmente resultado do reavivamento evangélico. Os primeiros sinais de despertamento foram visíveis no começo do século 18 [...] Mas somente com o surgimento de seus grandes líderes — João e Carlos Wesley e Jorge Whitefield —, o reavivamento evangélico cresceu como uma poderosa onda. Em quatro décadas, ele avançou em três grupos diferentes, mas intimamente relacionados. Eram redes ligadas à Igreja estabelecida da Inglaterra: sociedades ou comunidades metodistas, sob a orientação dos irmãos Wesley; metodistas calvinistas, sob Whitefield; e evangélicos anglicanos, estes trabalhando mais dentro das tradicionais linhas paroquiais. Não foi senão em 1779 que as primeiras separações formais de alguns desses grupos ocorreram na Igreja da Inglaterra.

As origens do avivamento

As raízes do metodismo estão fundadas em João Wesley (1703-1791), seu principal arquiteto; Jorge Whitefield (1714-1770), seu dinâmico evangelista; Carlos Wesley (1707-1788), o grande escritor de hinos; e João Fletcher (1729-1785), um hábil teólogo. A condessa de Huntingdon foi outro importante nome, mais associada a Jorge Whitefield nos anos finais.

O jovem João Wesley era o 15º de dezenove filhos de um pastor anglicano, e foi salvo de um incêndio em sua casa quando criança. Desde então, via-se como um "tição arrebatado do fogo". A mãe, Suzana Wesley, tal como o marido, era muito comprometida com as questões espirituais e com a

Igreja. Era uma mulher de extraordinária força de caráter. A disciplina era rigorosamente mantida no lar. Ainda com suas excelentes virtudes, ela afirmava ter alcançado a certeza do perdão dos seus pecados depois da experiência de seu filho João, que registrou em seu diário:

> Conversei por muito tempo com minha mãe, que me contou jamais ter ouvido essa coisa de receber agora o perdão de pecados, ou o Espírito de Deus testemunhando com o nosso espírito; e muito menos que isso fosse privilégio comum de todos os crentes verdadeiros. "Portanto", disse ela, "nunca me lembrei de pedi-lo para mim mesma. Mas há duas ou três semanas, enquanto meu filho estava explicando aquelas palavras acerca do corpo e do sangue de nosso Senhor Jesus Cristo, que foram entregues por mim, as palavras me penetraram o coração, e eu sabia que Deus, pelo amor de Cristo, tinha perdoado todos os meus pecados." (BUYERS, 1965, p. 219)

Os irmãos Wesley estudaram nas melhores escolas da Inglaterra. João iniciou seus estudos na Charterhouse School, em Londres, em 1714, e Carlos na Westminster School, em 1716. Terminaram seus estudos na Universidade de Oxford. Em 1720, João matriculou-se no Christ Church College, o mais aristocrático de Oxford. Foi seguido pelo irmão seis anos depois. Mais tarde, João ocuparia uma cadeira em Oxford, lecionando Grego, Lógica e Filosofia. Em 1725, João foi ordenado diácono, e em 1728, presbítero. Serviu na paróquia de seu pai por algum tempo.

Numa noite de quarta-feira, numa comunidade anglicana na rua Aldeas-Gate, em Londres, João leu o prefácio de Lutero ao *Comentário de Romanos*. Ele mesmo conta:

> Enquanto ele estava descrevendo a mudança que Deus faz no coração pela fé em Cristo, senti meu coração estranhamente aquecido. Senti que cria em Cristo, apenas em Cristo, para a salvação, e uma certeza me foi dada pelo Espírito Santo de que ele já tinha levado os meus pecados e me salvado da lei do pecado e da morte.

O Clube Santo ou Clube Metodista

Foi organizado por Carlos Wesley e dois de seus colegas em Oxford, Roberto Kirkham e Guilherme Morgan. Quando João regressou àquela Universidade, tornou-se líder do clube. Os membros dedicaram suas vidas à busca da verdade, à leitura da Bíblia e a bons livros, oração, jejum, comunhão frequente, ministério aos presos e crianças pobres. Os seus colegas zombavam deles, chamando o grupo de "Clube Santo".

João e Carlos Wesley viajaram para a colônia americana da Geórgia em fevereiro de 1726, e lá permaneceram até dezembro de 1737. João foi na condição de missionário entre os índios, e Carlos, como secretário do governador, o general James Oglethorpe. O principal motivo pelo qual João se aventurou em terras norte-americanas, segundo ele mesmo, foi a esperança de salvar a própria alma.

Como já citado, no navio os irmãos tiveram contato com os morávios a bordo. Foi quando João reconheceu que não estava preparado para morrer. Assim, ao chegar à Geórgia, procurou ajuda espiritual do bispo Spancenberz. Buyers cita parte da conversa entre os dois:

> "Meu irmão, preciso dirigir-te duas ou três perguntas. Tens o testemunho dentro de ti mesmo? Testemunha o Espírito Santo com o seu espírito de que és filho de Deus?" Fiquei surpreendido, e não sabia responder. Ele o notou e perguntou: "Conheces a Jesus Cristo?" Hesitei e disse: "Sei que é o Salvador do mundo." "Está certo", respondeu ele, "mas tens certeza de que ele te salvou?" Respondi: "Sim, tenho." Mas receio que foram palavras vãs. (1957, p. 16)

> **A ESPIRITUALIDADE MISSIONÁRIA**
> Jesus Cristo mesmo foi o maior missionário de todos os tempos. Sendo Deus, ele se fez homem e habitou entre nós em total obediência à convocação do Pai. Em sua encarnação encontramos o cerne da espiritualidade missionária, que significa fazer Deus conhecido a toda língua, tribo e nação. O Deus Emanuel se fez carne e habitou conosco!

Na Geórgia, os Wesley trabalhavam arduamente, mas com poucos resultados. No entanto, ao chegar à colônia, Jorge Whitefield disse: "O bem que o senhor João Wesley tem feito na América é inexprimível. Seu nome é mui precioso entre o povo, e tem posto um fundamento que, espero, nem homens nem diabos prevalecerão contra ele. Oh, que eu possa segui-lo como ele tem seguido a Cristo."[2]

Carlos Wesley voltou para seu país natal em 1736, desanimado e doente. João ainda permaneceu. Em 1737, João fundou em Savannah uma pequena sociedade para o crescimento espiritual. Teve oportunidade de demonstrar sua capacidade para línguas, dirigindo cultos em alemão e italiano. Além destes e do inglês, ele conhecia bem o grego, o latim, o hebraico e o espanhol.

O costume que João Wesley mantinha de decidir importantes assuntos por sorteio e pelo primeiro versículo sobre o qual os olhos pousavam ao abrir a Bíblia ao acaso o levou a uma decisão errada quanto ao casamento com Sofia Hockey. Estava vacilando entre o celibato clerical e a possibilidade de contrair matrimônio com a jovem. Para resolver a dúvida, lançou sortes e a resposta foi negativa. O resultado provocou grande ressentimento da moça e de seus parentes.

Precipitadamente, a moça casou-se com outro homem. O marido proibiu que ela continuasse a frequentar as reuniões da igreja liderada por Wesley, que não a considerava preparada para receber a comunhão, por isso recusou-lhe a Ceia. Essa controvérsia pôs fim à influência de João Wesley na Geórgia. Reclamações e uma demanda formal foram iniciadas contra ele, e vendo que não podia ser julgado com justiça, resolveu regressar à sua pátria. Em 1751, Wesley se casou com a viúva Maria Vazeille, o que, com o tempo, provou-se um enlace muito infeliz.

No dia 24 de janeiro de 1738, uma terça-feira, ainda em viagem, ele escreveu em seu diário:

> Minha mente agora se encheu de pensamentos; alguns deles foram os seguintes: "Fui à América para converter índios, porém, oh!, quem me converterá? Quem, quem será aquele que me livrará deste coração vil de incredulidade? Sinto-me seguro quando não há perigo por perto, mas basta a morte olhar-me no rosto que meu espírito fica perturbado. Não posso dizer que 'morrer é lucro'."[3]

.....
2   WOOD, 1964, p. 105.
3   BUYERS, 1965, p. 20.

João Wesley retratado em gravura antiga.

João Wesley voltou à Inglaterra em 1º de fevereiro de 1738, desapontado e angustiado de espírito. No dia 7 do mesmo mês, encontrou-se com Pedro Böhler, que iria em viagem à Geórgia, mas ficou em Londres até maio. João e Carlos, seu irmão, entraram em íntima comunhão com esse irmão morávio, que se tornou um pai espiritual para eles. João Wesley, diante da incredulidade de seu coração, perguntou a Böhler se deveria parar de pregar, e recebeu uma notável resposta: "Prega a fé até obtê-la; e então, porque tu a tens, tu pregarás a fé."

No dia 21 de abril de 1738, quarta-feira, João escreveu em seu diário: "Pedro Böhler andou comigo algumas milhas e me exortou a não parar antes de experimentar a graça de Deus."[4] A experiência da salvação pela graça por meio da fé veio a Carlos primeiro. Domingo, dia 21 de maio de 1738, João visitou seu irmão no leito de enfermidade, e eles cantaram um hino de louvor. Depois da saída de João, Carlos entregou-se à oração:

---
4   BUYERS, 1965, p. 24.

"Oh, Jesus, tu prometeste: 'Voltarei para vós outros!' Tu és o Deus que não podes mentir. Eu inteiramente confio na tua verdadeira promessa. Cumpre-a no teu tempo e à tua maneira." Disse mais: "Eu estava me acomodando para dormir em sossego e paz quando ouvi alguém entrar e dizer: 'Em nome de Jesus de Nazaré, levanta-te e crê, e tu serás curado das tuas enfermidades'." Era a Senhora Turner, irmã de Bray, que foi enviada pelo Senhor num sonho a transmitir essa mensagem. "Eu nunca ouvi palavras pronunciadas com tanta solenidade", disse Carlos. "O som da sua voz foi totalmente mudado [...] Eu me levantei e abri as Escrituras. As palavras que primeiro me apresentaram eram: 'Eu, Senhor, que espero? Tu és minha esperança.' Então, em um relance, vi: 'E me pôs nos lábios um novo cântico, um hino de louvor ao nosso Deus. Muitos verão essas coisas, temerão e confiarão no Senhor.' Depois, abri por acaso em Isaías 40:1: 'Consolai, consolai o meu povo, diz o vosso Deus. Falai ao coração de Jerusalém, bradai-lhe que já é findo o tempo da sua malícia, que a sua iniquidade está perdoada e que já recebeu o dobro da mão do Senhor por todos os seus pecados.' Eu agora me achei em paz com Deus e me regozijei na esperança de amar a Cristo." (WOOD, 1960, p. 111)

Essa prática não recomendada de abrir a Bíblia a fim de obter respostas era um hábito comum para os metodistas em seus primeiros dias. Um crítico poderia dizer que aquilo era apenas superstição, mas Deus usa seus meios de acordo com a maturidade de cada um de seus servos.

Três dias depois da experiência de Carlos Wesley, em 24 de maio, seu irmão João teve uma experiência semelhante. Ele mesmo conta a história:

> À tarde fui, com pouca vontade, a uma reunião na Aldersgate Street, em Londres. Cerca das vinte horas e quarenta e cinco minutos, enquanto alguém descrevia a mudança que Deus opera mediante a fé em Cristo, senti o coração maravilhosamente aquecer-se, senti que eu agora confiava realmente em Cristo, somente em Cristo, para salvação; e me foi dada a segurança de que Cristo havia perdoado os meus pecados, sim, os meus, e que eu estava salvo da lei do pecado e da morte.[5]

Segundo Wood, tal experiência, acima de qualquer outra, fica no centro do avivamento do século 18 na Inglaterra. Carlos escreveu: "Aproximando

---

5   BUYERS, 1965, p. 24.

as dez horas da noite, meu irmão foi trazido por um grupo de amigos e declarou 'Eu creio!' Cantamos um hino com grande alegria, e depois de orar, partimos."[6] O hino cantado foi *Where Shall my Wandering Soul Begin? (Por onde minha alma inquieta começará?)*, composto por Carlos dois dias antes.

Desejando saber mais sobre os morávios, ele partiu para a Alemanha menos de três semanas depois dessa experiência, passando todo o seu tempo com o próprio conde Von Zinzendorf. Na volta à Inglaterra, João sentiu um forte chamado para a pregação itinerante. Alguns anos depois, essas reuniões ao ar livre, próximo a Bristol, chegaram a reunir até cerca de 20 mil pessoas.

Whitefield pregava a necessidade de uma conversão bíblica e da regeneração espiritual, em oposição à regeneração pela cerimônia ritual do batismo ensinada pelas igrejas Anglicana e Católica. Isso provocou grande hostilidade entre os anglicanos, que fecharam seus púlpitos, forçando-os a pregar ao ar livre. Essa oposição, porém, não os impediu de pregar o Evangelho. Por 50 anos, o próprio João viajaria mais de 400 mil quilômetros, a maior parte deles a cavalo, proclamando a dupla mensagem do metodismo: justificação pela fé no sangue de Jesus Cristo e santificação pela fé no fogo do Espírito de Deus.

A visão de Wesley por uma "perfeição cristã" nasceu da influência dos escritos de William Law em sua vida. Wesley pregava a "perfeição", mas ele mesmo nunca afirmou tê-la obtido em sua vida. O objetivo

> **A ESPIRITUALIDADE MISSIONÁRIA**
>
> Missões teve sua origem nos céus, e Jesus Cristo nos designou na terra, para que o mundo o conhecesse como o Filho Unigênito de Deus. Portanto, ser cristão é ser missionário. Vejamos o que nos dizem as Sagradas Escrituras:
>
> "Eu vim para que tenham vida, e a tenham com abundância" (Jo 10:10).
> "Arrependei-vos e crede no evangelho" (Mc 1:15).
> "Vinde após mim, e eu vos farei pescadores de homens. E eles, deixando imediatamente as redes, seguiram a Jesus" (Mt 4:19-20).
> "Portanto, ide, fazei discípulos de todas as nações, batizando-os em nome do Pai, e do Filho, e do Espírito Santo" (Mt 28:19).
> "Mas receberão poder quando o Espírito Santo descer sobre vocês, e serão minhas testemunhas em Jerusalém, em toda a Judeia e Samaria, e até os confins da terra" (At 1:8).

---
6   WOOD, 1960, p. 111.

original de João Wesley, como o de Zinzendorf anteriormente, nunca foi o de criar uma nova igreja. Ele formou "comunidades" para a consolidação da vida espiritual de seus convertidos. Esses novos crentes eram distribuídos em grupos, e então em "classes" de cerca de doze membros. Estas "classes" eram grupos nas casas para suprir e fortalecer os crentes.

Após a morte de João Wesley, a Igreja Metodista tornou-se mais uma igreja distinta na terra, separando-se da Anglicana. Inicialmente, o metodismo ramificou-se em duas correntes principais: o metodismo calvinista, sob a liderança de Jorge Whitefield, e o metodismo arminiano, sob os Wesleys. O metodismo Wesleyano era o maior e mais vivo dos ramos.

Para João Wesley, o calvinismo parecia paralisante no seu esforço moral, e, por um tempo, houve hostilidades entre os dois evangelistas por causa desse assunto. O metodismo tornou-se uma nova força espiritual em ambos os lados do Atlântico no avanço da restauração da glória da Igreja sobre a terra no século 18.

O Pentecostes metodista em Fetter Lane

João e Carlos Wesley não somente tiveram uma experiência de salvação, mas também uma experiência de poder do Espírito Santo. João Wesley mesmo a descreve no seu diário:

1º de janeiro de 1739

> Srs. Hall, Kinchin, Ingham, Whitefield, Hutchins e meu irmão, Carlos, estavam presentes na celebração em Fetter Lane com mais sessenta de nossos irmãos. Pelas três horas da manhã, enquanto estávamos em oração, o poder de Deus veio tempestuosamente sobre nós de tal modo que muitos começaram a clamar, cheios de indizível alegria, e muitos caíram ao chão. Logo que recobramos um pouco daquele espanto e do temor que nos sobreveio da presença da majestade divina, entoamos a uma só voz: "Louvamos-te, ó Deus, reconhecemos-te como Senhor."

Essa memorável experiência confirmou a chegada do despertamento na Inglaterra.

O ministério de Wesley depois de Aldersgate e Fetter Lane

Em março e abril de 1739, Wesley foi convidado por Whitefield para pregar ao ar livre, perto de Bristol, a um grupo de gente humilde e desprezada. Esse trabalho o confirmou como líder no grande avivamento do século 18 na Inglaterra. Dizia Wesley:

> Preguei, a princípio, a um pequeno grupo, e, na noite seguinte, a cerca de 3 mil pessoas. As pessoas, logo depois de sentir a convicção de pecado, começavam a gritar, e alguns caíam. Um médico, ao examinar um dos que tinham caído, testificou que aquilo era o "dedo de Deus".

Daí em diante, seus auditórios em Bristol variavam entre mil e 5 mil pessoas. Ele relata:

> Na rua Baldwin, a minha voz mal podia ser ouvida entre os gemidos de alguns e os gritos de outros, clamando em alta voz àquele que é poderoso para salvar. Um *quaker* que estava perto sentia-se muito desgostoso pela dissimulação daquelas criaturas, e estava mordendo os lábios e franzindo a testa quando caiu como que fulminado por um raio.[7]

Em 1739, Wesley organizou em Bristol sua primeira comunidade metodista, e lá começou a construção da primeira capela, em maio do mesmo ano. Em 20 de junho de 1740, em Londres, houve separação entre os morávios e os metodistas, os quais, até aquela data, se reuniam juntos na sociedade morávia de Fetter Lane, fundada por Pedro Böhler em 1738. João relata em seu diário a razão, resumida num documento que ele leu ao terminar a reunião da data acima, de acordo com Buyers (1965, p. 37-38):

> Há cerca de nove meses, alguns começaram a se fazer contrários às doutrinas que nós até então aceitávamos. Afirmam que não existe essa coisa de uma fé fraca e que não há fé justificadora onde existe qualquer dúvida ou medo, ou onde não há, no sentido pleno, um coração puro. Afirmam que o homem não deve participar das ordenanças, que nossa igreja considera meios de graça, antes de

---
7   FISCHER, p. 101.

ele ter tal fé que exclua toda dúvida e todo medo, e implique um coração novo e puro. Vós tendes afirmado muitas vezes que examinar as Escrituras, orar e comungar antes de ter esta fé é buscar a salvação pelas obras, e que, enquanto essas obras não são postas de lado, ninguém pode receber a fé.

Eu creio que essas afirmações são redondamente contrárias à Palavra de Deus. Tenho vos admoestado acerca destas coisas repetidas vezes e vos tenho rogado que volteis à Escritura e ao testemunho. Tenho vos suportado muito tempo, esperando que voltásseis; mas como vos acho mais confirmados do que nunca no erro dos vossos caminhos, nada mais me resta senão entregar-vos a Deus; todos vós que sois do mesmo parecer, segui-me. Eu, então, sem dizer mais nada, retirei-me, juntamente com dezoito ou dezenove dos presentes.

O moravianismo, em geral, não era culpado por tais doutrinas erradas. Certos indivíduos, entretanto, haviam se apartado das doutrinas originais, como foi o caso de Felipe Heinrich Maltês (1714-1780). Wesley e alguns dos morávios continuaram amigos, mas, dali para frente, os dois movimentos tornaram-se independentes.

Os irmãos que se retiraram da Sociedade de Fetter Lane organizaram uma sociedade puramente metodista chamada Sociedade Unida. Reunia-se no Foundry. Nos lugares onde pregava, Wesley organizou sociedades (ou comunidades) e, para cuidar delas, preparou obreiros leigos. Alguns de seus pregadores eram ordenados, mas a maioria era formada por leigos. Havia também entre eles várias mulheres.

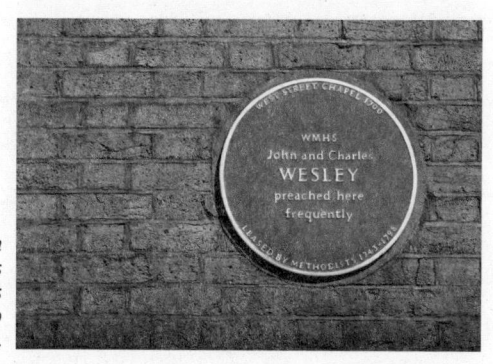

Placa comemorativa em uma igreja de Londres onde João e Charles Wesley pregaram no século 18.

A separação entre João Wesley e Jorge Whitefield

A controvérsia entre Wesley e Whitefield começou em 1740. Eles não concordavam quanto às doutrinas da inteira santificação e quanto à predestinação. Wesley era arminiano e cria na redenção universal e na perfeição cristã (ou perfeito amor) para com Deus e o próximo. Whitefield era calvinista e cria na redenção particular e na permanência do pecado inerente.

Houve troca de cartas fortes e Wesley pregou em sermão sobre a graça gratuita de Deus a uma congregação de cerca de 4 mil pessoas. O sermão foi publicado. Diz Wood (1960, p. 184): "A publicação daquele sermão colocou o gato arminiano no meio dos pombos calvinistas." Whitefield respondeu ao sermão com uma carta e, sem o conhecimento dele, a carta foi publicada. Um grande número de cópias foi distribuído no Foundry. Finalmente, em março de 1741, após uma conversa crítica, Wesley e Whitefield separaram-se um do outro e seguiram caminhos próprios. Assim, passaram a existir duas alas de metodismo, a saber, a calvinista e a arminiana.

Todavia, a frieza pessoal não duraria por muito tempo. Dentro de dezoito meses, Whitefield escreveu a Wesley. "Deixe a controvérsia morrer [...] já tem morrido comigo faz tempo."[8] Wesley pregou na nova igreja construída para Whitefield em Plymouth e, ao recordar a visita de seu amigo, escreveu em seu diário: "As disputas não existem mais; amamos um ao outro."[9]

Nem um nem outro mudou sua crença, mas a amizade pessoal durou até a morte de Whitefield, em 1770. Duas ilustrações servem para demonstrar a afeição cristã que uniu aqueles homens de Deus. O afeto de Whitefield se revela numa resposta dada a um calvinista crítico que perguntou a ele se achava que veria João Wesley no céu. "Receio que não", disse Whitefield, "ele estará tão perto do trono e nós, tão distantes, que seria difícil enxergá-lo."[10]

---

8 WOOD, 1960, p. 187.
9 WOOD, 1960, p. 187.
10 WOOD, 1960, p. 188.

Wesley ministrou o sermão fúnebre de Whitefield e destacou a capacidade para a amizade como sendo a característica predominante do falecido. Depois da morte de Whitefield, o conflito entre o calvinismo e arminianismo se renovou e tornou mais forte do que no início.

O desenvolvimento das classes

As sociedades ou comunidades, desde o começo, foram divididas em grupos para a prática do amor mútuo e da vida cristã. Logo depois da organização da sociedade em Bristol, Wesley trouxe a ideia de oferecer bilhetes de entrada àqueles mais aliançados na fé para serem membros da sociedade. A cada trimestre, esses bilhetes eram trocados. Em fevereiro de 1742, os membros das sociedades foram divididos em classes ou grupos menores de cerca de doze pessoas sob um líder, cujo encargo era coletar um *penny*[11] de cada membro semanalmente para pagar a dívida da Capela de Bristol.

Em seu diário, Wesley diz o seguinte sobre a classe:

> Em regra, o líder começava as reuniões expondo a condição de sua alma e, daí em diante, a reunião continuava, e cada pessoa confessava seus pecados, relatando as tentações sobre as quais havia triunfado e expunha seus problemas para que o restante do grupo lhe desse iluminação, oração ou conforto. Depois, havia pequenos grupos de "companheiros seletos", minúsculos seminários de santidade de maior intimidade ainda, que deliberadamente procuravam reproduzir a comunhão e a dependência mútua dos primitivos apóstolos. (p.63)

A ESPIRITUALIDADE MISSIONÁRIA

Assumir o nosso lugar na tarefa missionária é um privilégio divino, e não um trabalho do qual tentamos nos esquivar, dando justificativas veladas. Assim, fazer missão é um ato deliberado de amor e de entrega do nosso tudo ao Deus que é todo nosso e que nos deu tanto — primeiro, a vida, e com ela, nossos bens e riquezas. Tudo que temos vem de Deus! Portanto, é coerente agir de igual maneira. Podemos dizer como Stanley Tan: "Deus é dono do meu negócio." Ele investia 90% do lucro de suas empresas na obra de Deus, e vivia, de modo singelo, com os 10% restantes.

---

11 1/100 de libra esterlina.

Wesley visitou toda a Inglaterra e Gales, e também trabalhou na Escócia e na Irlanda. Aos 86 anos, ainda ministrou um sermão a uma congregação de 25 mil pessoas. Quando morreu, em 1791, havia 77 mil metodistas na Inglaterra e 470 pontos de pregação. O primeiro Concílio Metodista reuniu-se em Londres em junho de 1744. Deu ênfase a cinco pontos do metodismo: arrependimento, fé, justificação, santificação e o testemunho do Espírito Santo. A definição de santificação nesse concílio era: "A restauração à imagem de Deus, a remoção de todo o pecado interior."

O metodismo nos Estados Unidos

O metodismo na América do Norte começou com dois imigrantes da Irlanda, Roberto Strawbridge e Felipe Embury. Em 1760, Strawbridge estabeleceu-se em Maryland. Pouco tempo depois, deu início a cultos em sua casa. Por volta da mesma época, Embury começou um trabalho em Nova York.

Wesley enviou os primeiros entre oito leigos às colônias americanas em 1769. Dois anos depois, enviou Francis Asbury (1745-1816), o maior vulto na fundação do metodismo norte-americano. Quando Asbury chegou, havia uma dúzia de pregadores metodistas na América do Norte; quando faleceu, eles já contavam setecentos. Foi o único pregador enviado por Wesley que permaneceu na América do Norte durante e após a guerra de independência dos Estados Unidos. Os outros voltaram à Inglaterra.

O Concílio de Natal, no ano de 1784, é notável porque marca o início da Igreja Metodista como igreja independente no novo país. Foi a partir dele, realizado em Baltimore, Maryland, que as sociedades metodistas foram denominadas a "Igreja Metodista Episcopal".

Thomas Coke e Francis Asbury foram oficialmente designados "superintendentes". Logo chamaram a si mesmos "bispos", numa iniciativa contrária à vontade de Wesley. Esse título foi oficializado em 1787, e perdura até hoje. Desde aquela data, o Concílio tornou-se o poder central do metodismo, em lugar de Wesley. O metodismo na Inglaterra continuou ligado à Igreja Anglicana até 1795, data da separação oficial entre as duas denominações.

A doutrina de Wesley

João Wesley estava firme na convicção arminiana já bem cedo em sua vida, influenciado pela correspondência que mantinha com sua mãe. Isso é notável, uma vez que que o calvinismo era quase universalmente aceito na Inglaterra no século 18. O arminianismo afirma que Deus é o Criador e o Conservador do universo, e que o universo é baseado num plano moral e existe para fins morais. O homem é um ser moral com livre arbítrio. O homem caiu no pecado e precisa ser redimido para alcançar a vida eterna. Cristo é o Redentor. A salvação é obtida pela fé. Esta é sua doutrina fundamental. Segundo ele, "a fé é uma confiança certa em Deus de que, pelos méritos de Cristo, nossos pecados são esquecidos e somos reconciliados com Deus".[12] O arrependimento é a porta que conduz à fé. Há inteira santificação ou perfeição cristã nesta vida. O Espírito Santo é o Regenerador e Santificador do homem.

Wesley resumiu suas doutrinas da seguinte maneira: "As nossas principais doutrinas que encerram todas as demais são o arrependimento, a fé e a santificação. A primeira é o veículo da religião; a segunda é a porta; e a terceira, a própria religião."[13]

João Wesley acreditava em uma inteira santificação. Em seu livro *Is Entire Sanctification Scriptural?* (*A inteira santificação condiz com as Escrituras?*), Turner destaca os seguintes fatos que Wesley ensinou:

- "A depravação é total em extensão, mas não em grau."
- "A santificação remove somente o pecado original ou inato."
- "A inteira santificação é possível nesta vida."
- "A inteira santificação é alcançada pela fé em Cristo."
- "A inteira santificação é concedida instantaneamente tanto quanto gradualmente."
- "Significa ser libertado de todo pecado interior."
- "É seguida pelo testemunho do Espírito Santo com o nosso espírito."

---

12 ENSLEY, p. 33.
13 FITCHETT, p. 147.

Não sabemos de nenhum exemplo, em qualquer lugar, de uma pessoa que tenha recebido no mesmo instante a remissão do pecado, a presença permanente do Espírito e um coração novo e puro. No dia em que uma pessoa nasce de novo, o processo de santificação começa. "Mas Deus faz essa obra na alma gradualmente ou instantaneamente?" Provavelmente possa ser gradualmente em algumas pessoas, mas é muito mais desejável que seja feita instantaneamente [...] Se procurares pela fé, poderás esperá-la agora. (TURNER *apud* WESLEY, p. 202)

Acrescentando mais sobre o que significa a inteira santificação, o seguinte é baseado no livro *A perfeição cristã*, de Wesley (1981):

- É poder dizer como Paulo: "Estou crucificado com Cristo; logo, já não sou eu quem vive, mas Cristo vive em mim" (Gl 2:19-20).
- É ser renovado na imagem de Deus, "em justiça e retidão procedentes da verdade" (Ef 4:14), e ser revestido das virtudes que foram identificadas em Cristo.
- Significa amar a Deus de todo coração, alma e força (Dt 6:5) e, consequentemente, amar o próximo como a si mesmo.
- É ter toda "a mente de Cristo" (ICo 2:16).
- É andar uniformemente como Cristo andou (IJo 2:6).
- Significa ter uma vida inteiramente devotada a Deus.
- É ser limpo de "toda impureza tanto de carne como de espírito" (IICo 7:1).

O que a inteira santificação não é, segundo Wesley

Não é um estado em que o homem não possa pecar ou cair da graça.

Não encontramos nas Escrituras qualquer estado geral no qual o homem não possa tornar a pecar. Os que estão em processo de santificação são mais maduros em Cristo, regozijam-se sempre, oram sem cessar e em tudo dão graças, porém, é possível que tornem a pecar. Mesmo os santificados podem cair e perecer (Hb 10:29).

Não é infalibilidade. Os santificados...

... não são perfeitos em conhecimento. Não são livres de ignorância nem de enganos. Assim, não esperamos infalibilidade. Não estão isentos de enfermidades, tais como dificuldade em compreender, inconstância ou preguiça. Outras fraquezas seriam impropriedades de linguagem, às quais poderíamos acrescentar mil outros defeitos de expressão ou de conduta. Ninguém está livre de frequentar ou de cometer fraquezas como essas até que o seu espírito volte de novo para Deus. Também temos de esperar até lá para estarmos livres de tentação porque 'o servo não é maior do que seu Senhor'. Neste sentido, não há perfeição absoluta na terra...

Não é um nível em que o homem cristão é livre de transgressões involuntárias, os erros e fraquezas que se devem ao estado pecaminoso do corpo.

Creio que não há perfeição nesta vida que exclua tais transgressões involuntárias as quais, segundo entendo, devem-se notavelmente à ignorância e aos erros que não se podem separar da personalidade. Portanto, a perfeição impecável é uma expressão que nunca uso a fim de que eu não caia em contradição. Creio que uma pessoa cheia do amor de Deus ainda está sujeita a essas transgressões involuntárias. Você pode chamar "pecado" a tais transgressões, se quiser, eu não as chamo assim...

Para ele, tais erros e fraquezas não são contrários ao amor e, portanto, não são pecados no sentido bíblico. Não é justamente por causa da diferença na definição do pecado que tem surgido as divergências entre os calvinistas e arminianos quanto à santificação?

Não é um estado em que a pessoa não possa crescer mais na graça. Ao contrário, há um crescimento mais rápido na pessoa aperfeiçoada em amor. "Não existe perfeição neste mundo que não admita um crescimento contínuo." (J. WESLEY, 1752, p. 23)

Enquanto João estava pregando e escrevendo sobre inteira santificação, Carlos, seu irmão, estava escrevendo hinos que o povo cantava sobre os mesmos assuntos ensinados.

Em resumo, sobre o tema de inteira santificação, as próprias palavras de João Wesley proferidas em 1752 são apropriadas.

> Até hoje, tanto o meu irmão quanto eu sustentamos: (1) que a perfeição cristã é o amor a Deus e ao próximo e implica libertação de todo pecado; (2) que é recebida simplesmente pela fé; (3) que é dada instantaneamente; (4) que a cada momento devemos esperá-la, e não devemos esperar até a hora da morte para obtê-la, mas agora é o tempo aceitável, hoje é o dia da salvação. (J. WESLEY, 1752, p. 45)

As razões do êxito de João Wesley

A "redescoberta da redenção bíblica" (usando os termos de Wesley) na experiência de Aldersgate permitiu a ele redescobrir essa verdade para si mesmo, e depois, com o coração inflamado de amor, compartilhá-la com as pessoas de seu tempo. Não era nada novo, mas para aquela geração do século 18 parecia novidade porque a noção de redenção estava quase apagada. Além disso, ele insistia na pregação da inteira santificação. "Wesley nunca se cansava de frisar às suas sociedades vacilantes que elas nunca prosperariam enquanto não pregassem e inculcassem a santificação em seguida à conversão" (ENSLEY, p. 32).

Assim, ele levou o Evangelho ao povo de uma maneira que, na linguagem de hoje, denominaríamos "cultos ao ar livre". O mundo era verdadeiramente sua paróquia. Desta maneira, o movimento atingiu a classe média, bem como os menos favorecidos. Segundo Buyers, "quando Wesley faleceu, havia 71.668 membros nas sociedades do Velho Mundo, sob a direção de 194 pregadores; no Novo Mundo havia 48.610 membros nas sociedades, sob a direção de 217 pregadores".[14]

---
14 BUYERS *apud* WESLEY, p. 30.

Para consolidar os frutos de sua pregação, a visitação pastoral era de suma importância no programa de Wesley. Em seu diário, ele registrou o seguinte:

> 29 de dezembro de 1758. Cheguei a Colchester. Achei que a sociedade havia diminuído [...] e, no entanto, tiveram muitos bons pregadores. Mas isso não é suficiente. Por experiências repetidas, temos aprendido que, embora um homem pregue como um anjo, ele não formará nem preservará uma comunidade já formada sem visitar seus membros de casa em casa.
>
> [...]
>
> 5 de julho de 1772. Depois de um exame, verifiquei que a sociedade de Newcastle está menor do que há dois anos. Não imputo isso a nada senão à falta de visitação de casa em casa, sem a qual as pessoas não crescerão em número ou graça.[15]

Whitefield reconheceu a superioridade do método de Wesley e comentou: "Meu irmão Wesley agiu sabiamente. As almas despertadas em seu ministério foram reunidas em classes, e assim se preservou o fruto de seu trabalho. Isso eu negligenciei, e meus convertidos são uma corda de areia."

Em sua aptidão como organizador, Wesley era disciplinado em todos os seus atos, hábitos e costumes. Organizou os seus convertidos em comunidades e, para facilitar o serviço pastoral, organizou essas comunidades em grupos pequenos que chamou de "classes" — grupos de doze com um guia. Diz Buyers:

> É interessante notar que ele não deu origem a coisa alguma, mas, sendo homem prático e de bom senso, sabia utilizar aquilo que já existia. É aí que está revelado seu gênio de organizador, podendo usar aquilo que era conhecido e conseguir fins práticos. Tudo o que se encontra na organização das sociedades tem sua razão de ser, e cada elemento que existe nessa

---
15 ENSLEY, p. 60.

organização apareceu porque era necessário e vital ao seu funcionamento. (BUYERS *apud* WESLEY, p. 31).

O uso de obreiros leigos como pregadores foi se tornando prática usual do metodismo wesleyano. Wesley preferia pregadores ordenados, mas poucos deles apoiavam o movimento. O primeiro pregador leigo mencionado é José Humphreys, que começou a auxiliar Wesley em 1738. Mas o emprego de obreiros leigos só começou em escala maior em 1742, e isso inesperadamente, contra a vontade e os preconceitos de Wesley. Ele estava trabalhando em Bristol e havia deixado Tomás Maxfield e outros leigos que se ofereceram como auxiliares em Londres. Tinham autorização para exortar, mas não para pregar.

Quando notícias chegaram a Wesley de que Maxfield estava pregando, ficou tão perturbado que foi depressa a Londres para dar fim à "desordem". Logo ao chegar, encontrou-se com sua mãe, que aconselhou: "Tenha cuidado, João, com o que vai fazer daquele jovem, pois é ele tão certamente chamado por Deus para pregar quanto você. Examine quais os frutos de sua pregação, e então ouça-o você mesmo." Wesley seguiu o bom conselho e disse: "É do Senhor! Faça ele o que lhe aprouver."

Assim os leigos foram aceitos nas comunidades como pastores. Os resultados foram tais que Wesley afirmou: "Clérigos que destroem almas me põem em mais dificuldades do que leigos que as salvam."[16]

Durante algum tempo, Carlos Wesley acompanhou o irmão em suas viagens, mas era frágil de constituição, mais que João. Por isso, depois de 1756, raramente viajou. Em 1749, Carlos casou-se com Sara Gwynne, filha de um magistrado galês. Entre a família Wesley, só ele poderia

> **A ESPIRITUALIDADE MISSIONÁRIA**
> Depois de ver o Senhor no templo, Isaías ouviu sua voz que perguntava: "A quem enviarei, e quem há de ir por nós?" O profeta respondeu: "Estou aqui, pode me enviar." (Is 6:8) Aqueles de nós que veem o Senhor poderão dar essa resposta mais direta e objetiva porque podem enxergar os campos missionários nas suas necessidades.

---
16   BUYERS *apud* WESLEY, p. 33.

dizer, ao fim da vida, que tivera um casamento feliz. Ele e a esposa estabeleceram seu lar em Bristol, onde Carlos supervisionou a sociedade metodista da cidade durante vinte anos. Quando se mudou para Londres, pregava na capela de City Road. Ele escreveu mais de 7 mil hinos e poemas sacros. É o mais talentoso compositor de hinos da História. O efeito desses cânticos era tão grande quanto o dos sermões. Sem eles, o avivamento do século 18 teria perdido muito do seu brilho.

O metodismo calvinista

Dois nomes se destacam sobre todos os outros na ala calvinista do avivamento do século 18, a saber, Jorge Whitefield e a condessa de Huntington. Muito já se disse aqui acerca de Jorge Whitefield (1714-1770). O maior pregador do avivamento do século 18 nasceu em Gloucester, e seu pai trabalhava em uma estalagem. Cresceu em condições pobres. Foi instruído em Pembroke College e em Oxford. Era membro do Clube Santo e amigo íntimo dos Wesleys, João e Carlos. Como mencionado anteriormente, "calvinista metodista" era um termo de forte significado quando aplicado a ele. Whitefield converteu-se em 1735, o primeiro do quarteto do avivamento a se converter.

Jorge Whitefield pregando, em gravura do século 18.

Em 1736, foi ordenado diácono, e logo iniciou a carreira de pregador. Seu primeiro sermão foi tão poderoso que alguém reclamou ao seu bispo, dizendo que quinze pessoas tinham sido levadas a ficar loucas com o resultado daquela pregação. Em 1737, foi à colônia da Geórgia, na América do Norte, onde fundou um orfanato, uma escola e pregava ao ar livre. Logo começou a atrair grandes multidões, e muito cedo foi dito que pregava "à maior congregação" já vista nas colônias. Em 1738, regressou para a Inglaterra por pouco tempo, a fim de receber ordenação sacerdotal e levantar recursos para suas obras beneficentes na Geórgia.

Em 1739, estava de volta à Geórgia, iniciando seu itinerário de pregador. No ano de 1740, foi maravilhosamente usado por Deus no Grande Despertamento da Nova Inglaterra, onde fez um rápido circuito de seis semanas.

> Por toda parte, multidões ficavam suspensas diante de suas palavras, desmaiando e com clamores, ouvindo seus sermões. Com a expansão do despertamento, centenas de pessoas foram transformadas de modo permanente. As condições espirituais de muitas comunidades foram mudadas.[17]

Houve êxito semelhante nas colônias centrais. Como avivalista itinerante, fez muitas visitas à América do Norte, e esteve na Escócia quatorze vezes. Durante a segunda viagem, tomou parte num poderoso avivamento em Cambuslang. Viajava por toda a Inglaterra, assim como pelo sul de Gales, junto com Howell Harris, famoso avivalista galês. Whitefield pregava em inglês e Harris, em galês.

Era também famoso pregador nas capelas da condessa de Huntington. Segundo seu próprio cálculo, pregou mais de 15 mil sermões. Outros calculam mais de 18 mil. Pregava de 40 a 60 horas por semana a grandes multidões de milhares de pessoas. Sua teologia era centralizada nos temas do pecado original, da justificação pela fé e da regeneração seguida de uma vida consagrada.

---

17 WALKER, 1967, p. 207-208.

Às vezes, era "calvinista militante", mas possuía uma profunda compaixão pelas almas perdidas. Dizem que o efeito de seus sermões sobre os ouvintes era como um petardo em brasa jogando para dentro de um balde de manteiga. Walker faz o seguinte comentário: "Seus poucos sermões impressos dão escassa ideia de seu poder. Dramático, insinuante, possuidor de voz maravilhosamente expressiva, os auditórios de dois continentes se fundiam diante dele como cera."[18]

Os seus sermões deixaram um rastro de testemunhos em várias partes da Inglaterra. Aqui está o do fazendeiro Nathan Cole em 23 de outubro de 1740, durante o Grande Despertamento da Nova Inglaterra:

> Ao ouvi-lo pregar, meu coração foi compungido [...] e viu que minha própria justiça não poderia me salvar; então fui convencido da doutrina da eleição, e imediatamente comecei a discutir com Deus sobre isso, porque tudo o que poderia fazer não era suficiente para me salvar, e ele havia decretado desde a eternidade quem seria salvo e quem não seria. (EERDMAN, 1982, p. 113)

Na Inglaterra, após os púlpitos se fecharem para ele...

> [...] pregou primeiramente para cerca de duzentos mineiros das minas de carvão. O culto seguinte realizado para aqueles homens reuniu mais de 10 mil deles num dia de semana. Subiam nas árvores, nas cercas, e em toda a volta havia uma massa compacta de rostos enegrecidos pelo carvão. O primeiro sinal de estarem sendo tocados pela Palavra era os sulcos brancos produzidos em suas faces pelas lágrimas que lhes caíam abundantemente. Centenas deles foram profundamente convertidos... (FISCHER, 1961, p. 104)

Em um sermão que pregou na Inglaterra...

> [...] descreveu o pecador como sendo semelhante a um pobre e cego mendigo guiado por um cachorro. O cachorro foge, e o homem cego é deixado somente com seu cajado. Ele desencaminha para a beira de um precipício. Seu cajado cai de sua mão no abismo profundo demais para mandar de volta um eco. O mendigo estende a sua mão para recuperá-lo, balança na beira

---
18   Idem.

do precipício e... "Bom Deus", gritou Lord Chesterfield, enquanto saltou de seu lugar no banco de lady Huntingdon, "ele já se foi." (por JOÃO F. HURST)

Durante suas viagens na Inglaterra, quando foi obrigado a pregar ao ar livre às multidões, ele recebeu, em uma só semana, mil cartas de pessoas despertadas por suas mensagens. Whitefield não era organizado como Wesley. Portanto, deixou para os outros a tarefa de organizar igrejas de seus convertidos. No entanto, ele fundou a Conexão do Metodismo Calvinista, que realizou seu primeiro concílio em 1743. Mais tarde, ficou conhecida como a Conexão da Condessa Huntington.

Em 1770, aos 56 anos, Whitefield morreu repentinamente durante seu último giro de pregação nos Estados Unidos, em Newburyport, Massachusetts. Em seu enterro, os sinos das igrejas de Newburyport dobraram e as bandeiras ficaram a meia haste. Ministros de toda parte foram assistir ao funeral. Milhares de pessoas não conseguiram chegar perto da porta da igreja por causa da imensa multidão. Conforme seu pedido, foi enterrado sob o púlpito da igreja.[19]

Milhares entraram no Reino de Deus como resultado do dedicado ministério de Whitefield, e sua influência perdura até hoje, inspirando evangelistas e avivalistas de muitas denominações.

Selina Shirley Hastings, a Condessa de Huntington (1707-1791)

Chamada a "rainha do metodismo", era a grande líder no avivamento do século 18. Era filha de nobres ingleses, os condes Ferrers. Foi dada em casamento, aos 21 anos, ao conde Huntington. Antes de sua conversão, "era rica, famosa e muito estimada. Era uma pessoa muito piedosa, jejuava frequentemente, praticava caridade, dava esmolas, era justa e carinhosa. Confiava inteiramente numa ética elevada, como todos os anglicanos, para os favores de Deus".[20]

---

19 BAYER, 1961, p. 85.
20 TOGNINI, 1967, p. 62.

A data de sua conversão não é conhecida, mas aparentemente foi em 1738, pois foi nesse ano que ela se uniu à Sociedade de Fetter Lane, onde foi batizada com o Espírito Santo. "Sacrificou sua posição, seu talento, seu tempo e sua fortuna para o crescimento do Reino."[21] Gastou mais de 100 mil libras pela causa do Evangelho, vendendo suas joias e outras coisas de valor a fim de investir na obra de Deus. Seu testemunho revela que era uma pessoa cheia do Espírito Santo. Disse ela:

> Não tenho o mínimo desejo de louvor de quem quer que seja. Não tenho um desejo ou uma vontade que não seja dominado por Deus. Ele colocou meus pés numa sala espaçosa. Fico maravilhada em pensar como Deus realizou uma conquista completa da minha vida interior pelo amor [...] Oh, se eu pudesse mais e mais desdobrar-me, pregando o Evangelho às almas dos meus irmãos. Quero estar a cada momento da minha vida em contrição, zelo e atividades em benefício da causa do Mestre, e muito mais em íntima comunhão em ele![22]

Era amiga dos Wesleys, de Jorge Whitefield e dos anglicanos evangélicos. Assim, tornou-se a grande força unificadora do avivamento durante muito tempo. Sentiu uma chamada especial para ganhar a elite para Cristo. Por isso, abriu seu lar para cultos e reuniu congregações em suas propriedades para ouvirem a Palavra de Deus. Ela mesma nomeou capelães para pregar. Whitefield foi apontado em 1748, e tornou-se seu "fiel tenente".

Mais adiante, a condessa fundou sociedades e construiu capelas, as quais sustentava. A primeira capela de sua propriedade foi aberta em Brighton, em 1760. Foi seguida por muitas outras, tanto na Inglaterra quanto na Irlanda e em Gales. Possuía uma paixão pela conversão dos irlandeses. Disse ela: "Pobre, malvada Irlanda, confio que terá ainda um fio do Evangelho."[23]

Os Wesleys foram convidados para pregar nessas capelas e também nos tabernáculos de Whitefield. A condessa fundou e sustentou uma escola

---

21 WOOD, 1981, p. 194.
22 TOGNINI, 1967, p. 68.
23 WOOD, 1981, p. 197.

para treinamento de pregadores em Gales que foi estabelecida em 1768. No início, os wesleyanos eram bem representados na escola.

Depois da morte de Whitefield, em 1770, a liderança de seu ministério passou à condessa de Huntington, e ela começou a combater as tendências arminianas de Wesley. Controvérsias entre os metodistas calvinistas e arminianos se seguiram, e o resultado foi a separação definitiva entre as duas alas. Mas o movimento de metodistas calvinistas, como afirma o historiador Walker, "deve ser considerado como um movimento paralelo, não hostil. Seu fundamento era o mesmo dos irmãos Wesley".[24]

Em 1781, a condessa foi obrigada a se tornar dissidente. As capelas dela cessaram de ser sociedades dentro da Igreja estabelecida (Anglicana). Tal secessão foi ratificada em 1783, e a chamada "Igreja da Condessa de Huntington" foi considerada uma seita. Mais tarde, as sociedades vieram a ser chamadas "Conexão da Condessa de Huntington", e atualmente existe como o Conselho de Administração da Conexão da Condessa de Huntington.

> Ela entregou a si mesma, seu nome, seus recursos, seu tempo, seus pensamentos à causa de Cristo. Ela não gastava seu dinheiro em si mesma; ela não permitiu homenagem em sua honra; ela doou essas coisas e as ofereceu àquele de quem suas dádivas vieram. Ela se comportou como alguém devia se comportar e considerou esta vida uma peregrinação, não um lar, como uma freira santa ou ascética professa, que não tinha nem esperança nem temor de qualquer coisa, a não ser daquilo que era divino e que não se vê. (WOOD, 1981, p. 204)

A ESPIRITUALIDADE MISSIONÁRIA
Desde então, muitos homens e mulheres responderam como Isaías, entregando suas vidas ao serviço missionário. Dentre eles, lembramos de William Carey, que evangelizou a Índia; Adoriran Judson, que serviu em Myanmar; e David Livingstone, o grande missionário da África. Esses homens amaram a Deus e ao povo a quem serviram ao ponto de morrer no campo missionário. "O mundo não era digno deles" (Hb 11:38-40).

O avivamento metodista e a reforma social

Uma transformação radical de vidas aconteceu por causa do avivamento,

.....
24   WALKER, 1967, p. 212.

começando com o clero e incluindo o crescimento das Igrejas e uma revolução da hinologia com as músicas inspiradas de Carlos Wesley, Watts, Newton, Cowper, Toplady, Montgomery e outros. No entanto, não eram os únicos resultados do avivamento. Seu impacto se manifestou claramente na organização de entidades para o avanço da obra cristã.

Em 1769, a metodista Ana Ball fundou a primeira escola dominical para instrução cristã. Essa escola durou muitos anos. Outras surgiram e obtiveram êxito. A Escola Dominical de Newcastle, fundada pelo reverendo Charles Atmore, em 1790, atingiu em pouco tempo o número de oitocentos alunos.

Roberto Raikes (1735-1811), leigo da Igreja estabelecida, dono e redator do Jornal de Gloucester, é considerado o "pai da escola dominical". Sua primeira escola foi estabelecida em 1790 especialmente para atender as necessidades dos pobres e analfabetos de rua. Foi o começo da instrução pública, e isso também é considerado resultado do avivamento metodista. Seus professores eram pagos, e o dia de domingo foi escolhido porque era o único que as crianças tinham livre. Os horários da escola dominical eram das 10h até o meio-dia e das 13h30 às 17h30. Além da instrução regular, ensinavam o catecismo, e a presença nos cultos das igrejas era obrigatória. Os evangélicos da Igreja estabelecida e os metodistas deram seu apoio, e em poucos anos, as escolas dominicais estavam surgindo em muitas partes da Inglaterra. A Sociedade para a Promoção das Escolas Dominicais nos Domínios Britânicos foi organizada em 1735 em Londres.

Sobre a abolição da escravatura, William Wilberforce (1759-1833) é o mais famoso nome nessa luta. Ele a liderou no Parlamento de 1788 até sua morte. Uma das últimas cartas de João Wesley foi dirigida a Wilberforce para animá-lo a continuar seus esforços na campanha contra a escravidão. Em 1807, foi promulgada a lei que aboliu o comércio de escravos na Inglaterra e em suas possessões.

Antes do avivamento, as prisões eram escuras, sujas, cheias de doenças. As camas não passavam de um monte de palha, e faltava atendimento médico e capelães. Os carcereiros não recebiam salário fixo, mas dependiam da cota dos presos. A fome reinava. Perturbados com as horríveis condições, logo os metodistas começaram sua luta para corrigi-las. Os resultados foram apresentados ao Parlamento em 1774, e duas leis foram conquistadas:

> [...] a primeira estipulou um salário para os carcereiros para que os mesmos não precisassem exigir cotas dos presos. A segunda, uma medida sanitária, exigiu que as paredes e os forros das prisões fossem limpos e caiados anualmente; que as celas fossem limpas e ventiladas; que enfermarias fossem providenciadas para os doentes; que presos nus fossem vestidos; e que as masmorras fossem usadas o mínimo possível. (REILLY, 1988, p. 15)

Escolas para os pobres foram também criadas. Whitefield fundou a Escola Kingswood em 1740 para a instrução dos filhos dos mineiros. Levantou 60 libras em dinheiro e, com isso, lançou a pedra fundamental. Depois viajou para a América do Norte, e Wesley foi incumbido da tarefa de continuar a obra. Outras escolas importantes foram a Escola da Fundação, em Londres, e a Casa dos Órfãos, em Bristol.

Em julho de 1746, para o socorro dos pobres e doentes, Wesley estabeleceu um fundo de empréstimos. A pedido dele, todos os membros da Sociedade Metodista de Londres ofertaram um *penny* por semana para socorrer os pobres e doentes. Além disso, ofertas especiais eram levantadas quando havia necessidade extrema. Esse plano se espalhou para as sociedades metodistas por toda parte.

Houve também um grande impulso à publicação de literatura cristã. Entre as organizações, destacaram-se a Sociedade de Tratados Bíblicos Religiosos, uma sociedade interdenominacional que foi formada em 1799 em Londres; a Sociedade Bíblica Britânica e Estrangeira, fundada em 1804, também em Londres; a Sociedade Promotora do Conhecimento Cristão, que publicou as obras de João Wesley.

Outra consequência do avivamento foi o despertamento do interesse nas missões estrangeiras. William Carey (1761-1834), com seu livro *Investigação sobre a obrigação dos cristãos de empregar meios para a conversão dos pagãos* (1792) e um sermão sobre Isaías 54:2-3, resultaram na organização da Sociedade Batista para a Propagação do Evangelho. Carey mesmo foi seu primeiro missionário. Viajou para a Índia, e suas cartas inspirativas resultaram em outras organizações missionárias.

Os ministros Davi Bogue e Tomás Haweis foram os instrumentos principais na fundação da Sociedade Missionária Londrina (1795). Essa sociedade enviou seus primeiros missionários ao Taiti em 1796. No início, a sociedade era interdenominacional, mas depois se tornou congregacional. A Sociedade Missionária da Igreja foi formada em 1799 por João Venn, pároco de Clapham, e Thomas Scott, publicador da *Bíblia da família*. A Sociedade Metodista Wesleyana da Inglaterra foi organizada no período de 1817-1818.

As palavras do historiador Wood (1981) cabem bem para este capítulo sobre o avivamento do século 18 na Inglaterra:

> E até hoje somos devedores ao avivamento. Sua força não foi gasta até agora. A Igreja estava marchando ainda nos canais que foram abertos quando Deus aqueceu o coração de Wesley. Ele somente espera para trazer ao seu povo agora a mesma experiência da plenitude do Espírito para que sejam renovadas suas glórias do passado e adicionado um novo capítulo de avivamento à História da Igreja. (WOOD, 1981, p. 246)

Essas organizações inglesas inspiraram outros países para a sua responsabilidade missionária. No início do século 19, muitas sociedades missionárias foram organizadas nos Estados Unidos e na Europa.

Outros impactos do avivamento do século 18

Paralelamente à renovação pietista no continente europeu, vemos o avivamento metodista na Grã-Bretanha trazer grandes alterações e transformações. Além disso, Deus não apenas moveu poderosamente com seu Espírito através do metodismo que surgia, mas também outras igrejas estabelecidas experimentaram um verdadeiro avivamento. A ênfase era uma "conversão", experiência transformadora de regeneração e crescimento cristão.

Os anglicanos foram muito influenciados pelos metodistas, bem como os congregacionais e os batistas. Além dos irmãos Wesley e de Jorge

Whitefield, aquele agir divino produziu homens poderosos, como Charles Simeon (1759-1836), de Cambridge, e notáveis escritores de hinos. Aquela também foi a era de Johann Sebastian Bach (1685-1750), Ludwig Von Beethoven (1770-1827) e George Frideric Händel (1685-1759) com suas obras-primas inspiradas de louvor e adoração a Deus.

"Declaração de Independência" (1817), quadro de John Trumbull.

Em 1776, a Declaração de Independência dos Estados Unidos seria assinada, e sob a Constituição surgiria uma grande e nova nação "sob Deus". Basicamente, todas as denominações europeias tinham criado raízes no solo americano: os congregacionais em New Plymouth; os reformados holandeses em Nova York; os católicos romanos em Maryland; os batistas em Rhode Island; os presbiterianos em Long Island; os *quakers* em Massachusetts; os menonitas e os morávios na Geórgia; e a Sociedade Metodista formada também em Maryland, em 1744. A Igreja da Inglaterra deixou de existir nos Estados Unidos quando a Inglaterra finalmente reconheceu a independência de sua antiga colônia.

CAPÍTULO 2
O GRANDE DESPERTAMENTO NAS COLÔNIAS DA AMÉRICA DO NORTE

"O barulho entre os ossos secos soava cada vez mais alto; toda a conversação, exceto sobre verdades espirituais e eternas, cessou."
Jônatas Edwards

Um dos momentos de maior relevância para América do Norte é chamado Grande Despertamento — segundo Walker (1967, p. 216), "o movimento de maior influência e o mais transformador na vida religiosa dos Estados Unidos do século 18 [...] Um reavivamento que teve muitas fases e se estendeu por mais de cinquenta anos".

O despertamento foi considerado grande porque se espalhou para muitas denominações e modificou muitos aspectos da vida colonial. "Foi, de fato, 'grande e geral' [...] não houve limites sociais ou geográficos; foi, ao mesmo tempo, urbano e rural, e atingiu todas as classes sociais."[25] O quadro geral das condições precedentes do Grande Despertamento leva em conta o vertiginoso crescimento da população da colônia de 1660 a 1760, de 75 mil pessoas a quase 1,6 milhão, e o movimento dessa população rumo ao interior. Isso dificultou a supervisão das igrejas-mães sobre as suas congregações.

O comércio entre as Américas e a Europa e a África resultou no aumento da população das cidades e o florescimento de igrejas maiores, destacando

.....
25   EERDMANS, 1983, p. 101.

mais as áreas sem igrejas. O surgimento de diversas denominações significava que o puritanismo tinha menos influência do que no século anterior.

Também pelo ano de 1740, os puritanos eram menos puritanos, enfatizando mais as capacidades e responsabilidades do homem diante de Deus do que os atributos de Deus e sua obra. As práticas cristãs tradicionais, como a observância do domingo, estavam em declínio, e os negociantes sacrificavam a ética cristã em função de lucro fácil e rápido. Houve também um enorme número de imigrantes não ingleses vindos da Alemanha, Suíça, Escócia, Irlanda, Holanda e até da África, com o tráfico de escravos, o que gerou um enorme caldeirão cultural.

O racionalismo estava se difundindo nas colônias, e a influência do cristianismo estava declinando. Um dos primeiros exemplos desse fenômeno foi registrado por Benjamin Franklin, mais tarde estadista de renome, quando, em 1722, com apenas 16 anos, publicou uma série de tiradas satíricas no jornal de seu irmão, criticando as igrejas, suas escolas e seus ministros.

Início, propagação e lideranças do Grande Despertamento

Os primeiros sinais do despertamento se manifestaram em Raritan Valley, Nova Jersey, entre os reformados holandeses sob a liderança de Teodoro Jacó Frelinghuysen (1691-1748), alemão de nascimento. Foi instruído e ordenado na Holanda, onde se familiarizou com o pietismo.

Começou seu ministério entre os reformados holandeses em 1720. Advertiu seu povo sobre os perigos do formalismo religioso sem o poder do Espírito Santo

A ESPIRITUALIDADE MISSIONÁRIA

O movimento missionário moderno contou ainda com Hudson Taylor. Converteu-se aos 15 anos, resultado da intercessão da mãe e da irmã, que registrara em seu diário a petição pela salvação de Taylor. A conversão se deu através da leitura de um folheto que ele encontrou em casa. Sua nova vida em Cristo foi logo sendo formada pela leitura da Bíblia, pela prática da oração e pelo desejo de evangelizar.

e sobre a necessidade do novo nascimento. Dentro de poucos anos, a Igreja Reformada Holandesa estava em pleno avivamento.

As igrejas cresciam e a vida cristã se tornava mais e mais profunda. Ele foi convidado para pregar em muitos lugares. Alguns não gostavam das manifestações emocionais do despertamento e se levantaram contra ele, especialmente os pastores de Nova York. Mas a oposição não apagou a influência da obra de Deus entre seu povo. Aquele vigor permaneceria por muitos anos nas igrejas holandesas reformadas.

Os irmãos Tennent

O mais influente convertido de Frelinghuysen foi Gilberto Tennent (1703-1764), membro da família mais notável dos presbiterianos coloniais. Tornou-se pastor da Igreja Presbiteriana de Nova Brunswick em 1726, e, assim, entrou em contato com Frelinghuysen, que se tornou seu modelo ministerial.

Logo Gilberto começou a pregar com fervor sobre a necessidade de uma fé experimental. Tornou-se o líder do despertamento em sua denominação. Os irmãos de Gilberto, João e William, uniram-se a ele como pregadores no despertamento. O pai desses evangelistas, William Tennent (1673-1746), foi para a América em 1716. Era presbiteriano de convicções puritanas. Serviu como pastor em Nova York e Pensilvânia e foi pioneiro na obra de educação de jovens para o ministério.

Em 1736, fundou o Long College ao norte da Filadélfia, um dos predecessores do Princeton College. Ali, seus três filhos e outros jovens foram treinados. Por meio do ministério de seus filhos, William Tennent, o pai, viu a realização de seu profundo desejo de ver uma fé viva nas igrejas presbiterianas.

O que aconteceu durante o despertamento em Lyme, Connecticut, sob a pregação de Gilberto Tennent serve de exemplo dos efeitos de seus sermões sobre os ouvintes. A feição dos presentes se transfigurava. Havia uma compulsão geral com reações físicas, como os joelhos batendo um no outro, as pessoas clamando em alta voz com suas almas aflitas e homens caindo ao chão. Era uma obra soberana do Espírito Santo no meio de seu povo.

Jônatas Edwards e o Grande Despertamento na Nova Inglaterra

No período de 1716 a 1720, Jônatas Edwards (1703-1758) estudou em Yale, e durante os últimos dois anos, colocou seu foco na Teologia. De 1724 a 1726, serviu como professor em Yale, mas, por causa de uma enfermidade, desistiu e se tornou colega ministerial de seu avô, o Reverendo Salomão Stoddart, da Igreja Congregacional de Northampton, em Massachusetts.

Edwards assumiu o pastorado da igreja depois da morte do avô, em 1729, e permaneceu ali até 1750, quando foi demitido de seu púlpito. Edwards zelava por uma fé viva na sua congregação. Ele escreveu um texto expondo as qualificações específicas para a plena comunhão na Igreja visível, o que trouxe grande controvérsia.

De 1751 a 1757, serviu em Stockbridge, Massachusetts, como professor e missionário aos índios. Eram os anos mais produtivos de sua vida. Faleceu de varíola, em 1758, meses depois de se tornar reitor da faculdade de Nova Jersey, atual Princeton.

Edwards tornou-se o teólogo mais proeminente de seu tempo e um dos maiores na História dos Estados Unidos. Ele mesmo descreveu a situação como um tempo de extraordinária indiferença religiosa. O texto *Fiel narrativa da maravilhosa obra de Deus convertendo centenas de almas*, escrito por Edwards em 1737, atraiu a atenção de muitos. O despertamento novamente eclodiu em Northampton em 1739 e se espalhou por toda a Nova Inglaterra. Atingiu também as colônias do sul, e não é demais dizer que foi precursor do despertamento evangélico da Inglaterra do século 18.

> **A ESPIRITUALIDADE MISSIONÁRIA**
>
> O trabalho de Hudson Taylor na evangelização da China foi influenciado pelo pai, que por muitos anos acompanhou a situação espiritual daquela nação. Assim, ele foi assumindo igual interesse, intercedendo pela conversão do povo chinês. Taylor registrou assim sua experiência de fé: "Nunca me esquecerei do que senti então. As palavras não o descrevem. Senti estar na presença de Deus, entrando num pacto com o Todo-Poderoso. Senti como se eu quisesse retirar minha promessa e já não pudesse. Algo parecia dizer-me: 'Sua oração já foi ouvida e as condições já foram aceitas.' Desde aquela ocasião, nunca deixei a convicção de que fora chamado para ser missionário na China."

Gravura antiga representando Jônatas Edwards.

Sua fé apaixonada é exposta em três sermões que ele publicou no início de sua carreira:
- "Deus glorificado na dependência do homem" (1731), no qual ele atacou a teologia liberal que ensinava que o pecado é mera condição de ignorância e a salvação seria uma vivência segundo os ensinos éticos de Jesus. Edwards afirmava que o pecado é inimizade contra Deus, e a salvação é uma transformação radical do coração, dependendo inteiramente da soberania absoluta de Deus.
- "A Luz divina e sobrenatural"[26] (1733), onde descreve o conhecimento espiritual como "a verdadeira percepção das verdades reveladas na Palavra de Deus".

.....
26   EERDMANS, 1983, p. 103-104.

- "Justificação somente pela fé" (1734), em que destaca a doutrina principal da Reforma, "que a justificação (aceitação divina, libertação da culpa do pecado e a justiça que une os cristãos) não vem por meio de boas obras, mas por meio da fé. (*Sola Fide*)".

O mais famoso sermão de todo o período do despertamento foi pregado por Jônatas Edwards, ministrado na cidade de Enfield, em Connecticut, no dia 6 de julho de 1741, intitulado "Pecadores nas mãos de um Deus irado". Foi uma exposição sobre Deuteronômio 32:35: "... ao tempo que resvalar o seu pé."

> Ao entrar para o culto, um espírito de leviandade e desrespeito dominava o ambiente. Entre os cinco pregadores presentes, Edwards foi o escolhido para pregar. "Sem quaisquer gestos, encostado um braço sobre a tribuna, segurando o manuscrito na outra mão, falava em voz monótona." Depois de explicar a passagem, prosseguiu em aplicá-la à congregação: "Aí está o inferno com a boca aberta. Não existe coisa alguma sobre a qual vos possais firmar e segurar. Entre vós e o inferno, existe apenas a atmosfera [...] há atualmente nuvens negras da ira de Deus pairando sobre vossas cabeças, predizendo tempestades espantosas, com grandes trovões. Se não existisse a vontade soberana de Deus, que é a única coisa para evitar o ímpeto do vento até agora, seríeis destruídos e vos tornaríeis como palha da eira [...] O Deus que vos segura na mão sobre o abismo do inferno, mais ou menos como o homem segura uma aranha ou outro inseto nojento sobre o fogo durante um momento para deixá-lo cair depois, está sendo provocado ao extremo [...] Não há que se admirar se vós, com saúde e calmamente sentados aí nos bancos, irão para lá antes de amanhã. (BOYER, 1961, p. 54)

Ao ouvir a ministração de Edwards, o coração dos homens e das mulheres presentes foi compungido, e interromperam o sermão com seus gemidos e gritos, de pé ou caídos no chão. Parecia que estavam às vésperas do grande juízo de Deus. Durante a noite toda, em quase todas as casas, podia ser ouvido o clamor por misericórdia.

O despertamento na Nova Inglaterra em 1734, 1735 e de 1739 em diante começou em Northampton, Massachusetts, sob a pregação de Jônatas Edwards numa série de sermões sobre "a justificação pela fé". Por alguns anos, ele estava preocupado com a licenciosidade da juventude e a indiferença das pessoas de mais idade para com as coisas espirituais. Em dezembro de 1734, segundo Edwards, o Espírito Santo começou uma obra maravilhosa no meio do povo de Northampton. Uma após outra, as pessoas se convertiam de maneira notável.

> O efeito imediato foi que um grande e sério interesse nas verdades religiosas e do mundo eterno tornou-se universal em todas as partes da cidade e entre todas as classes e idades. O barulho entre os ossos secos soava cada vez mais alto; toda a conversação, exceto sobre verdades espirituais e eternas, cessou; toda conversa em todos os círculos e em todas as ocasiões foram sobre essas coisas, a não ser que fosse necessário para o funcionamento dos negócios seculares. Outra fala que não fosse das coisas espirituais dificilmente era tolerada em qualquer assembleia.
>
> A mente das pessoas foi maravilhosamente tirada das coisas do mundo [...] à vista delas, a única coisa importante era alcançar o Reino de Deus, e todo mundo aparentemente o estava buscando. A preocupação de seu coração nesse grande assunto não podia se esconder, apareceu em seu semblante. Em nosso meio, naqueles dias, era uma horrível coisa ficar fora de Cristo, em perigo de cair no inferno; e o que ocupava a mente era correr por sua vida e fugir da ira vindoura.
>
> Todos zelosamente aproveitavam as oportunidades para a alma e frequentemente se reuniam em casas particulares com o propósito religioso: e multidões frequentavam tais reuniões quando eram marcadas [...] E a obra da conversão continuava de maneira muito admirável, e aumentava. Mais e mais almas vinham em grande número a Jesus Cristo.
>
> Dia após dia, por meses seguidos, podia ser notada a evidência de pecadores tirados das trevas para a maravilhosa luz, libertados do lago horrível e do charco de lodo e postos sobre a Rocha com um novo cântico de louvor a Deus em sua boca. A continuação dessa obra de Deus, com o número de santos se multiplicando, logo fez uma gloriosa alteração na cidade, até que, na primavera e no verão seguintes, em 1735, a cidade parecia estar cheia da presença de Deus [...] As operações de Deus então eram visíveis no local de reunião dos santos.

> O dia do Senhor era um deleite, e seus tabernáculos eram amáveis. Nossas assembleias públicas então eram belas! A congregação era viva no serviço de Deus, todos seriamente interessados na adoração pública, todo ouvinte com profundo desejo de beber as palavras do ministro enquanto saíam de sua boca. (EDWARDS, 1960, p. 75-76)

Jorge Whitefield, o "Grande Itinerante"

Algo sobre ele já foi destacado no capítulo anterior. O Grande Despertamento chegou ao seu auge depois da chegada do jovem Whitefield à Nova Inglaterra, em 1739, quando tinha apenas 25 anos. Serviu de grande auxílio aos outros avivalistas. Na Nova Inglaterra, no outono de 1730, ele pregou às multidões quase todos os dias por mais de um mês. Foi um evento marcante na História americana. Por onde Whitefield andava — Nova Inglaterra, Nova York, Filadélfia, Carolina do Sul, Geórgia —, despertava centenas de pessoas, cuja pergunta mais importante era: "Que farei para ser salvo?"

A reputação de Whitefield era a de um homem ungido pelo Espírito Santo, uma vida inteiramente entregue nas mãos de Deus, cuja paixão era amá-lo e servi-lo com todo o seu coração. Posto que quem ama Deus também ama seu semelhante, o coração de Whitefield ardia por um zelo de ver as almas libertadas das garras de Satanás. Sempre pregava como se fosse sua última oportunidade de transmitir ao povo a mensagem de Deus.

O poder de sua oratória, sem dúvida, contribuía para o seu sucesso. Benjamin Franklin observou que, durante a campanha de Whitefield na Filadélfia, sua voz atingia as partes mais remotas de uma congregação de mais de 25 mil pessoas. Ele também relata algo interessante sobre o efeito da eloquência de Whitefield:

> Ao nos deixar, o senhor Whitefield atravessou a colônia, dirigindo-se à Geórgia [...] (onde havia muitas crianças desamparadas). À vista da situação miserável, seu coração benévolo chegou com a ideia de construir um orfanato. Voltando para o Norte, ele enfatizou essa caridade e levantou coletas em quantidade. A sua eloquência tinha maravilhoso poder sobre o coração e o bolso de seus ouvintes, dos quais eu mesmo sou exemplo [...] aconteceu que, logo que assisti a um de seus sermões, durante o qual percebi sua intenção de terminar com uma coleta, silenciosamente resolvi que ele não receberia

nada de mim. Tinha no meu bolso um punhado de moedas de cobre, três ou quatro dólares de prata e cinco de ouro. Enquanto ele prosseguia, comecei a me amolecer e resolvi dar o cobre; um pouco mais de sua oratória fez com que eu me sentisse envergonhado daquilo e resolvi dar a prata; e ele terminou de maneira tão admirável que esvaziei totalmente meu bolso — ouro e tudo que tinha, depositei na coleta. (EERDMANS, 1983, p. 110)

Jorge Whitefield possuía uma tremenda disposição física que excedeu qualquer outro evangelista itinerante. Além das muitas outras viagens, fez sete circuitos pelas colônias da América do Norte, cada viagem com mais de um ano de duração. Dirigia sua mensagem simples, mas dramática, do novo nascimento e justificação pela fé diretamente ao coração e aos sentimentos de seus ouvintes. Usava a linguagem do povo comum, e, por isso, ainda hoje seus sermões falam com clareza e contemporaneidade.

Ao sucesso de Whitefield não faltava oposição. Enquanto ganhava o coração da população, também enfrentava forte perseguição e hostilidade por parte de outras autoridades, entre elas, as de sua própria denominação, a Igreja Anglicana, bem como dos líderes de Harvard e Yale. Whitefield não podia ser acusado de cobiçar a fama nem a riqueza.

> Sentia fome e sede da simplicidade e da sinceridade divinas. O que dominava todos os seus intercessores e os transformava era a glória do Reino de seu Senhor. Não ajuntou ao redor de si os seus convertidos para fundar outra denominação, como alguns intentavam. Não apenas entregava todo o seu ser, mas queria mais línguas, mais almas a usar para o Senhor Jesus. (BOYER, 1961, p. 84)

A ESPIRITUALIDADE MISSIONÁRIA

Por causa de sua saúde frágil, o desejo de Hudson Taylor de ser missionário na China quase foi abandonado, como ele mesmo relata: "Todos os meus planos de ser um missionário foram desencorajados por vários anos pelos meus pais por causa da fragilidade de minha saúde." Depois de se fortalecer, Taylor se pôs a preparar para o serviço missionário, fazendo estudos preliminares de Medicina, Teologia e línguas bíblicas. Aos poucos, o tempo tão esperado para ser um missionário se concretizou, e partiu com destino à China, a terra para a qual fora chamado.

Benjamin Franklin era quem imprimia os sermões e jornais de Whitefield, por isso, o conhecia muito bem. Franklin diz a respeito dele: "Nunca tive a mínima suspeita de sua integridade. Sou até hoje da opinião decidida de que ele era um homem perfeitamente honesto em toda a sua conduta."[27]

Resultados gerais do Grande Despertamento

O avivamento trouxe nova vida e multiplicou os membros das igrejas com um número de convertidos acima da capacidade de assimilação pelas congregações por toda a Nova Inglaterra e os Estados do centro do país. De acordo com Allen (1958, p. 23),

> ... pelo menos 50 mil almas foram acrescentadas às igrejas da Nova Inglaterra numa população de 250 mil, fato suficiente para revolucionar, como realmente o fez, o caráter religioso e moral do país, e afetar o seu destino. Havia paixão pela salvação de almas. Empreendimentos nunca vistos foram empregados imediatamente para a divulgação do Evangelho. Alguns iam de casa em casa, em suas respectivas vizinhanças, "admoestando e ensinando a todo o homem", exortando todos a se voltar ao Senhor. Pastores piedosos eram despertados a um esforço fora do comum; crentes antigos renovaram seu vigor. O Senhor dava a mensagem e grande era o número dos que a anunciavam. (1958, p. 23)

A convicção acerca do mal e do pecado era real e profunda.

> Eles tinham profunda convicção sobre o mal, o pecado e o perigo do estado de rebelião. O amor de Deus em Cristo dominava-lhes a alma. As suas visões das solenes realidades do mundo vindouro eram vívidas e comoventes. Seus poderosos apelos faziam temer os duros de coração, silenciar os perversos e arrancar lágrimas dos pecadores arrojados e endurecidos. Dezenas de milhões se curvaram ante o poder da verdade. Alguns dos mais poderosos pregadores imigravam para outros países; e por onde iam, dilúvios de bênçãos corriam sobre a terra. (ALLEN, 1958, p. 24)

---

27 EERDMANS, 1983, p. 111.

Jorge Whitefield revolucionou os conceitos tradicionais quanto à pregação pública. Até então, só os clérigos instituídos, ordenados e sustentados pelos impostos tinham direito a falar apenas em suas igrejas, em cultos públicos. O jovem Whitefield rompeu com essa ideia já no primeiro itinerário pela Nova Inglaterra. Daí em diante, em lugar de congregações locais com seus respectivos ministros, grandes auditórios de repente surgiram a fim de dar ao povo a oportunidade de ouvir a pregação por pregadores itinerantes cuja credencial única era sua intenção de pregar.

Ele alterou a linguagem costumeiramente adotada na adoração pública. As mensagens dos evangelistas itinerantes eram anunciadas de modo eloquente, ao invés de serem lidas, como era o costume. Sua linguagem retórica era no idioma do povo. As técnicas usadas pelos pregadores itinerantes e pela exortação leiga criavam uma nova maneira, mais próxima dos ouvintes.

> Em termos de efeitos sociais e políticos, a transformação retórica levada a efeito no Grande Despertamento significava o surgimento de uma cultura popular contra o antigo padrão social. É claro que isso não foi a intenção consciente dos avivamentos, cujo propósito primário era a salvação de almas. Considerado como evento social, o Grande Departamento significava nada menos que o primeiro estágio da Revolução Americana, que culminou com a independência dos Estados Unidos. (EERDMANS, 1983, p. 330)

O reavivamento do calvinismo, encorajado por Whitefield e Eerdman, os dois líderes predominantes do avivamento, cujas concepções da salvação eram calvinistas, afetou também o Grande Despertamento. Isso elevou o interesse na instrução superior e encorajou os mais jovens a escolher o ministério. Em 1740, existiam só três dessas instituições nas colônias americanas: Harvard, William and Mary e Yale. Rapidamente, outras foram fundadas, a saber, Princeton (pelos presbiterianos, em 1746), a Universidade de Rhode Island (atual Universidade de Prow, pelos batistas, em 1764), a Universidade de Queen (pela Igreja Reformada Holandesa, em 1756) e Dartmouth (fundada por Eleazar Wheelock, em 1765).

CAPÍTULO 3
MOVIMENTOS DE RESTAURAÇÃO

"Eu vejo a Igreja em ruínas, mas desejo suportar a fraqueza ou falta de luz que encontro em outros cristãos e fazer tudo o que puder para unir aqueles que amam o Senhor." **João Nelson Darby**

Tentativas de retornar ao modelo da Igreja primitiva

Em cada grande mover soberano de Deus entre nós e na História da Igreja, tem havido um só e único desejo: a restauração da Igreja de Cristo ao modelo do que vemos no livro de Atos dos Apóstolos. Desde a palavra do Senhor a Francisco de Assis — "Restaura a minha Igreja" —, passando pelos cluniacenses, pelos hussitas, luteranos, anabatistas e *quakers*, todos desejavam apenas uma coisa: chegar mais perto do modelo bíblico da Igreja primitiva.

A isso chamamos "movimento de restauração". Esse trabalho divino foi se tornando mais claro e consciente no século 19, quando muitos crentes claramente se lançaram nessa jornada por uma Igreja mais orgânica e menos institucional; mais viva e menos formal; mais participativa e menos clerical; mais do espírito e menos meramente intelectual.

João Nelson Darby e a Igreja dos Irmãos

Nessa época de despertamento espiritual na terra, o Senhor colocou uma visão dentro do coração dos seus por uma restauração mais pura e mais completa do Corpo de Cristo na sua simplicidade. Entre esses estava João Nelson Darby (1800-1882), outrora um clérigo da Igreja Anglicana da Irlanda. Aqueles que seguiam com ele eram conhecidos simplesmente como Irmãos ou Irmandade — Brethren, em inglês.

Conhecidos também como The Plymouth Brethren ou Assemblies of Brethren, eles têm sua origem em Dublin, Irlanda, por volta da década de 1820. Sua procedência é o anglicanismo convencional, mas evoluíram para uma forte e pura ênfase nas Sagradas Escrituras. De modo poderoso e profundo, os "Irmãos" se apegaram à Bíblia como sua única fonte de autoridade apostólica. Por isso, produziram muito conteúdo que foi publicado. Darby mesmo é conhecido por um longo, profundo e detalhado estudo das Escrituras que cobre todos os livros da Bíblia.

Como movimento de restauração, o Plymouth Brethren geralmente vê seu movimento como uma rede de igrejas livres, e jamais como uma nova denominação. Sua visão de igreja pode ser resumida assim:

> Nosso alvo é que os homens se ajuntem em toda simplicidade como discípulos, não esperando em nenhum púlpito ou ministério, mas, pelo contrário, confiando que o Senhor nos edificará juntos através de um ministrar a sós em oração ou como lhe aprouver, a partir de nós mesmos.

Sobre o Corpo de Cristo e sua unidade, Darby escreveu, em 1840:

> Eu não poderia reconhecer uma assembleia que não recebe todos os filhos de Deus porque eu sei que Cristo tem recebido a todos. Eu vejo a Igreja em ruínas, mas desejo suportar a fraqueza ou falta de luz que encontro em outros cristãos e fazer tudo o que puder para unir aqueles que amam o Senhor.

A primeira assembleia dos Irmãos foi formada por volta de 1827 em Dublin. Contrariando a visão e o encargo de Darby pela unidade da Igreja, os Irmãos se dividiram em várias facções, algumas "exclusivas", outras "abertas". O piedoso Jorge Müller (1805-1898), pioneiro e grande fundador de vários orfanatos em Bristol. na Inglaterra, era respeitado entre os primeiros Irmãos.

Eles continuam existindo no Cristianismo de hoje como defensores da simplicidade da vida da Igreja, mas, devido ao seu dispensacionalismo — ensinamento segundo o qual os dons e o batismo no Espírito Santo são apenas para a época dos apóstolos —, eles frequentemente se encontram sem a sua vitalidade dos primórdios e sem a dinâmica apostólica original da Igreja.

Outra característica é a extrema distinção entre a Igreja e o Israel de Deus, que torna todo o Antigo Testamento e muito do Novo Testamento úteis somente para o Israel natural, e não para a Igreja. Isso acaba negando a validade de toda a Escritura para a Igreja de hoje. O dispensacionalismo nasceu entre os primeiros irmãos e é popular hoje em todo o fundamentalismo evangélico.

Eduardo Irving e a Igreja Apostólica

Esse período da História viu também o surgimento de Eduardo Irwing (1782-1834), um ministro escocês, presbiteriano, e sua Igreja Apostólica Católica. Diferentemente dos Irmãos, os irvinistas, em sua procura pela restauração, eram mais semelhantes aos montanistas do segundo século, pois buscavam o batismo no Espírito e tinham poderes sobrenaturais e dons carismáticos.

Infelizmente, como os montanistas, os irvinistas também tinham seus extremos. Em 1835, estabeleceram doze apóstolos, e em 1836, haviam organizado todo o cristianismo em "doze tribos" com um apóstolo para cada tribo a fim de aguardarem a iminente volta do Senhor. O último de seus apóstolos morreu em 1901.

No calor da expectativa e da visão escatológica, os irvinistas também deram à luz o que depois ficou conhecido como "teoria do arrebatamento pré-tribulação", atualmente muito difundida entre os evangélicos. Os Irmãos uniram-se com os irvinistas em popularizar essa teoria, apesar de vários Irmãos destacados, como Jorge Müller, oporem-se abertamente à nova doutrina. Essa posição teológica tem sido grandemente aceita no meio evangélico de hoje, bem como nos círculos pentecostais.

> **A ESPIRITUALIDADE MISSIONÁRIA**
>
> Era dia 19 de setembro de 1853 quando Hudson Taylor se despediu da família, dos amigos da igreja e da pátria e foi para o Oriente. Em sua autobiografia, ele conta com detalhes esse episódio: "Depois de ser consagrado com muita oração para o ministério da Palavra de Deus entre o povo chinês, deixei Londres rumo a Liverpool. Um pequeno culto foi celebrado na minha cabine do navio. Fui para a China como missionário da Sociedade de Evangelização Chinesa."

Os Campbells e os Discípulos de Cristo

Em 1832, surgiram os Discípulos de Cristo, resultado da união dos seguidores do ex-presbiteriano Barton Stone (1772-1844) com Thomas Campbell e seu filho Alexandre (1786-1866). Os Campbells tinham posição firme contra o sectarismo denominacional e defendiam a unidade de todos os crentes. Em busca dessa simplicidade, adotaram a regra: "Onde as Escrituras falam, nós falamos; onde as Escrituras se calam, nós nos calamos."

Um exemplo impressionante disso foi visto no choque com os batistas, em 1832. Campbell tinha rejeitado usar qualquer outra expressão que não fosse bíblica relativamente ao Pai, Filho e Espírito Santo. Eles nunca pretenderam formar uma nova denominação, mas queriam a unidade de todos os cristãos com base nessa regra simples, e sem nenhuma prova adicional de credo ou ritual.

Na sua simplicidade, os Discípulos sustentavam a necessidade do batismo nas águas para "remissão de pecados" (At 2:38). Uma posição diferente dos batistas e dos Irmãos, que creem que o batismo é simbólico. Em suas ideias do governo da Igreja, reconheciam apenas uma igreja, a Igreja de Cristo, governada por presbíteros (pastores) locais. Na prática, entretanto, seus ministros itinerantes diferem pouco do "pastor" singular de outras denominações. O sistema plural de anciões teve de ceder gradualmente ao sistema de um único homem no desenvolvimento da estrutura das Igrejas de Cristo.

Apesar de toda sua posição em favor da unidade e contra a divisão, o movimento de restauração infelizmente logo se dividiu entre a Igreja Cristã e os Discípulos de Cristo (Igreja de Cristo), desenvolvendo, nesse processo, alto grau de sectarismo e exclusivismo.

Esse movimento de restauração ultrapassou os Irmãos no seu dispensacionalismo, limitando até o batismo no Espírito Santo para os apóstolos do primeiro século. São também amilenistas, ou sejam, não aceitam o milênio literal, mas creem que o milênio é a presente dispensação da Igreja. A Igreja de Cristo é, atualmente, um grupo expressivo dentro do protestantismo americano.

CAPÍTULO 4
O GRANDE DESPERTAR DAS MISSÕES MODERNAS

"Espere grandes coisas de Deus; faça grandes coisas para Deus!"
William Carey

As missões ao estrangeiro, em sua maioria, foram iniciativas muito limitadas nos anos 1500 e 1600 entre as igrejas reformadas. O sentimento missionário no fim dos anos 1700 era menor ainda. A Faculdade de Teologia de Wittenberg acusou os missionários de falsos profetas, e em 1722, o hinologista luterano de Hamburg compôs o seguinte hino que retrata bem essa visão:

> "Ide pelo mundo",
> Disse o Senhor aos antigos;
> Mas agora, onde Deus te colocou,
> Aí ele quer que tu permaneças.

O livro *Journeys with a Mission: Travel Journals of The Reverend George Smith* (*Jornadas com uma missão: diários de viagem do reverendo Jorge Smith*) resumiu habilmente o modo de pensar predominante: "Aqui e ali, um homem era alcançado e seus olhos se abriam para os milhões que estavam agonizando sem o Evangelho." No entanto, a Igreja, de modo geral, parecia estar trancada, fria e indiferente ao campo missionário. Reagindo à apatia e a muitas hostilidades, a missão dinamarquesa de Halle (Halle-Danisle), fruto do pietismo alemão, iniciou suas atividades missionárias no início de 1700, fornecendo cerca de sessenta missionários ao estrangeiro naquele século.

Já foi dito sobre o zelo missionário dos *quakers* e dos morávios, que possuíam uma corrente de oração que durou mais de cem anos. Estes, dentro de 150 anos, enviaram cerca de 2.170 missionários. Era o despertar evangélico que produziria as modernas missões apostólicas.

Um grão de trigo

David Brainerd (1718-1747) trabalhou entre os índios na região do Rio Delaware, das treze colônias inglesas. Sua carreira missionária se estendeu por um breve período de três ou quatro anos. Ele sucumbiu por tuberculose, adoecendo por fadiga e em consequência das muitas privações que teve de suportar por causa do grande encargo que tinha pelos índios. Histórias foram contadas sobre suas orações feitas no interior das florestas cobertas de neve, sobre como ele intercedia em favor das nações indígenas.

Quando finalmente ele terminava de orar, o lugar onde estava ficava todo salpicado de sangue. Era um vermelho carmesim em contraste com a neve branca. David havia tossido e padecia na sua luta em oração. Assim, David Brainerd morreu aos 29 anos no amanhecer de uma sexta-feira, em 9 de outubro de 1747, na casa de um dos seus amigos.

A santa e sacrificial vida de David Brainerd foi destinada a cair na terra e morrer, mas, em seu lugar, muitos surgiriam para encher a face da terra com seu fruto. E uma dessas pessoas foi William Carey, o "pai" das missões modernas.

O despertar das missões modernas

William Carey (1761-1834) nasceu em Paulerspury, Northamptonshire, Inglaterra. O avô e o pai eram anglicanos. Aos 14 anos, iniciou sua carreira como aprendiz de sapateiro. Na loja, achou alguns livros e pôs-se a estudá-los, especialmente o grego. Converteu-se em 1779, com a idade de 18 anos, através da influência de um colega aprendiz. Não muito depois, deixou sua denominação porque cria no batismo por imersão. Foi batizado dessa forma em 1783.

William Carey, considerado o "pai" das missões modernas.

    Em 1786, Carey tornou-se pastor da Capela Batista de Moulton. Os membros de sua igreja eram pobres, por isso foi preciso continuar seu emprego como sapateiro e também lecionar Geografia. A leitura do livro *As viagens do Capitão Cook* o levou a afixar, na parede de sua tenda de sapateiro, um grande mapa-múndi que ele mesmo desenhara. O mapa incluía as informações disponíveis na época, como população, fauna e flora e as características dos povos de todos os países.

    Enquanto ele consertava sapatos, meditava sobre o estado dos povos sem o Evangelho e a maneira de evangelizá-los. Assim, a chamada de Deus para traduzir a Bíblia para os milhões sem Cristo tornou-se cada vez mais clara. As igrejas de então se opuseram à ideia de levar o Evangelho aos pagãos. Certa vez, numa reunião de ministros, Carey levantou-se e sugeriu o assunto: "O dever dos crentes em proclamar o Evangelho às nações pagãs."

    Ele escreveu e publicou, em 1792, uma pesquisa com o título *Investigação sobre a obrigação dos cristãos de empregar meios para a conversão dos pagãos*. Isso surpreendeu o presidente da reunião, que se pôs de pé e gritou: "Jovem, senta-te! Quando agradar a Deus converter os pagãos, ele o fará sem o seu auxílio nem o meu." Mesmo diante da oposição, Carey não diminuiu seus esforços pela causa missionária, orando, pregando e escrevendo incansavelmente sobre o tema. O seu memorável sermão sobre Isaías 54:2-3 é digno de menção porque compungiu de tal forma a audiência que resultou na fundação da Sociedade Missionária Batista, em outubro de 1792.

Em junho de 1793, Carey, apesar de muitos obstáculos — como a oposição de sua esposa, a relutância de sua igreja, a proibição à entrada de qualquer missionário na colônia e a recusa de passagem no navio inglês —, partiu para a Índia junto com sua família de quatro filhos, junto com dois companheiros, em um navio dinamarquês.

Para poder entrar no país, Carey não se apresentou como missionário, mas como empregado da Companhia das Índias Orientais. Durante a viagem, aprendeu o básico da língua bengali para poder conversar com o povo, e logo depois de desembarcar em Calcutá, começou a pregar a um número crescente de pessoas. A adversidade que Carey sofreu de início foi desanimadora.

A Companhia das Índias Orientais, que mantinha o monopólio do território britânico e do comércio, era muito hostil à obra missionária. Somente em 1813, a Índia foi aberta ao trabalho missionário. A esposa de Carey, que nunca deu apoio aos esforços do marido, enlouqueceu. Por dois anos, ficaram sem transmitir quaisquer notícias à Inglaterra, e os ingleses com quem teve contato o consideravam também um louco.

> Para sustentar a família, tornou-se lavrador, empregando-se numa fábrica de anil. De 1794 a 1799, foi capataz da fábrica. Só precisava dedicar três meses por ano a esse emprego. Portanto, podia estudar intensivamente as línguas orientais durante o resto do ano. A rapidez com que aprendeu as línguas da Índia é uma admiração para os maiores linguistas.[28]

Em 1799, mudou-se para Seramporé, uma possessão dinamarquesa perto de Calcutá. Ali, dois colegas batistas uniram-se a ele, Josué Marsham e William Ward. Eram denominados "o trio de Seramporé." Durante 25 anos, trabalharam juntos na organização de sedes missionárias e na tradução das Escrituras. Carey foi tutor de línguas orientais no Colégio de

---
28 BOYER, 1961, p. 105.

Fort Williams durante mais de 30 anos. Nesse tempo, também traduziu o Novo Testamento para o bengali e fundou o Colégio de Seramporé para o treinamento de obreiros.

Em 1820, fundou a Sociedade de Agricultura e Horticultura da Índia, criou um jardim botânico e publicou o *Hortus Bengalensis*. O seu livro *Flora índica* foi considerado uma obra-prima. Em 1824, Carey já havia dirigido a tradução da Bíblia inteira para seis línguas e partes da Bíblia para outras 24. Ele falava fluentemente mais de trinta idiomas da Índia, e durante seu trabalho ali, traduziu as Escrituras para todas elas. Publicou várias gramáticas indianas, dicionários e traduções de livros orientais. Seu dicionário de três volumes do bengali inclui todas as palavras da língua, bem como sua origem.

Lecionava nas escolas de crianças pobres e tomou parte ativa na campanha para a abolição do Setí, costume na Índia de queimar a viúva junto com marido morto, que foi abolido em 1829.

Acima de tudo, William Carey se esforçava para ganhar almas e encorajar os indianos a fazer o mesmo. Carey faleceu em 9 de junho de 1834. Durante 40 anos, nunca saiu da Índia. "Quando William Carey chegou à Índia, os ingleses negaram-lhe permissão para desembarcar. Ao morrer, porém, o governo mandou içar as bandeiras a meia haste em honra ao herói que fizera mais pela Índia do que todos os generais britânicos."[29] O lema de Carey — "Esperai grandes coisas de Deus; fazei grandes coisas para Deus" — se cumpriu em vida.

Hermy Martyn, "o maior missionário de Cambridge", foi outra vida inspirada em David Brainerd. Enviado pela Igreja Sociedade Missionária a Calcutá (Índia), em 1806, ele finalmente morreu no Irã, antiga Pérsia, com a idade de 31 anos, tendo ganhado apenas uma alma para o Senhor, mas inspirado muitos pelo seu sacrifício.

> **A ESPIRITUALIDADE MISSIONÁRIA**
> Hudson faz menção apenas da mãe, que foi até Liverpool para dizer um último adeus ao filho amado. Aparentemente, eles nunca mais se viram. Sobre a despedida, ele narra: "Minha mãe sentou-se ao meu lado, e juntos cantamos um hino, antes da minha partida. Ajoelhamo-nos e ela orou por mim. Em seguida, saiu. Dissemos adeus um ao outro, nossa última despedida na terra."

.....
29 BOYER, 1961, p. 108.

A Sociedade Missionária de Londres, formada em 1795, enviou Roberto Morison (1782-1834), o primeiro missionário protestante pioneiro na China. Eles também enviaram o futuro mártir John Willians (1796-1839) para as ilhas do Mar do Sul. Em 1829, a Igreja da Escócia enviou Alexandre Duff à Índia. Em 1866, a Missão para o Interior da China, primícia entre as missões de fé, foi fundada por J. Hudson Taylor, "o homem que cria em Deus".

O historiador Kenneth Latourette considera o século 19 "o grande século". Uma das razões para esse título é o registro de seus heróis missionários. Até então, nunca se fizera tanto esforço para levar o Evangelho "aos confins da terra" por tantos "gigantes missionários" quanto naquele século. Das 2.286 biografias de grandes missionários que se encontram no livro *A Initial Bibliography of Missionary Biography* (*Bibliografia inicial da biografia missionária*), publicada pela Missionary Research Library, de Nova York, em 1965, a maioria era do século 19.

"Sem minorar a continuação do Espírito de Deus nas igrejas ocidentais, é claro que o segredo real do movimento missionário do século 19 se acha nos avivamentos profundos do século 18", diz Jeremy Jackson no livro *No Other Foundation* (*Nenhum outro fundamento*). A verdade é que missões é sempre um dos grandes resultados do genuíno avivamento.

As missões modernas da Inglaterra começaram no fim do século 18 com William Carey, que investiu seus anos na Índia. Nos Estados Unidos, a primeira junta missionária para o estrangeiro foi organizada em 1810, a Junta Americana de Comissários para as Missões Estrangeiras. Pelo fim do século 19, todos os países protestantes eram representados no campo missionário.

Houve tipos variados de missões no século 19. As interdenominacionais, como a Sociedade Missionária de Londres (1775) e a Junta Americana de Comissários para as Missões Estrangeiras, e as denominacionais, como a Sociedade Missionária Batista (1792) e a Sociedade Missionária Metodista Wesleyana (1817) — ambas, sociedades organizadas, sustentadas e controladas pela própria denominação.

Houve também um terceiro tipo de agência missionária, as missões de fé, que dependiam diretamente de Deus. A Missão para o Interior da China (1865) é uma das mais notáveis. Por volta de 1890, cerca de 40% dos missionários na China estavam trabalhando sob essa missão. Pelo fim do século, existiam cerca de duas dúzias dessas missões de fé na Grã-Bretanha.

Finalmente, havia as missões especializadas. Essas missões, em geral, trabalhavam entre uma classe específica, como os mudos, os surdos, os judeus, índios, esquimós, leprosos, órfãos, entre outros, ou se ocupavam numa obra específica, como alfabetização, literatura ou obra social. A Igreja Anglicana da Inglaterra possuía dez ou onze sociedades independentes, mas nenhuma delas oficialmente ligada à denominação.

No século 19, todas as sociedades tinham suas bases de operação no Ocidente com sede em Londres, Edimburgo, Estocolmo, Berlim, Genebra, Toronto e Nova York. Havia uma exceção, a Missão para o Interior da China. Sua sede era localizada em Xangai, e o diretor e os membros da junta eram missionários de longa experiência.

As sociedades bíblicas, que traduziam e publicavam as Escrituras, ocupam um lugar especial em relação às missões. Sem elas, a obra missionária seria grandemente prejudicada. Os países, um após o outro, organizaram sua própria sociedade bíblica. No fim do século 20, sessenta delas pertenciam às Sociedades Bíblicas Unidas, com sede em Londres.

Entre essas sociedades, destacavam-se quatro: The British and Foreign Bible Society (Sociedade Bíblica Britânica e Estrangeira), fundada em 1804: a Sociedade Bíblica Nacional da Escócia (1809); a Sociedade Bíblica dos Países Baixos (1814); e a Sociedade Bíblica Americana (1816). Desde o século 19, essas sociedades têm dado uma contribuição enorme às missões no mundo todo.

A preparação acadêmica dos missionários do século 19 variava do treinamento universitário e do seminário teológico até para leigos com pouca instrução. Os missionários da Alemanha, da Escócia e dos Estados Unidos eram os mais bem preparados. Os missionários das missões da fé eram, em maior parte, treinados somente em escolas bíblicas. Poucos eram alunos de universidades ou seminários.

A qualidade espiritual dos missionários do século 19 supriu o que faltava academicamente. Eram homens e mulheres pioneiros, prontos para sofrer até a morte pela salvação dos perdidos. Enfrentavam o trabalho árduo, indiferença, frustração, perseguição, prisão, hostilidade, doença, martírio, tudo sem reservas ou sombra de arrependimento. Nas palavras de Jesus, eram "o sal da terra e a luz do mundo". Entre suas mais extraordinárias características estavam a paciência, a coragem e a perseverança.

Adoniram Judson trabalhou durante seis anos na Birmânia antes de ganhar seu primeiro convertido. Roberto Morrison, o primeiro missionário protestante na China, levou sete anos para ganhar uma pessoa para Cristo. Os metodistas primitivos labutaram 18 anos na Rodésia, hoje Zâmbia, antes de batizar a primeira pessoa. Levou 19 anos para os missionários da Igreja Presbiteriana da América ganharem seu primeiro convertido na Tailândia. A doutrina filosófica do pragmatismo, que prevalece hoje em dia, não tinha lugar naquele tempo.

Há, entretanto, três missionários a quem todos os outros que os seguiram são devedores: William Carey, chamado o "pai das missões modernas"; Adoniram Judson, o primeiro missionário estadunidense para o estrangeiro, que dedicou 38 anos de sua vida à Birmânia e traduziu a Bíblia para o burmês, além de completar seu magnífico *Dicionário Burmês-Inglês*; e Roberto Morrison, o primeiro missionário protestante enviado à China, que investiu 27 anos preparando o caminho para evangelização da mais populosa nação do mundo, tendo traduzido a Bíblia para a antiga língua wenli, da China, e publicado seu *Dicionário chinês* de seis volumes.

Entre as Missões Interdenominacionais, destaca-se a Sociedade Missionária de Londres (1795), que mais tarde receberia fundos e missionários principalmente da Igreja Congregacional. Durante 38 anos, John Phillip serviu de superintendente da obra da Sociedade Missionária de Londres no sul da África. Era grande amigo dos africanos e lutava pela liberdade deles. Por isso, incitou a ira dos holandeses, que se tornaram seus grandes inimigos. Philip contribuiu para a emancipação dos escravos, em 1833. Roberto Moffat, o "apóstolo de Bechuanaland", era sogro de David Livingstone. Moffat dedicou 50 anos entre as tribos bechuana, da África. Traduziu a Bíblia toda para aquela língua, e em 1829 fundou a Igreja Bechuana. A Bíblia teve sua primeira impressão em 1857.

David Livingstone (1813-1873) conseguiu "abrir o caminho para o comércio e o Cristianismo" na parte central da África. Foi um dedicado pioneiro e ganhou grande proeminência em Londres e por toda a Inglaterra por causa de suas aventuras e experiências numa África até então desconhecida. Batizou as famosas cataratas Victoria em homenagem à rainha da Grã-Bretanha.

Com a independência do Zâmbia, quase todas as cidades receberam outro nome africano em substituição àquele dado pelos europeus durante os anos coloniais. Houve apenas uma exceção: foi mantido o nome da cidade de Livingstone, em reconhecimento e homenagem ao missionário que dera sua vida na África.

David Livingstone dedicou décadas de sua vida à evangelização do continente africano.

João Mackenzie, missionário, explorador e estadista, chegou a Bechuanaland em 1864, seis anos antes de Moffat retirar-se para a Inglaterra. Recusou o convite de ser comissário para Bechuanaland com renda de 5 mil dólares por ano — um grande salário à época — porque achava que isso prejudicaria sua obra missionária.

Entre as mais notáveis conversões da Sociedade Missionária de Londres está a do rei Khama, da terra de Bechuana. Entregou-se de corpo e alma a Cristo. Recusou-se a suceder seu pai como feiticeiro e se tornou o verdadeiro líder do seu povo. Fez oposição aos costumes pagãos e governava com justiça, aplicando as leis e castigando os transgressores.

A Junta Americana de Comissários para as Missões Estrangeiras (1810) foi organizada pelos congregacionais da Nova Inglaterra como fruto do interesse em missões do Williams College e do Seminário de Andover. Adoniram Judson e sua esposa, Ana, bem como Samuel Nott Jr., Samuel Newell (com suas esposas), Gordon Hall e Lutero Rice, formados no Seminário de Andover, foram os pioneiros enviados por essa junta.

Os Judsons tornaram-se os mais reconhecidos. Os oito embarcaram para a Índia em 1812 e chegaram quatro meses mais tarde. Assim, a primeira aventura missionária estadunidense para o estrangeiro havia começado. A Junta enviou cerca de mil missionários, representando as igrejas Congregacional e Presbiteriana, nos seus primeiros 50 anos. Depois da Guerra Civil, os Estados Unidos mandaram inúmeros missionários, mas nenhum cativou tanta admiração como Adoniram Judson.

A sociedade Missionária dos Países Baixos (Nederlandsche Zendelinggenoostschap), de 1797, foi pioneira na obra missionária protestante na Tailândia (antigo Sião) e Indonésia. Karl F.A. Gutzlaff foi um missionário reconhecido dessa sociedade, e iniciou a obra missionária na Tailândia. Ele e a esposa traduziram a Bíblia toda para o siamês e partes das Escrituras para o Laos e o Camboja. Prepararam também um dicionário e uma gramática do siamês e do cambojano.

Além disso, Gutzlaff é considerado pioneiro da obra missionária na China. Quando ainda era rigidamente proibida pelo governo chinês a entrada de missionários e de literatura cristã, ele, como médico e intérprete, fez várias viagens em navios mercantes ao longo da costa da China. Em meio a forte perseguição, conseguiu distribuir grande quantidade de porções das Escrituras e de folhetos cristãos.

Em 1800, Hans Janique, pastor em Berlim, fundou uma escola com o

> **A ESPIRITUALIDADE MISSIONÁRIA**
> As viagens ultramarinas naquela época eram feitas a vapor. O navio de Hudson Taylor partiu para uma longa jornada que durou seis meses, enfrentando ventos, tempestades e raras calmarias até chegar ao porto final, como ele mesmo relata: "Partimos rumo à China no dia 19 de setembro de 1853, e não chegamos até o dia 1º de março de 1854, na primavera do ano seguinte, quando desembarcamos em Xangai."

propósito de preparar jovens para o serviço missionário. A maioria daqueles que estudaram era formada por pietistas alemães da descendência dos morávios. Serviram sob a Sociedade de Londres e a Sociedade Missionária dos Países Baixos.

Missões protestantes denominacionais

William Carey é o mais notável missionário da Sociedade Missionária Batista, fundada em Kettering, na Inglaterra, em 1792. Jorge Grenfell (1848-1906) era o mais importante missionário explorador. Na Sociedade Missionária Escocesa (1796), Alexandre Duff (1806-1878) foi o primeiro missionário enviado pela Igreja da Escócia. Dedicou-se à obra educacional com o objetivo de atrair os indianos de maior cultura. Digna de nota foi também a Sociedade Missionária de Glasgow (1797).

As missões de fé

É significativo que todas as missões de fé fundadas no século 19 permanecem até hoje, entre elas: Zenana Bible and Medical Mission; Bible and Medical Missionary Fellowship, para trabalho exclusivamente entre as mulheres da Índia; British Syrian Mission; Middle East Christian Outreach; Aliança Cristã e Missionária, ACM, de 1887, que hoje continua trabalhando em diversos países; e a Missão para o Interior da China (Overseas Missionary Fellowship). Jeremy Jackson escreveu: "... a Missão para o Interior da China, fundada por Hudson Taylor, em 1865, não tinha denominação para sustentá-la, não possuía um sistema financeiro bem planejado; todavia, tornou-se maior e mais efetiva que qualquer outra missão na China."[30]

Missões diversas no continente europeu

Em 1815, a Sociedade Missionária Evangélica de Basileia foi organizada como instituição para a preparação de missionários. Era uma sociedade suíça, mas recebeu a maior parte de sustento financeiro e muitos missionários da Alemanha. Até 1822, seus missionários saíram sob as

---
30 JACKSON, 1980, p. 251-252.

sociedades britânicas, mas, a partir daquele ano, começou a enviá-los sob seus próprios auspícios.

Em 1821, foi fundada a Sociedade Missionária Dinamarquesa; em 1822, a Missão de Paris foi estabelecida. Em 1824, a Sociedade Missionária de Berlim foi fundada, e em 1828, foi lançada a Sociedade Missionária Renana. Em 1836, surgiu a Missão Evangélica Luterana de Leipzig. Em 1836, a Sociedade Missionária Alemã Setentrional foi criada pela união de várias sociedades antes afiliadas à da Basileia. Em 1886, foi fundada a Missão Betel com centro em Bielefeld, onde também havia uma instituição para o cuidado dos desamparados.

Outros missionários do século 19 que merecem menção são Samuel Marsdan (1764-1838), da Igreja Anglicana, que dedicou mais de quatro décadas à obra pioneira na Austrália, Nova Zelândia e ilhas do Pacífico. James Hepburn, Guido Verbeck e Samuel Brown prepararam o caminho para a Igreja Cristã no Japão. Samuel R. Brown, da Igreja Reformada da Holanda, foi o pioneiro da educação missionária também em solo japonês. Ele despertou nos jovens do país oriental o desejo de adquirir conhecimento pelo Ocidente, e foi principalmente por sua influência que muitos foram enviados pelo governo para estudar na Inglaterra e na América do Norte.

Guido Verbeck era um homem dotado de muitos dons. Era educador, evangelista, orador e tradutor. Aprendeu tão bem a língua que falava como um japonês nativo. Depois da Revolução Japonesa, teve parte na organização da Universidade de Tóquio, em 1868, e no ano de 1874, cooperou na formação da Nova Constituição para o Império. Ao morrer, foi concedido a ele um enterro de Estado.

James Hepburn era médico, educador e tradutor. A sua maior distinção foi como tradutor, pois preparou um dicionário japonês-inglês, um dicionário bíblico e foi o principal tradutor das Escrituras no meio de um pequeno grupo de eruditos. Horace Underwood, presbiteriano, Henrique Appenzeller, metodista e W.B. Saranton, também metodista, prepararam o alicerce para as duas maiores igrejas da Coreia, a Metodista e a Presbiteriana.

Três nomes sobressaem em relação às ilhas do sul do Pacífico: João Williams, João Paton e João Geddie. Às vezes são denominadas "as três epístolas de João". João Williams (1796-1839), chamado "o apóstolo das ilhas do Sul do Pacífico", foi enviado pela Sociedade de Londres em 1817, e no ano de 1834, sob sua liderança, todas as ilhas do Taiti haviam sido visitadas. Numa visita às Novas Hébridas (ilhas que atualmente formam a nação de Vanuatu), em 1839, ele e um jovem chamado Harris foram mortos e devorados pelos nativos canibais.

João Paton (1824-1907), da Escócia, trabalhava entre os canibais das Novas Hébridas, as ilhas de Tana e Aniwa. Traduziu as Escrituras e as imprimiu na língua aniwaniana. O resultado foi a transformação do povo. João Geddie, chamado o "pai das missões presbiterianas nas ilhas do Sul do Pacífico", chegou à ilha de Anietium em 1848. Ali há uma inscrição em homenagem a ele: "Quando desembarcou, em 1848, não havia cristãos aqui; quando partiu, em 1872, não havia pagãos."[31]

Ludwig Nommensen esteve à frente da Sociedade Missionária Renana. Passou 56 anos em Sumatra, Indonésia. Foi fundada a grande Igreja Batak, que, aproximadamente um século depois, em 1960, contava com 650 mil membros. Por cerca de 125 anos, o povo batak era canibal. Alguns dos primeiros missionários foram mortos e devorados por eles.

Adoniram Judson (1788-1850) e Ana Judson (1789-1826) foram missionários pioneiros na Birmânia. Nascido na Nova Inglaterra de pais piedosos, ele começou a ler a Bíblia antes de completar 4 anos. Em tudo quanto fazia, sempre desejava se aproximar de Deus. Estudou no Colégio de Providência do Estado de Rhode Island durante os anos em que o ateísmo da França havia infiltrado a América. Formou-se em primeiro lugar na sua escola, não acreditando mais em Deus.

Encontrou-se com um jovem pregador com quem conversou seriamente sobre o estado de sua alma. A conversa deixou uma impressão marcante nele. No dia seguinte, viajando sozinho, passou a noite em uma pensão. No quarto contíguo ao dele estava um jovem moribundo, e Judson não podia dormir. Na manhã seguinte, ao ser avisado da morte do moço, descobriu que era seu companheiro Ernesto, um dos melhores alunos de Providence.

---

31   GLOVER, Robert Hall. *The Progress of World-Wide Missions* [A evolução das missões mundiais]. Nova York: Harper & Brothers, 1960, p. 443.

Judson ficou chocado com a informação, e suas dúvidas acerca de Deus e da Bíblia desapareceram. "Morto! Perdido! Perdido!" Estas foram as palavras que soaram constantemente aos seus ouvidos. Não muito depois, rendeu-se totalmente a Deus e começou a pregar. Foi assim que Judson descreveu sua chamada para a obra missionária:

> Foi quando andava num lugar solitário na floresta, meditando e orando sobre o assunto e quase resolvido abandonar a ideia, que me foi dada a ordem: "Ide por todo o mundo e pregai o Evangelho a toda criatura." Este assunto foi me apresentado tão claramente e com tanta força que resolvi obedecer, apesar dos obstáculos que se apresentavam diante de mim. (BOYER, 1961, p. 125-126)

Enquanto Judson estudava no Seminário de Andover, no Estado de Connecticut, tornou-se membro de uma pequena turma conhecida como o "grupo do montão de feno". Essa sociedade teve sua origem no Williams College de Williamstown, Massachusetts, sob a liderança de Samuel J. Mills. Eles se reuniam ao lado de um monte de feno para orar e planejar sua missão aos pagãos. A Junta Americana de Comissários para as Missões Estrangeiras foi o resultado direto das orações e dos esforços dessa dedicada companhia de estudantes.

A esposa de Judson, Ana, converteu-se aos 16 anos, mas não dava nenhuma importância às coisas espirituais. Num certo domingo, quando estava se preparando para assistir ao culto da igreja, o seu coração foi profundamente tocado pelas palavras: "Aquele que vive nos prazeres, apesar de viver, está morto." Assim, entregou-se totalmente a Deus.

Judson e Ana embarcaram para a Índia em 19 de fevereiro de 1812, junto com a Samuel Newell e sua esposa. Nove dias depois, Gordon Hall, Lutero Rice e Samuel Nott, bem como suas esposas, embarcaram para o mesmo país, todos enviados pela Junta Americana de Comissários para as Missões Estrangeiras.

No campo, chegaram à conclusão de que o batismo por imersão era o batismo bíblico, e não a modalidade por aspersão. Por isso, tornaram-se batistas por convicção. Foram batizados no porto, ao desembarcarem em

Calcutá. Renunciaram à sociedade que lhes havia enviado e pediram o apoio e sustento dos batistas estadunidenses, no que foram atendidos. A influência de Judson e Rice contribuiu para a formação de uma Sociedade Batista em 1814.

O casal logo foi expulso de Calcutá, de onde fugiu, indo de país a país. Chegaram a Rangom, na Birmânia — sem dúvida, uma providência de Deus porque foi um lugar estratégico para o início da obra missionária daquele país.

Judson passou onze meses na prisão em Ava, então capital da Birmânia, sob horríveis condições. Levou no seu corpo marcas de algemas definitivamente. Conseguiu sobreviver porque à sua esposa foi dada a permissão pelo carcereiro para, durante a noite, levar-lhe alimento e encorajamento.

Antes de completar 14 anos na Birmânia, Ana, a dedicada esposa de Judson, faleceu, e alguns meses depois, a filha também morreu. Seis anos mais tarde, Judson casou-se com Sarah Hall, a viúva de outro missionário que se mostrou tão dedicada quanto a primeira esposa. Em 20 anos, Judson completou a tradução da Bíblia inteira para o birmanês. Era sua maior contribuição ao povo da Birmânia.

Após 32 anos de árduo trabalho, com esperança de salvar a vida de sua mulher enferma, embarcou com ela e três filhos para sua terra natal. Porém, ela morreu na viagem. Passou apenas oito meses entre seus patrícios, casou-se de novo e, pela segunda vez, embarcou para o campo missionário, dando continuidade à sua obra na Birmânia até a idade de 62 anos.

Enquanto viajava, longe da família, faleceu. Foi sepultado em alto-mar, segundo seu próprio desejo. Adoniram Judson havia sonhado em ver uma igreja birmanesa com uma centena de membros e a Bíblia impressa na língua do povo. No ano de sua morte, havia 73 igrejas com

> **A ESPIRITUALIDADE MISSIONÁRIA**
> Durante os primeiros seis meses na China, Hudson Taylor viveu na casa de um missionário que chegara antes dele. Passado esse período, ele se mudou para um lugar modesto, já que o país não dispunha de muitas moradias. Conta-nos sobre isso: "Tenho quebrado a cabeça novamente com o problema de casa, mas sem resultados. Fiz disso, portanto, um assunto de oração, deixei-o completamente nas mãos do Senhor, e agora estou em paz. Ele proverá e será meu guia neste e em todos os outros passos difíceis."

mais de 7 mil batizados e um total de 163 missionários, pastores birmaneses e auxiliares, a Bíblia na língua do país e um dicionário birmanês-inglês. Deus lhe concedeu muito além de seu sonho e pedido.

J. Hudson Taylor

J. Hudson Taylor foi o pai da Missão para o Interior da China. Era nativo de Yorkshire, Inglaterra. Ele é, indiretamente, produto do avivamento wesleyano do século 18 na Inglaterra. Seus bisavós, avós e pais experimentaram um avivamento, e dessa linhagem nasceu Hudson Taylor, em 1832.

Antes de seu nascimento, os pais dele entregaram seu primogênito ao Senhor, segundo o que haviam lido nas Escrituras: "Consagra-me todo primogênito; todo que abre a madre da sua mãe entre os filhos de Israel, assim de homens como de animais, é meu" (Êx 13:1); "Porque todo primogênito é meu..." (Nm 3:13). Os pais pediram ao Senhor que desde cedo o filho fosse separado para sua obra.

Hudson converteu-se aos 17 anos, em resposta às orações de sua mãe e sua irmã. Separados de uma distância de mais de 100 quilômetros, a mãe entrou em seu quarto com o propósito de não sair até receber a resposta de sua oração pela salvação do filho. Enquanto orava, Hudson foi convencido pelo Espírito Santo por meio de um folheto intitulado "A obra consumada", e instantaneamente salvo de seus pecados.

Sua chamada para a obra missionária na China foi tão real quanto sua experiência de salvação. Como Jacó na antiguidade, orou: "Não te deixarei ir se não me abençoares" (Gn 32:26). Assim, fez uma aliança com Deus, segundo a qual renunciaria a tudo na terra para servir exclusivamente ao Mestre se ele o santificasse de alma, corpo e espírito. Ele mesmo descreve o que aconteceu:

> Nunca me esquecerei do que senti então. Não há palavras para descrever. Senti-me na presença de Deus, entrando numa aliança com o Todo-Poderoso. Pareceu-me que ouvi enunciadas as palavras: "Tua oração é ouvida; tuas condições são aceitas." Desde então, nunca duvidei da convicção de que Deus me chamava para trabalhar na China. (BOYER, 1961, p. 76)

Com muito sacrifício e privações, cursou a Escola de Medicina e Cirurgia, preparando-se para servir ao povo da China. Em 1853, Hudson Taylor embarcou para a China em um navio a vela pela Chinese Evangelization Society. A viagem foi tempestuosa, e levou cinco meses e meio, ao invés de 40 dias, como havia esperado. Em 1º de março de 1854, Hudson desembarcou em Xangai, China, aos 21 anos.

Hudson Taylor, a família e os demais missionários que embarcaram para a China no navio Lammermuir, em 1886.

Não demorou a começar seu trabalho, e durante os primeiros três meses, distribuiu exemplares do Novo Testamento e 2 mil livros. No ano seguinte, fez oito viagens perigosas, visitando lugares onde o povo nunca havia ouvido sobre o Evangelho. Ele se identificou com o povo ao ponto de se vestir como os chineses, o que trouxe muitas críticas e censura por parte dos demais missionários. Em 20 de janeiro de 1858, Hudson casou-se com Maria Dyer, então missionária servindo na China. Cinco filhos nasceram desse enlace.

Hudson Taylor cortou relacionamento com a Chinese Evangelization Society por várias razões, entre elas, a fraqueza do sistema de finanças e a opinião dos líderes quanto à maneira de evangelizar a China. Ele continuou no país como missionário independente até 1860, quando foi obrigado a voltar à Inglaterra para recuperar sua saúde. Os médicos o informaram que nunca mais poderia retornar à China.

Em 25 de junho, de 1865, num domingo, quando estava andando sozinho nas areias à beira do mar, em Brighton, com seu coração quebrantado por causa das almas perdidas, a Missão para o Interior da China foi concebida. Com um grito de alívio, Hudson orou: "Tu, Senhor, podes assumir todo o encargo. Com tua chamada e como teu servo, avançarei, deixando tudo nas tuas mãos." Na mesma ocasião, pediu em oração 24 novos missionários aptos e dispostos a trabalhar na China.

Em setembro de 1866, tendo completado seu treinamento em Medicina e fundado a Missão para o Interior da China, Hudson Taylor, sua família e os 24 que havia pedido ao Senhor embarcaram no Lammermuir. A viagem foi longa e perigosa. Aportaram em Xangai em janeiro de 1867. Um navio que chegou logo depois havia perdido dezesseis dos 24 passageiros a bordo.

A Missão para o Interior da China, dirigida por Hudson, não prometeu salários fixos para seus missionários, mas repartia entre eles o que recebia. Era proibido contrair dívidas, e Taylor nunca pediu donativos — dependia apenas de oração e fé. Apelos pela oração e novos recrutas missionários eram permitidos.

Hudson Taylor introduziu várias novidades na prática de missões. Aceitou missionários leigos e os obrigou a se vestir como os chineses. Determinou que a direção da missão ficasse localizada no lugar do trabalho, e não na Inglaterra. No mesmo ano de seu retorno à China, Grace, a filha de oito anos, faleceu. No ano seguinte, ele perdeu a esposa e o filho Noel para a cólera.

Cerca de seis anos depois da chegada do Lammermuir, Hudson novamente estava na Inglaterra. A missão havia crescido e contava com duas estações com mais de trinta missionários e cinquenta obreiros. Durante essa viagem de retorno, casou-se com outra missionária, que faleceu em 1904.

Os anos mais frutíferos da Missão para o Interior da China se deram depois de 1889. Foi neste tempo que Hudson Taylor, tocado pelas palavras "a toda criatura", esforçou-se na execução da mais ampla visão de sua vida: o Evangelho a toda criatura na China. Ele reuniu todos os grupos evangélicos ocupados na evangelização da China no propósito de orarem e se esforçarem para o aumento de mais mil missionários em cinco anos. O apelo foi atendido além da expectativa, e 1.153 missionários foram enviados ao país. A colheita de almas crescia cada vez mais.

A situação espiritual da China estava melhorando maravilhosamente, mas a condição política piorava, culminando na "carnificina dos boxers", em 1900. Ninguém sabe com exatidão quantos cristãos foram mortos. Na Missão para o Interior da China, 58 missionários perderam suas vidas junto com 21 de seus filhos.

Hudson Taylor fez sete viagens aos Estados Unidos, e foi de lá que partiu pela última vez à China, desembarcando em 17 de abril de 1905. Em 3 de junho daquele ano, durante uma viagem às igrejas na China, Hudson faleceu enquanto estava na cidade de Chang-Sha. Era "um homem gasto de amor", mas a obra da Missão para o Interior da China continuava a aumentar. Por volta de 1914, a missão contava com mais de mil missionários em sua lista.

Algumas limitações das missões do século 19

Ainda que as qualidades positivas das missões do século 19 sobressaíssem, não eram sem falhas. O Cristianismo era tido como um produto do Ocidente e visto com grande suspeita por parte das autoridades locais e dos nativos. Os missionários deveriam ser politicamente subordinados, sempre mantendo relações diretas com os embaixadores ou consulados de seu país de origem.

Em muitos casos, os missionários não usavam com sabedoria os recursos financeiros que recebiam. Frequentemente eram usados em detrimento das igrejas que estavam se desenvolvendo no Terceiro Mundo. Além disso, não era (e continua não sendo) simples o processo de levar as igrejas nacionais e praticar o princípio da autonomia, independência e sustento próprio. Quando os comunistas tomaram o controle do governo da China, em 1949, a maioria das denominações, algumas quase chegando ao seu centenário, ainda dependiam dos fundos das igrejas matrizes do Ocidente.

No sentido geral, os missionários eram responsáveis também por manter uma atitude paternalista. Isso era "natural, necessário e inevitável" no início, mas continuava muito além do tempo necessário. Depois da segunda ou terceira geração de convertidos, quando muitos eram educados, habilitados e experimentados e queriam ser "mestres em suas próprias casas", os missionários ainda os tratavam como crianças incapazes de liderança ou de exercer qualquer cargo na igreja. É esse tipo de paternalismo que foi e ainda é prejudicial ao desenvolvimento das igrejas nacionais.

As ricas e poderosas sedes das sociedades missionárias se localizavam no Ocidente, e isso trazia muitas consequências negativas. Este princípio prejudicou grandemente a obra missionária. A Missão para o Interior da China era exceção dessa regra. Outra debilidade era a tendência de se considerar todos os aspectos da cultura nativa como algo inferior. Havia muitas exceções — Carey, Taylor, Henrique Martyn, Judson, entre outros —, mas centenas de missionários eram "insensíveis e arrogantes" no trato com a cultura local.

Apesar das falhas, os anais das missões do século 19 sempre estarão entre os mais ricos na História da Igreja. A vida, o pioneirismo, a fidelidade, a coragem e o amor de milhares de missionários ainda falam e continuarão falando até o fim dos tempos, animando outros a tomar a cruz para seguir nos seus passos.

O esforço evangelizador das escolas dominicais

A escola dominical, no sentido moderno, originou-se na Grã-Bretanha, mas alcançou seu maior sucesso e desenvolvimento nos Estados Unidos. Iniciou-se à parte da Igreja, ainda que frequentemente fosse realizada dentro dos locais de reunião dos cultos. Era, inicialmente, um movimento leigo. Assim, o dinheiro necessário para as escolas dominicais vinha sempre de indivíduos, ao invés de igrejas.

Quase uma geração se passou antes de a Igreja ver a importância da escola dominical, e muitas comunidades de fé eram inicialmente contra essa estratégia, por isso, as escolas dominicais eram parcial ou totalmente independentes do controle delas. Em 1785, a primeira escola dominical começou nos Estados Unidos, e desde aquele tempo tem sido parte importante daquela sociedade, levando o país a vencer muito cedo o analfabetismo, tal a sua disseminação e capilaridade.

A escola dominical de Oak Grove, Virgínia, foi a primeira nos Estados Unidos. Começou em 1785 na casa de Guilherme Elliot, que reservou todos os domingos à tarde para a instrução dos seus filhos e escravos. Em 1801, foi transferida para a igreja. A segunda escola dominical foi estabelecida por Francis Asbury em 1786, na casa de Thomas Crenshaw, especialmente para a instrução de escravos.

Em 1804, abriu-se uma escola dominical na Igreja Batista Broadway, de Baltimore, em Maryland. Era a primeira escola dominical funcionando em uma denominação nos Estados Unidos. Em 1791, a primeira Sociedade da Escola Dominical originou-se na Filadélfia, a então maior cidade estadunidense.

De 1817 a 1824, a União Americana de Escolas Dominicais se originou. Ela contribuiu grandemente para o progresso do novo país, e era uma organização pioneira não denominacional dedicada à tarefa de alcançar a população rural dos Estados Unidos com o Evangelho. "Toda criança da América rural em uma escola dominical, e a Bíblia em todo lar." Milhares de igrejas espalhadas pela nação surgiram a partir das escolas dominicais, organizadas e sustentadas pelos missionários dessa associação. As doutrinas básicas eram a autoridade e a inspiração da Palavra de Deus, o Senhor Jesus Cristo como o único Salvador, sua morte expiatória na cruz, sua ressurreição corporal e sua volta em triunfo.

Milhares fizeram sua confissão pública de fé em Cristo nessas "escolas", e o fundamento foi lançado para muitas igrejas novas. Nos lugares onde igrejas não foram fundadas, milhares de crianças receberam instrução cristã e vizinhanças inteiras abraçaram a fé. Segundo estatísticas, de 1824 a 1874, 61.299 escolas dominicais foram organizadas com 407.242 professores e 2.650.784 alunos. Além disso, 87.291 outras escolas foram supridas com literatura. Isso estimulou a educação e a excelência nas escolas públicas. Por causa da grande oferta de literatura da escola dominical, foi gerado um desejo de instrução entre os jovens. Esse entusiasmo logo levou a legislação dos Estados a providenciar provisão adequada para esse tipo de instrução.

> **A ESPIRITUALIDADE MISSIONÁRIA**
>
> Hudson Taylor aprendeu cedo a confiar e depender de Deus para dirigir sua vida e suprir as suas necessidades. O belo testemunho desse andar com Deus foi narrado por seu filho num livro entitulado *O segredo espiritual de Hudson Taylor*, onde se destaca o seguinte trecho: "Sinto a realidade da presença de Deus comigo como nunca a senti, e essas horas de oração e vigilância são muito abençoadas e necessárias."

CAPÍTULO 5
O SEGUNDO GRANDE DESPERTAMENTO

"O Espírito Santo desceu sobre mim de maneira que parecia perpassar-me, corpo e alma. Pude sentir a impressão, como uma onda de eletricidade." **Charles Finney**

Esse avivamento teve início em 1790 e durou até cerca de 1825. Em 1800, as mesmas condições sociais de frieza espiritual e apatia, comuns antes do primeiro Grande Despertamento, eram percebidas novamente. A guerra contra a Inglaterra pela independência dos Estados Unidos pôs fim ao primeiro movimento de despertamento espiritual. Pouco trabalho evangelístico estava sendo realizado, exceto pela Igreja Metodista, que ganhou cerca de 3 mil almas e dezenove pregadores em quinze anos. No fim da guerra, em 1783, Francis Asbury escreveu: "Temos cerca de 14 mil membros e de trinta a quarenta paróquias."

As outras denominações sofreram grandemente por causa da guerra com membros espalhados, rebanhos sem pastores e muitas igrejas que não realizavam mais cultos. A degradação social e o vício se multiplicavam cada vez mais, e uma onda de ceticismo havia tomado conta do país.

A amizade e a influência da França com as colônias durante a guerra pela independência abriram a porta para tal onda. Era comum se declarar ateu, especialmente entre os mais educados e cultos. Timothy Dwight escreveu: "A borra do ceticismo foi vomitada sobre nós pela França e pela Grã-Bretanha..." Uma edição do livro *Era da razão* foi publicada na França e vendida nos Estados Unidos a preço baixo, e onde não podia ser vendida, tinha os exemplares distribuídos de graça.

As universidades, outrora focos de avivamento, encheram-se de ateísmo. Clubes de toda espécie foram formados e organizados em muitos lugares, encorajando uma onda de licenciosidade chocante. Nesse mesmo tempo, a membresia das igrejas decrescia rapidamente.

O segredo do despertamento

Na Nova Inglaterra, no inverno de 1794, 23 ministros reuniram-se para considerar os problemas que pesavam sobre eles. Estavam perturbados quanto à condição espiritual do país. Os ministros concordaram que um despertamento espiritual era necessário e escreveram uma "carta circular", pedindo ao povo de Deus que orasse por um avivamento. Marcaram a primeira terça-feira de cada trimestre, às 14h, para a oração nas igrejas. A resposta foi positiva. Surgiram reuniões de oração em todas as partes do país. Algumas igrejas dedicavam um dia inteiro por mês à oração por avivamento.

Timóteo Dwight

Um dos personagens usados por Deus para iniciar o despertamento foi Timóteo Dwight (1752-1817). Ele era neto de Jônatas Edwards e brilhante reitor da Universidade de Yale. O despertamento chegou a Yale na última década do século 18. Naquela época, a universidade estava cheia de ceticismo e incredulidade. Os estudantes lhe entregaram uma lista de temas para serem debatidos em aula, e foram surpreendidos quando Timóteo Dwight escolheu para debate o assunto "É a Bíblia a Palavra de Deus?". A maioria dos estudantes tomou o lado do ateísmo. Quando terminou o debate, Dwight fez o comentário sobre os argumentos expostos e os estudantes foram persuadidos a crer em Deus.

Depois desse acontecimento, o reitor Dwight entregou uma série de mensagens na capela de Yale sobre a incredulidade e a Bíblia. A mais famosa foi a da formatura de 1796 sobre "A natureza e o perigo da filosofia ateísta". O efeito foi imediato. Um estudante escreveu: "Daquele momento em diante, o ateísmo não era somente sem fortaleza, mas também sem esconderijo." Cerca de um terço do corpo discente converteu-se durante o despertamento, e metade dele se dedicou ao ministério. No mesmo ano, 26 estudantes fundaram uma sociedade da Universidade de Yale. Pelo ano de 1800, algo entre um terço e a metade dos estudantes era composto por sócios.

A influência desta organização serviu de base para quatro avivamentos em Yale nas primeiras décadas do século 19. No entanto, o trabalho do despertamento era geralmente realizado pelos próprios pastores em suas paróquias.

O despertamento se espalha

Todas as classes da sociedade americana foram alcançadas desde a Nova Inglaterra até o mais remoto Oeste do país, e as atividades cristãs vibravam com a nova vida. As universidades se tornaram veículos para a influência de Cristo. O declínio do ceticismo, a mudança de padrões para uma vida reta e o aumento do número de membros das igrejas eram também consequência desse avivamento.

Só no Estado de Kentucky, a Igreja Batista recebeu 10 mil novos membros, e a Igreja Metodista Episcopal do Sul, 40 mil membros novos no país todo. Na Nova Inglaterra, reuniões passaram a ser realizadas nas igrejas no meio da semana, e novas escolas dominicais foram organizadas.

Como resultado do despertamento, a Junta Americana de Comissários para Missões Estrangeiras surgiu em 1810. Os primeiros missionários foram convertidos e procederam desse despertamento. As sociedades missionárias da Igreja Batista e da Igreja Metodista Episcopal do Sul tornaram-se uma realidade, e sociedades missionárias locais para a evangelização dos índios e as nova colônias foram fundadas. Dezessete seminários teológicos de diversas denominações foram organizados para preparar milhares de novos líderes.

O avivamento com Charles Grandson Finney

Charles Finney (1792-1875) foi levantado por Deus no segundo Grande Despertamento, e foi um grande evangelista e avivalista — provavelmente o maior desde os tempos apostólicos. Foi advogado e professor antes de sua conversão, o que, sem dúvida, o preparou para o seu ministério. Ele nasceu em 29 de agosto de 1792 no Estado de Connecticut e converteu-se em outubro de 1821.

Finney recebeu um poderoso batismo com o Espírito Santo no mesmo dia de sua conversão. Ele mesmo descreveu:

> Recebi um poderoso batismo com o Espírito Santo. Sem que o estivesse esperando, sem que jamais me tivesse entrado na mente o pensamento que houvesse tal coisa para mim, sem ao menos qualquer recordação de ter ouvido alguém neste mundo mencionar semelhante fenômeno, o Espírito Santo desceu sobre mim de maneira que parecia perpassar-me, corpo e alma. Pude sentir a impressão, como uma onda de eletricidade, perpassando-me vez após vez. De fato, parecia vir em ondas e mais ondas de amor líquido, pois não sei outra maneira de expressá-lo. Parecia o próprio soprar de Deus. Recordo claramente que parecia soprar sobre mim como se fossem asas imensas.
>
> Não há palavras que exprimam o maravilhoso amor que foi derramado em meu coração. Chorei alto, de alegria e amor; e não sei se não devo dizer que literalmente brami os jorros inexprimíveis de meu coração.[32]

No dia após estas experiências, Finney começou a fazer evangelização pessoal, e logo depois, todos aqueles que foram evangelizados se converteram. À noite do mesmo dia, o povo se dirigiu à igreja. Ele foi também. Aparentemente, ninguém estava preparado para iniciar a reunião, mas Finney se levantou e começou. Deu seu testemunho sobre as maravilhosas experiências que tivera e a reunião foi muito abençoada. Durante muito tempo, havia reunião todas as noites.

Na primavera de 1822, Finney tornou-se candidato ao ministério. Alguns insistiam que ele estudasse Teologia em Princeton, mas recusou. Estudou sozinho, sob a supervisão de seu pastor. Então o

---

A ESPIRITUALIDADE MISSIONÁRIA

Da autobiografia de Hudson Taylor, destacamos os seguintes registros: "É de grande ajuda fixar a atenção na garantia divina com respeito à obra. Entender que a obra de Deus não significa o nosso trabalhar para Deus, mas, ao contrário, Deus é quem trabalha por nosso intermédio."

---

[32] FINNEY, 1821.

presbitério se reuniu e unanimemente o licenciou para pregar. Começou no prédio de uma escola em Evans Mills. Foi ordenado durante suas conferências de avivamento numa colônia de alemães que se reuniam num prédio de escola. De 1824 a 1834, Finney trabalhou continuamente em conferências de avivamento. Exemplos dos resultados aconteceram em Rome, Nova York, com quinhentas conversões registradas em 20 dias, incluindo advogados, negociantes, médicos — quase todos, população adulta.

Em Utica, Nova York, na primavera de 1826, o número de convertidos foi de 3 mil, segundo o relatório. De 1828 a 1829, passou cerca de um ano e meio na Filadélfia, Pensilvânia, e durante todo aquele tempo, as reuniões eram repletas de gente. Naqueles dias, grupos de madeireiros desciam o Rio Delaware. Eles frequentavam os cultos e muitos se convertiam. Voltavam para sua região e começavam a orar por um derramamento do Espírito, testemunhando aos amigos sobre o despertamento em Filadélfia e os exortando a se render a Cristo. Isso se espalhou entre os madeireiros. estendendo-se por uma distância de cerca de 130 quilômetros. Dois anos depois, dois desses madeireiros contaram para Finney que nada menos que 5 mil se converteram naquela região.

Charles Finney, um dos maiores avivalistas dos Estados Unidos.

Em Rochester, Nova York, um grande número de pessoas influentes, homens e mulheres da cidade, converteu-se. O espírito de oração era tal que muitos ficavam em casa para orar durante os cultos. Calcula-se que 100 mil pessoas se tornaram membros das igrejas como resultado daquele avivamento. Anos depois, em conversa com Finney, Beecher disse:

> Isso não encontra paralelo na História da Igreja [...] Não temos notícia de um avivamento tão grande em toda a História Cristã. O grande número de conversões era tão manifesto e os convertidos eram tão profundamente regenerados e feitos novas criaturas, e não só as pessoas, mas comunidades inteiras eram de tal maneira reformadas, e os resultados eram de tal modo permanentes e incontestáveis, que se tornou quase universal a convicção de que era realmente uma obra de Deus. (FISCHER, 1961, p. 201)

Em 1835, Finney se tornou o primeiro professor de Teologia do Seminário de Oberlin, Ohio, e mais tarde, o reitor. Logo foi conhecido como "o maior líder e maior teórico do reavivamento estadunidense".[33] Vinte e cinco mil alunos estudaram em Oberlin durante o ministério dele. Além do serviço no seminário, realizava várias campanhas de avivamento e fez duas viagens à Inglaterra nos períodos 1849-1850 e 1858-1860. Milhares se converteram durante essas campanhas.

Seu livro intitulado *Preleções sobre avivamentos* foi publicado em 1834. As preleções foram escritas para o jornal O Evangelista, gerando um enorme aumento de assinaturas. O livro foi reeditado na Inglaterra e na França, e traduzido para o galês, para o francês e para o alemão. Tem sido uma benção para milhares quando se trata de atrair as pessoas a Cristo e despertar a fome por um avivamento.

> De tudo o que tenho lido sobre reavivamento, nada achei que se igualasse às *Preleções sobre avivamentos* de Finney. Constituem essas preleções as lições que o servo de Deus aprendera em dias quando dezenas de milhares recebiam um conhecimento salvador do Senhor Jesus. Não conheço nada que fale tão profundamente ao coração, mais pungente e poderoso, e que satisfaça tanto quanto essas mensagens de Finney. (EDMAN, 1962, p. 9)

---
33 WALKER, 1967, p. 272.

Os sermões de Finney eram entregues na maior simplicidade de linguagem. De joelhos, recebia os temas de suas mensagens e, em oração e meditação, enchia sua mente e seu coração do assunto. E então, pregava apaixonadamente. Não era necessário para ele escrever seus sermões. Em média, suas mensagens duravam duas horas e não eram modelos de homilética. Um sermão dele sobre "A religião da opinião pública" consistia em vinte pontos.

Rompeu com muitos métodos padronizados de homilética, atitude que se tornou conhecida como "novos meios". Esses meios eram "horas impróprias" para os cultos, reuniões "muito prolongadas", uso de linguagem coloquial e menção de nomes de pessoas conhecidas na oração e nos sermões. Foi o uso desses métodos empregados que os fez novos.

Um fato bem confirmado é que 85% dos convertidos de Finney permaneceram firmes. Ele possuía um poder extraordinário para impressionar os novos convertidos com a necessidade de uma vida santa.

O avivamento de 1857-1858 — O sabor do vinho novo

As condições eram novamente maduras para o um avivamento. O materialismo devastava a sociedade estadunidense com a descoberta de ouro na Califórnia. Isso resultou num espírito de consumo e a na perda do interesse pelas questões espirituais.

> Escrevendo sobre esses avivamentos, Finney disse: "Este inverno de 1857 para 1858 será relembrado como o tempo quando um grande avivamento se realizou em todos os Estados do Norte. Varreu todo o país com tal poder que, por algum tempo, calculou-se em não menos de 50 mil o número de conversões ocorridas em apenas uma semana. Nesse avivamento, a contribuição dos leigos se fez sentir a tal ponto que quase lançou os pastores à sombra. (ALLEN, 1958, p. 42)

A controvérsia sobre a escravidão estava inflamada, e havia certo exagero quanto ao progresso na construção de estradas de ferro. A fé diminuía cada vez mais.

O início e progresso do avivamento

A Antiga Igreja Holandesa, de 88 anos de existência, na esquina das ruas Fulton e Williams, em Nova York, estava em estado de decadência.

Poucas pessoas frequentavam os cultos. Muitos acharam que ela deveria fechar as portas. Todavia, a junta da igreja resolveu experimentar uma "última trincheira" com a esperança de aumentar a frequência. Decidiram empregar um missionário leigo para fazer visitação de casa em casa. Escolheram Jeremias Lamphier, um negociante sem experiência qualquer nesse tipo de trabalho. Aos 49 anos, ele deixou seu trabalho no comércio para servir à igreja por um pequeno ordenado.

Os resultados de seu trabalho eram vagarosos. Algumas poucas famílias apareceram na igreja. Muitas vezes, ele regressou para seu escritório cansado e desencorajado. No entanto, sempre derramava sua alma perante Deus e as suas forças eram renovadas. Um dia, durante as visitas, ocorreu-lhe uma brilhante ideia: começaria uma curta reunião de oração ao meio-dia, uma vez por semana, para homens de negócio. Nessa época, o comércio fechava nesse horário, durante uma hora. Lamphier distribuiu convites e colocou o cartaz.

No primeiro dia marcado para a reunião, ninguém chegou ao meio-dia. Lamphier esperou dez minutos, então mais dez e assim por diante. Às 12h30, ouviu passos de gente subindo as escadas. Por fim, eram seis os homens presentes. Entre eles, um era batista, outro congregacional e outro da Antiga Igreja Holandesa. Depois de alguns momentos de oração, encerraram a reunião com o plano de se reunir outra vez na quarta-feira seguinte.

Vinte homens frequentaram a segunda reunião. Foi decidido realizar uma reunião diariamente numa sala maior. No

> **A ESPIRITUALIDADE MISSIONÁRIA**
>
> Quanto ao sustento da obra, ao contrário do usual de servir no campo missionário sob a garantia salarial das agências especializadas que serviam as denominações evangélicas, Hudson Taylor acreditava que um missionário, antes de tudo, precisava confiar em Deus na providência de seu sustento. Para ele, a fé foi, desde o início, um princípio básico de sua vida espiritual, que mais tarde se converteu num dos pilares de seus valores missionários. "Procuraremos o auxílio financeiro através da oração, como fizemos até agora. Deus age no coração daqueles que acha por bem usar como instrumentos seus [...] Se nossa fé for provada, como já foi antes, o Senhor se mostrará fiel como sempre se tem mostrado. Mesmo que nos falte a fé, sua fidelidade não há de faltar, pois está escrito que, se somos infiéis, ele permanece fiel."

decorrer de seis meses, 10 mil negociantes de uma população de 800 mil pessoas se reuniam diariamente para oração na cidade de Nova York. A notícia se espalhou por todo o país, do Estado do Maine até a Califórnia, e teve reflexos na Irlanda e em outros países. Até passageiros de navios, ao se aproximar dos portos, sentiam o poder celestial e se convenciam de seus pecados, sendo salvos pela graça de Deus. Conta-se de um navio no qual o comandante e todos os tripulantes — trinta homens — renderam-se a Cristo no alto-mar e entraram no porto, regozijando-se na Presença de Deus.

Pessoas de todas as classes sociais frequentavam as reuniões de oração: advogados, investidores, médicos, artífices, banqueiros, funcionários, comerciantes, corretores, padeiros, açougueiros, mecânicos, porteiros, manufatureiros e assim por diante.

> Havia tão grande confiança no poder da oração que o povo em geral parecia preferir reuniões de oração a reuniões de pregações. As respostas à oração eram tão constantes, e de um modo tão extraordinário, que prendiam a atenção do povo em geral em todo lugar. Foi bem notório que, em resposta à oração, as janelas dos céus foram abertas e o Espírito de Deus, derramado em profusão tal como uma enchente. A Tribuna de Nova York, naquele tempo, publicou várias edições extras cheias de reportagens sobre o progresso do avivamento em diferentes partes dos Estados Unidos. (ALLEN, 1958, p. 42)

Entre 500 mil e 1 milhão de pessoas se converteram e tornaram membras das igrejas nessa época. A Igreja Metodista do Norte ganhou cerca de 135,5 mil membros em 1858, e os batistas receberam 92.243 membros no mesmo ano. Quando o avivamento estava no auge, cerca de 50 mil pessoas convertiam-se semanalmente.

O grande avivamento do Sul durante a Guerra Civil (1861-1865)

A Guerra Civil estadunidense teve início logo que Abraão Lincoln assumiu a presidência. Os Estados do Sul se organizaram numa confederação, e com seu ataque ao Fort Sumter, em 12 de abril de 1861, a guerra começou formalmente. Missionários ajudavam os ministros na assistência espiritual aos soldados confederados. Milhões de folhetos e muitas bíblias foram distribuídas. Até os oficiais do Exército cooperavam por meio de suas orações. Como resultado, um poderoso avivamento se iniciou, que veio a ser denominado o "Grande Avivamento dos Exércitos do Sul". Atingiu todos os regimentos ou companhias dos confederados.

Começou no regimento acampado perto de Richmond, Virginia, no hospital militar, e dali se espalhou para os acampamentos. Um homem organizou uma reunião de oração que resultou na conversão de cem soldados, e o movimento, como um incêndio, alastrou-se rapidamente. Foram organizadas igrejas militares em vários regimentos, as quais foram visitadas em campanhas de avivamento, e centenas de soldados se convertiam.

> Muitos voluntários atenderam aos clamores de auxílio na propagação da Palavra de Deus. Os presbiterianos, os batistas e os metodistas do sul enviaram 175 missionários para esse trabalho. Conversões aconteciam nos acampamentos, nas marchas e nas frentes de batalha. Orações, louvores e cânticos de Sião eram ouvidos, ao invés de blasfêmias, gestos de maldição e de canções impuras, tão comum em acampamentos militares. O jornal Advogado Cristão de Richmond publicou esta reportagem: "Durante anos, não apareceu um avivamento tal como este nos Estados sulinos."
>
> Notícias como essa enchem as colunas de todos os jornais religiosos. O seu progresso no exército é um espetáculo de sublimidade moral que é motivo de alegria para homens e para os anjos. Ainda não havia na América tais reuniões campestres. Nenhum acampamento de soldados ainda havia testemunhado noites de glória e dias esplendorosos como esses. O fogo pentecostal iluminava o acampamento, e multidões de homens armados dormiam sob as asas de anjos, que se regozijaram pelo arrependimento de muitos pecadores. (FISCHER, 1961, p. 165-166)

Em 1865, calcula-se que 150 mil soldados do Exército Confederado se converteram durante a guerra, e que mais de um terço dos oficiais e soldados daquele exército era formado por homens de oração.

CAPÍTULO 6
IDEOLOGIAS EUROPEIAS QUE SE DISSEMINARAM PELO MUNDO

"Avalia-se a inteligência de um indivíduo pela quantidade de incertezas que ele é capaz de suportar." **Immanuel Kant**

Os séculos 18 e 19 produziram várias correntes de influências históricas. Nesse mesmo período, ocorreu o segundo Grande Despertamento, usado por Deus no processo da restauração de sua Igreja na terra. Em todos os sentidos, os avivamentos mais profundos foram os precursores da visitação pentecostal de Deus no século 20. A partir desse avivamento pentecostal, surgiu o derramamento carismático e, com ele, a ênfase sobre a restauração do Corpo de Cristo em sua plenitude sobre a terra. Em contraste a esse avivamento estão vários movimentos e seus adeptos, que usaram a Ciência e a Filosofia para justificar seu afastamento de Deus.

A Ciência, por si, apenas confirma os fatos com o método científico e suas demonstrações empíricas. A ciência em nada está necessariamente em oposição a Deus ou às Escrituras. Mesmo assim, algumas dessas teorias nascidas nos séculos 18 e 19 causaram um grande revés espiritual, especialmente para aqueles que não estavam firmes em seu relacionamento com Deus.

O materialismo de Karl Marx

O século 19 não foi apenas um tempo de avivamento e restauração; foi também um século marcado por materialismo, racionalismo, liberalismo e modernismo. Da caneta e dos lábios de Karl Marx (1818-1883) veio o dilúvio de pensamentos ateístas que finalmente escravizaria metade do mundo, arrastando a humanidade para os piores regimes comunistas.

Para Marx, a religião era o "ópio do povo", e sua ideologia era totalmente incompatível com os fundamentos da Igreja Cristã, onde se via uma falsificação da verdadeira comunidade do Corpo de Jesus Cristo. Para ele, em sua filosofia materialista, o Cristianismo é apenas um "aparelho ideológico" usado pelo Estado burguês para sedimentar suas ideias. Assim, o controle da família, da propriedade privada e do Estado deve ser tomado por meio de uma revolução proletária que estabeleça a "ditadura do proletariado". Somente depois disso haveria uma "sociedade igualitária plena" ou "comunista", onde todos seriam felizes.

O materialismo é o sistema filosófico que considera todos os acontecimentos no mundo como resultado da matéria em evolução. Nega tudo o que não for matéria, portanto, a alma e Deus. A inteligência humana seria, segundo este sistema, a ação da matéria organizada. O materialismo histórico teve seus expoentes máximos em Karl Marx e Friedrich Engels, responsáveis pela fundamentação ideológica dos partidos comunistas. Ele explica a origem e o desenvolvimento da sociedade, das instituições, do Direito, da moral e da política como fruto das relações econômicas em que as sociedades vivem e operam. Portanto, a evolução política e social está subordinada às condições materiais da comunidade e às lutas de classes que ocorrem por sua causa.

O materialismo dialético associou o método de Jorge Hegel (1770-1831) com a teoria de Marx e Engels. Embora admita a diferença entre as esferas superiores da realidade (vida, consciência, pensamento) e as inferiores (reações químicas e fenômenos físicos), faz derivar as formas mais elevadas dos fenômenos materiais através de um largo processo de evolução, contrariando, assim, a tese tradicional de distinção entre espírito e matéria.

> **A ESPIRITUALIDADE MISSIONÁRIA**
> Além de viver pela fé, o missionário, segundo o entendimento de Hudson Taylor, precisa se aproximar do povo a quem irá servir, buscando um estilo de vida que o torne quase "igual". Para tanto, ele mesmo chegou a se desfazer de costumes ingleses, chegando a se vestir como um chinês. Naquela ocasião, deixou o cabelo crescer, como era a prática da época. A atitude de se contextualizar à cultura local chocou seus patrícios ingleses, mas Taylor estava seguro: "Saímos como filhos de Deus, enviados por ordem de Deus, para fazer a obra de Deus, dependendo dele para tudo o que fosse preciso; usaríamos roupa chinesa e iríamos para o interior. Eu seria o dirigente do grupo na China..."

Estátuas de Marx e Engels em Berlim, um resquício da extinta Alemanha Oriental.

Por fim, o materialismo aplicado à vida prática colocou muitos países asiáticos, africanos e europeus sob a tirania de governos que negam Deus, a alma, os valores espirituais, e se esforçam por arrancá-los da consciência humana. Lenin, Stálin, Mao Tsé-Tung e muitos dos piores ditadores do mundo vieram dessa utopia. Formam parte da enorme galeria de líderes comunistas do século 20 que aplicaram as ideologias marxistas e causaram a morte de milhões de inocentes.

O marxismo e sua influência destruidora caiu em descrédito depois do fim da União Soviética, no fim do século 20, e a consequente derrocada de todos os sistemas comunistas.

O evolucionismo de Carlos Darwin

Em 1859, Carlos Darwin publicou sua obra *Origem das espécies*, e depois, *Descendência do homem*. Para Darwin, todos os seres vivos teriam procedido de um mesmo ancestral. Ele teria descoberto que, como consequência de fenômenos como a adaptação em sua luta pela sobrevivência, as espécies foram se diversificando sobre a terra.

Assim nasceu a famosa teoria da evolução de Darwin, destinada a abalar todos os fundamentos das antigas convicções. Para alguns, as Sagradas Escrituras e seu relato inspirado acerca da criação do homem foram postos em xeque. Para outros, como o padre e paleontólogo católico Teilhard de

Chardin, a evolução apenas explica tudo de uma outra maneira. Podemos ter a Bíblia como fundamento da origem de tudo, e apenas entendê-la de maneira alegórica. Cada dia da Criação no Gênesis, portanto, teria sido uma metáfora onde "um dia equivale a muitos milhões de anos". Isso explicaria o porquê de a ordem como acontece o surgimento das espécies ser precisa no texto bíblico, em acordo com a Ciência.

Teilhard de Chardin, com sua obra, tornou pública uma teoria que reconcilia a evolução e a ciência do mundo material com as explicações da Bíblia e com a Teologia. O trabalho de Chardin foi reconhecido por teólogos e líderes da Igreja. Os papas João Paulo II e Bento XVI escreveram positivamente a respeito de suas ideias, e seus ensinamentos teológicos foram citados pelo papa Francisco na encíclica de 2015, *Laudato si*.

Em seu livro *O fenômeno humano*, ele afirma:

> Aparentemente, a terra moderna nasceu de um movimento antirreligioso. O ser humano bastando-se a si mesmo. A razão substituindo a crença. Nossa geração e as duas precedentes quase só ouviram falar de conflito entre fé e ciência. A tal ponto que pôde parecer, a certa altura, que esta era decididamente chamada a tomar o lugar daquela. Ora, à medida que a tensão se prolongou, isso ocorreu visivelmente sob uma forma muito diferente de equilíbrio — não eliminação nem dualidade, mas síntese — que parece haver de se resolver o conflito.[34]

Darwin lia a Bíblia, e toda a sua família congregava regularmente na Igreja Anglicana. Ele nunca questionou que houvesse um Deus que dera origem a todas as coisas — pode ser identificado como um agnóstico, nunca como um ateu. Qualquer pessoa, mesmo adotando a teoria do *Big Bang* e a evolução das espécies, deve encarar o fato de que há três grandes lacunas não preenchidas pela ciência: a origem objetiva da matéria, a origem da vida e a origem da consciência.

O modernismo

O modernismo se insurgiu contra tudo que fosse ultrapassado e velho. Manifestou-se nas artes, na literatura, e trouxe uma coleção de erros que

---

[34] CHARDIN, Teilhard de. *O fenômeno humano*.

apareceram na Igreja do começo do século 20 sob a influência de homens como Loisy (França), Tyrrel (Inglaterra), e Buonaiuti (Itália) no sentido de moldar a teologia e a moral às ciências e ideias modernas.

Entre os erros dos modernistas estavam os seguintes:

- É impossível provar a existência de um Deus distinto do mundo.
- "Revelação" é apenas um produto natural do subconsciente, e "doutrina" é apenas uma expressão do subconsciente, ambos sujeitos a contínua evolução.
- A Bíblia não é um livro inspirado por Deus, deve ser estudada da mesma forma que qualquer livro humano e provavelmente contém erros.
- Não há necessidade de reconciliar a Ciência e a fé. Um homem pode negar como cientista o que acredita como cristão.
- A divindade de Cristo não foi ensinada pelos evangelhos, mas é o produto da evolução do pensamento cristão através dos séculos.
- A ideia do valor redentor da morte de Cristo originou-se com Paulo.
- Cristo não instituiu a Igreja. A presente organização da Igreja é simplesmente o resultado da contingência histórica, e poderia mudar completamente.

O liberalismo teológico

O liberalismo é a corrente filosófica e política inspirada no princípio de liberdade que prevaleceu na Europa depois da Revolução Francesa. Sob o aspecto filosófico, o liberalismo propunha a autossuficiência da razão e sua independência de todo vínculo exterior. Por conseguinte, atacou a Revelação, as Escrituras, a Igreja e toda doutrina relacionada com a origem divina da autoridade. Esse turbilhão de influências negativas iria afetar a Igreja profundamente também a partir da primeira metade do século 20.

Um dos principais defensores do liberalismo modernista foi o ministro batista Harry Emerson Fosdick. Contra esse Golias espiritual, a Igreja reafirmou fortemente os cinco princípios inegociáveis das Escrituras, como um simples Davi divinamente levantando o fundamento com suas cinco pedrinhas lisas. Os cinco princípios bíblicos contra o liberalismo/modernismo eram:

1. A reafirmação veemente da inspiração e da fidelidade verbal das Escrituras.
2. A divindade de Cristo.
3. O nascimento virginal de Jesus.
4. A expiação vicária.
5. A ressurreição física e a volta corporal de Cristo.

É triste ver que o fundamentalismo evangélico no presente tenha se igualado, de várias maneiras, ao estéril dispensacionalismo, que tem o mesmo efeito final do modernismo: morte espiritual. Os modernistas simplesmente negam a inspiração das Sagradas Escrituras. Os dispensacionalistas confessam que essas mesmas Escrituras são divinas e inspiradas, sem erro, mas entendem que muito delas não tem nenhum efeito na Igreja presente por *dispensacionalizá-las* para Israel no futuro ou para a Igreja primitiva no passado.

O racionalismo

O racionalismo é a escola filosófica que somente aceita as verdades que podem ser adquiridas e entendidas pelas luzes naturais da razão. Rejeita o sobrenatural e, consequentemente, a possibilidade da Revelação e os milagres. A interpretação racionalista da Sagrada Escritura, por exemplo, explica o sobrenatural dos milagres atribuindo a eles aspectos meramente naturais.

O racionalismo alega que tudo que existe tem uma causa inteligível, ainda que essa causa não possa ser provada empiricamente. Ou seja, somente o pensamento por meio da razão é capaz de atingir a verdade absoluta. O racionalismo baseia-se no princípio de que a razão é a principal fonte de conhecimento, e que essa é inata aos humanos. Assim, o raciocínio lógico seria construído através da dedução de ideias, tal como os conhecimentos de Matemática.

O romantismo

O romantismo veio como uma reação contra o deísmo ou racionalismo frio da primeira parte do século 18. Deu ênfase aos sentimentos e às emoções, em vez de enfatizar a razão puramente intelectual. Tudo isso é expresso numa "volta à natureza". "O poeta romancista lutou para ver e sentir." Sua atitude habitual era de admiração do misterioso e da beleza de toda a Criação. Deus é identificado com a natureza — ou, em outras palavras, Deus e a natureza são a mesma coisa. "O poeta romancista está sempre correndo o risco de confundir Deus com uma árvore."

O romantismo atingiu seu auge no século 19, mas teve suas raízes no século 18. Segundo Theodor Watts Dwiton, foi "a renascença da maravilha". O ser humano, segundo os adeptos dessa linha filosófica, é inerentemente bom e infinitamente perfeito. Para o romancista, tanto a palavra "natureza" quanto "homem" (no sentido de ser humano) deveria ser escrita com letra maiúscula. T.E. Hulme definiu os romancistas como todos aqueles que rejeitam a doutrina do pecado original. Os romancistas viram o ser humano como sendo isento do pecado original e rodeado por uma natureza pura. De acordo com eles, não houve a queda do homem.

Importantes filósofos da Alemanha

Immanuel Kant (1724-1804) foi racionalista e idealista, considerado o principal filósofo da era moderna. Nasceu de pais pietistas de Konigsberg, Alemanha, onde permaneceu durante toda a vida. Kant era indiferente à historicidade de Cristo. Para ele, a verdade da fé não dependia de conhecimento nem da história da morte e ressurreição de Cristo. Ele era um homem da religião moral. Colocou o ser humano

A ESPIRITUALIDADE MISSIONÁRIA

A vida num campo missionário não é marcada apenas por bênçãos espirituais — ao contrário, trata-se de um árduo labor para aqueles que têm ousado dizer "sim" ao chamado divino. Hudson Taylor sofreu críticas e divergências de colegas ao ponto de romper com sua organização e abrir uma nova agência, a Missão Para o Interior da China. Sua esposa adoeceu e faleceu em solo chinês, e seus filhos foram enviados de volta à Inglaterra. Essas provações e outras mais não impediram o pai do movimento missionário moderno de terminar seus dias, depois de 51 anos, em sua amada China, em 1905. "Embora esteja sobremodo enfraquecido no corpo, a profunda paz de alma, o reconhecimento da presença do Senhor e o prazer em sua vontade santa domina o meu ser, não o posso descrever."

no centro do universo e fez tudo girar em torno dele. Rejeitou a doutrina do pecado original e, portanto, negou a morte de Jesus pela expiação do pecado. Ensinava que Deus não pode ser conhecido por meio da razão nem por revelação, mas através da consciência.

Um monumento foi erguido em homenagem a Kant na cidade russa de Kaliningrado.

Kant cria em Deus como a sede da moralidade porque sua existência é racionalmente exigida, sendo que só Deus pode estabelecer a mais alta virtude requerida pela moralidade. Afirmou que, dentro do ser humano, existe o princípio do bem moral, e tal lei moral é a mais valiosa possessão do homem. Quem é governado por esse princípio do bem moral é filho de Deus. Cristo é o melhor exemplo dessa filiação.

Sua religião de "ética teísta" abriu caminho para uma aproximação radical à Bíblia. Segundo ele, a fé cristã não depende dela. Entre suas obras de suma importância estão *Crítica da razão pura* e *Religião dos limites da razão*. Tais escritos se tornaram o ponto de partida para outros teólogos importantes, entre eles Schleiermacher, Paul Tillich e Karl Barth.

Johann Gottfried von Herder (1744-1803) serviu de capelão da corte de 1776 até sua morte. Em contato com Kant, recebeu influência, aprovando o movimento romântico. É conhecido por sua interpretação histórica da Bíblia. Sua crença de que o Cristianismo é composto do que é mais profundo o levou a afirmar que as Escrituras devem ser interpretadas à luz dos conceitos e sentimentos de cada época.

Friedrich Daniel Ernst Schleiermacher (1768-1834), foi instruído pelos morávios. De 1783 a 1787, estudou na escola dos irmãos morávios em Niesky. Ali, os escritos de Kant eram proibidos pela escola, mas Schleiermacher e seu companheiro de quarto conseguiram cópias para ler em segredo. Em 1787, entrou na Universidade de Halle. Naquele tempo, o racionalismo dominava a escola.

Depois de servir alguns anos como pastor, foi chamado em 1796 para ser capelão hospitalar em Berlim, onde o iluminismo tinha grande influência. Ali publicou, em 1799, seu famoso livro *Discurso sobre a religião*, no qual apresentou seus pensamentos fundamentais, grandemente influenciados pelos romancistas. De 1804 a 1806, foi professor de Teologia e Filosofia na Universidade de Halle. Seus últimos 27 anos de vida foram em Berlim, onde serviu como ministro na Igreja da Santa Trindade e professor de Teologia na Universidade de Berlim, fundada em 1810.

Nos anos de 1821 e 1822, suas crenças modernas foram apresentadas no livro intitulado *A fé cristã segundo os princípios da Igreja Evangélica*. Para ele, a religião pertence ao reino dos sentimentos. A única base da religião está no interior da pessoa, nas emoções. A religião em si não é um corpo de histórias reveladas e infundadas pela razão. Para Schleiermacher, Deus era aquilo que o povo sentisse que ele era.

Em sua opinião, a base de toda religião é o sentido de absoluta dependência. O pecado é nada mais do que o desejo pela independência. Jesus era considerado como o exemplo perfeito da dependência de Deus em todo pensamento, palavra e ação. Isso significava a existência de Deus nele. A missão de Cristo era comunicar esse senso de dependência a Deus. Para ele, a redenção era um processo natural de despertamento da existente consciência de Deus no homem. A queda não tem lugar em seu vocabulário. Assim, se não há mais a queda, não há redenção cristã verdadeira.[35]

Schleiermacher foi o teólogo que mais influenciou o protestantismo do século 19, e suas ideias radicais foram largamente aceitas pelos teólogos modernos. Portanto, é com razão que ele é chamado "pai da Teologia moderna".

Jorge S.F. Hegel (1770-1831) era natural de Stuttgart e recebeu sua instrução em Zubengen. De 1801 a 1807, lecionou em Jena e serviu como

---
35   Jackson, Jremy., No Other Foundation, Westshaster, Cornestone Books, 1980, p. 232.

diretor da escola ginasial em Nunberg de 1808 a 1816. Sua fama, entretanto, é relacionada ao tempo em que lecionou em Berlim, de 1818 até sua morte em decorrência da cólera.

Era considerado o filósofo mais proeminente de sua época na Alemanha, portanto mais um filósofo de religião do que um teólogo propriamente. Hegel cria que a religião surgiu da tensão sobre o indivíduo e seu senhor. Cria que as religiões evoluem da "religião natural" para a "religião moral", e da "religião moral" para a "religião espiritual".

Para ele, a Encarnação, a Expiação e a Trindade eram Cristo. O Cristianismo era simplesmente uma apresentação filosófica. Considerou a História como sendo subordinada àquilo que ele considerava verdades universais e eternas. Segundo Hegel, o mundo e a civilização existentes são o resultado da mente ativa e animada acendendo passo a passo rumo a conhecimentos cada vez mais elevados e perfeitos. Sua concepção é chamada "dialética histórica". Essa mesma dialética foi a base de toda a concepção marxista da sociedade, do Estado e das classes sociais.

Importantes filósofos dos Estados Unidos

Ralph Waldo Emerson (1803-1882) era um ensaísta filosófico, poeta e conferencista. Segundo ele, podemos ter a certeza de duas suposições: que vivemos num universo onde o bem é uma realidade e o mal, uma irrealidade. Não haveria, então, conflito, no sentido estrito, entre Deus e o Diabo porque o Diabo não existe. O ser humano pode conhecer a verdade intuitivamente, e essa intuição individual é a autoridade. O erro cardeal do Cristianismo, para ele, era o exagero na compreensão da identidade de Jesus Cristo. Emerson negou a divindade de Cristo no sentido cristão e afirmou a divindade de todas as pessoas. O segundo erro seria a suposição de que a Revelação é completa e que a Bíblia é a Palavra completa e final de Deus.

As duas suposições e os dois erros cardeais do Cristianismo são pensamentos de Emerson registrados em seu discurso aos formandos de Harvard, então unitária, em 15 de julho de 1839. Houve grande protesto contra suas afirmações. Durante os 30 anos seguintes, Emerson não recebeu outro convite para falar em Harvard. Para ele,

"... os dons são uma doença do pensamento, e a oração, uma doença da vontade." A oração verdadeira não é uma proteção. Ao contrário, é um solilóquio da alma jubilante de si para si mesma. Parece que a oração do fariseu em Lucas 18:11-12 seria seu remédio — o homem conversando consigo. Emerson não pode ser considerado cristão em nenhum sentido. "... sua doutrina é radicalmente anticristã, e tem feito mais mal do que qualquer outra doutrina para descobrir a crença cristã na América." (STEWART, 1958, p. 55)

Walt Whitman (1818-1892) era também um poeta. Sua mais famosa obra é *Leaves of Grass* (*Folhas de erva*), uma coleção de poesias desenvolvida em edições sucessivas. Whitman era mais democrático do que Emerson. Tinha uma afeição por todos. Era caridoso e compassivo. Cria no amor fraternal e numa igualdade completa para todos os seres humanos. Todavia, sua crença era longe de ser cristã. Como Emerson, Whitman deificou o homem, negou o pecado original, a expiação e a autoridade das Escrituras. Declarou que tudo era bom e fez do homem o centro do universo.

Em alguns pontos, Whitman foi além de Emerson. A herança puritana de Emerson serviu de equilíbrio para seu livre pensamento porque a inclinação de seu temperamento era ascética. Whitman, porém, "era antipuritano, anti-introspectivo e anti-ascético". Elogiou o corpo tanto quanto a alma, e foi o primeiro estadunidense a elogiar o sexo.

Importantes filósofos britânicos

Samuel Taylor Coleridge (1772-1834) foi poeta, crítico literário e filósofo do Noroeste da Inglaterra. Coleridge era místico e se preocupava com a religião e a exaltação da Igreja estabelecida. Sua obra mais importante é *Auxílios à reflexão*, de 1825. Segundo ele, Deus é a lei universal da consciência. A religião é inata ao homem porque ele foi criado à imagem de Deus. As verdades religiosas são diretamente verdadeiras por "contemplação interior". A certeza religiosa está baseada sobre a consciência religiosa, não em provas externas. Foi denominado o "Schleiermacher inglês".

Thomas Arnold (1795-1842) continuou a obra de Coleridge quanto à religião. Suas ideias eram semelhantes às de Herde. Afirmou que a Bíblia é uma literatura que deve ser interpretada à luz do tempo em que foi escrita.

Todos esses filósofos formaram fortes ventos que soprariam sobre as pessoas em oposição à fé verdadeira e simples em Nosso Senhor Jesus Cristo. Dessa tempestade de racionalismo e do materialismo resultante veio uma onda de modernismo e liberalismo teológico na qual a solidez das Escrituras foi atacada e as doutrinas cardeais da fé cristã, ridicularizadas.

A Revolução Francesa e os novos pilares dos Estados modernos

Onde não há avivamento de Deus, haverá um avivamento das trevas. Enquanto a Inglaterra recebia poderosa influência do agir de Deus, a França era berço de diversas filosofias ateístas. Enquanto a Igreja de Cristo inglesa fervilhava de vida, a Igreja Católica Romana na França estava mergulhada no formalismo morto.

Assim, em 5 de maio de 1789 eclode o movimento revolucionário que derruba a monarquia e mata milhares de pessoas num banho de sangue sem precedentes. Esse movimento imprevisível durou mais de dez anos, terminando em 9 de novembro de 1799. A Revolução Francesa mudou as feições da Europa e do mundo para sempre.

A monarquia francesa já vivia um lento processo de decadência e distanciamento da realidade do povo, que amargava um longo período de colheitas magras, altos impostos, fome e constantes guerras iniciadas pela coroa francesa. Filósofos como Rousseau e Voltaire eram alguns dos que anunciavam uma nova era de liberdade, igualdade e fraternidade entre os seres humanos.

Para essa nova ideologia, o Estado francês deveria promover um modelo de utopia ideológica e bem-estar geral. As coisas foram muito mal administradas pelo governo, até que as constantes inquietações transbordaram e o povo de Paris avançou contra a famosa Torre da Bastilha, assaltou os depósitos de armas, saqueou o palácio e, após algum tempo, decapitou o rei Luís XVI e a odiada rainha Maria Antonieta.

Os filósofos franceses e a poderosa revolução que derrubou uma das mais importantes monarquias europeias passou a ser referência para a reformulação de diversos Estados nacionais. Os Estados Unidos, por exemplo, foram profundamente marcados pelos ideais da Revolução Francesa, e concepções como a República, a Razão e a Liberdade se tornam lugar-comum em solo estadunidense. A famosa Estátua da Liberdade foi um presente da França para os Estados Unidos que marcou profundamente o imaginário, e representa bem como essas ideias afetaram a formação do país.

A Revolução Industrial e seus efeitos

Na Inglaterra, um rápido desenvolvimento tecnológico permitiu o surgimento da máquina a vapor e conduziu à industrialização. Esse processo substituiu toda a produção artesanal pela produção industrial em larga escala. O exemplo mais nítido foi a indústria têxtil, que ganhou proporções inimagináveis. A poderosa indústria inglesa passou a ser dominante em escala global. Das Américas à Ásia, a frota da Marinha mercante da Inglaterra dominou os mares e os mercados consumidores do mundo todo. Esse nítido processo começou em 1760 e se estendeu até 1840.

Com a Revolução Industrial, os ingleses passaram a ter enorme protagonismo político. Especialmente durante o século 19, dizia-se que o sol não se punha sobre o Império Britânico. Suas colônias estavam localizadas em todos os continentes do planeta. Os efeitos disso sobre a Igreja de Cristo também foram marcantes, pois Londres passou a ser a sede de todas as principais agências missionárias mundiais, e muitas novas sociedades voltadas à evangelização foram fundadas. Aproveitando a chegada da embaixada inglesa na China e no Extremo Oriente, a colonização na Índia e na África, centenas de missionários foram enviados para essas novas fronteiras.

> **A ESPIRITUALIDADE MISSIONÁRIA**
>
> A China de Hudson Taylor não existe mais. O Império Chinês de seus dias se converteu na poderosa República da China, nação mais populosa do mundo, com 1,3 bilhão de pessoas no início do século 21. Entretanto, a mesma China é, ainda hoje, um grande desafio missionário para a Igreja de Jesus Cristo. Hudson Taylor fez a sua parte, e como Isaías, disse "sim" a Deus. Agora é a nossa vez.
>
> Ouçamos seu apelo final: "Há necessidade de nos darmos pela vida do mundo. Uma vida fácil, que a si mesma não se negue, nunca será poderosa. Produzir frutos exige suportar a cruz [...] Você está pronto, disposto a permanecer nele e, assim, produzir muitos frutos?"

CAPÍTULO 7
VENTOS DE ADVERSIDADE

"O pontífice romano é imbuído de infalibilidade. Portanto, as definições do pontífice são, de si mesmas, e não por causa do consentimento da Igreja, irreformáveis." **Concílio Vaticano I**

O anti-avivamento de Joseph Smith

"Numa manhã linda de primavera, em 1820", Joseph Smith Jr. (1805-1844), um rapaz de 15 anos de Manchester, Nova York, teve sua primeira "visitação celestial". Numa geração que estava destinada a ver a conversão de muitos milhares a Cristo, Deus supostamente falara com o jovem: "Eles estão todos errados [...] eles se achegam a mim com os lábios, mas o seu coração está longe de mim."

Com essa atitude sectária exclusivista que caracterizaria a Igreja de Jesus Cristo dos Santos dos Últimos Dias, Smith deu início ao caminho de "revelação profética" que o levaria — e àqueles que o acompanharam — a se aprofundar cada vez mais no engano e no erro. Em 1827, perto de Manchester, ele supostamente teria desenterrado certas placas de ouro, o *Livro de mórmom*, traduzido através de duas pedras mágicas para ser um suplemento à Bíblia. A primeira igreja mórmom foi organizada em 1830 em Fayette, Nova York.

Em Mirtland, Ohio, Brigham Young uniu-se à igreja. Em 1838, os líderes mórmons embarcaram para o Missouri, e em 1840, eles se estabeleceram em Illinois. Perto dali, Smith foi assassinado por uma multidão enraivecida em 1844, deixando o movimento dividido entre Brigham Young e seus descendentes.

Origem do *Livro de mórmom*, segundo Joseph Smith

Este relato foi extraído do *Livro de mórmom*:

Enquanto eu estava assim, invocando a Deus, descobri que uma luz aparecia em meu aposento, a qual continuou a aumentar a ponto de o quarto ficar mais iluminado do que a luz do meio-dia, quando repentinamente apareceu, ao lado de minha cama, um personagem suspenso no ar, pois que seus pés não tocavam o solo [...] Informou-me que existia um livro escrito sobre placas de ouro descrevendo os antigos habitantes deste continente, assim como sua origem. Disse-me também que a plenitude do Evangelho Eterno estava contida nesse livro, tal como fora entregue pelo Salvador [...] Informou-me dos grandes julgamentos que viriam sobre a terra com grandes desolações de fome, espada e peste; e, ainda mais, que esses graves julgamentos recairiam nesta geração. E tendo me comunicado todas essas coisas, novamente ascendeu ao céu [...] Disse-me que eu não deveria ter outro objetivo em vista, quando obtivesse as placas, senão o de glorificar a Deus, e não deveria ser influenciado por nenhum outro motivo, senão a edificação de seu Reino, pois, do contrário, não o obteria [...] Voltando para junto de meu pai no campo, relatei-lhe todo o ocorrido. Disse-me ele que era obra de Deus e mandou-me fazer o que me havia dito o mensageiro. Deixei o campo e fui ao lugar onde o mensageiro me havia informado que as placas estariam, e, devido à nitidez da visão do mesmo, reconheci-o assim que lá cheguei [...] Tendo removido a terra, e com auxílio de uma alavanca que coloquei sob a beirada da pedra, com pequeno esforço consegui levantá-la. Olhei para dentro e, de fato, lá estavam as placas, o Urim e Tumim e o peitoral, conforme me havia dito o mensageiro. A caixa em que estavam era formada por pedras soldadas por alguma espécie de cimento. No fundo da caixa, havia duas pedras em posição transversal, e sobre essas pedras estavam as placas e as outras coisas [...] Voltei a esse lugar ao fim de cada ano, como me havia mandado e, a cada vez, lá encontrei o mensageiro, recebendo dele, em cada entrevista, instruções e reconhecimento sobre o que o Senhor iria fazer, e como e de que maneira o seu reino deveria ser conduzido nos últimos dias.

No dia vinte e dois de setembro de 1827, tendo eu ido, como de costume, ao fim de cada ano, ao lugar onde se achavam depositados, o mesmo mensageiro divino entregou-me as placas e os outros objetos com a seguinte recomendação: eu seria responsável, e se por acaso alguma coisa se extraviasse por minha negligência ou descuido de minha parte, eu seria destruído; mas se empregasse todos os esforços para preservá-los até que o mensageiro viesse procurá-los, seria protegido [...] Quando o mensageiro veio procurá-los, de acordo com o ajuste feito, eu os entreguei; e ele os tem sob sua guarda até esta data, dois de maio de 1838.[36]

É impressionante como toda essa experiência de Joseph Smith se encaixa completamente e em cada detalhe na advertência que o apóstolo Paulo faz aos gálatas: "Mas ainda que nós mesmos ou um anjo vindo do céu vos anuncie evangelho que vá além do que vos tenho anunciado, seja anátema" (Gl 1:8).

Aquele jovem infeliz foi enganado, usado e manipulado para trazer heresias e confusão. A autoridade das Escrituras é aviltada por esse livro, que afronta muitos dos princípios cardeais do Cristianismo legados pelos apóstolos. Infelizmente, o mormonismo se firmou, trazendo histórias fabulosas de ficção sem fundamento histórico ou bíblico.

As novas velhas heresias

Uma peculiaridade marcante da última parte do século 19 foi a reedição das heresias e excessos dos séculos 2 a 4. Já notamos a reedição de alguns dos extremos montanistas de 150 A.D. no movimento carismático irvinista dos primeiros anos do século 19. Em maio de 1861, as igrejas Unitariana e Antitrinitarianas, bem como as igrejas universalistas na América do Norte, uniram-se para formar a Associação Universalista Unitariana, com mais de 200 mil membros.

O judaísmo legalista do primeiro século foi reproduzido no Adventismo do Sétimo Dia, que se tornou o maior movimento apocalíptico, iniciado por William Müller (1782-1849), um batista de Nova York que declarou

---

36 "A pérola de grande valor" e "History of the Church of Jesus Christ of Latter Day Saints" ["História da Igreja de Jesus Cristo dos Santos dos Últimos Dias"], volume I, cap. 1-6.

ser 1844 o ano da segunda vinda do Senhor Jesus. Reunidos em torno de tal expectativa da eminente volta do Senhor e também da forte aderência às leis de Moisés — especialmente a guarda do sábado — estavam Jaime White e sua esposa, a profetisa Ellen G. White, cujos escritos os adventistas têm em alta estima e aceitam como os conselhos inspirados por Deus até os dias de hoje.

Em 1855, os adventistas estabeleceram a sede no Estado de Michigan com uma casa publicadora chamada Revista e Associação Publicadora Arauto. Em 1860, eles adotaram oficialmente o nome "Adventistas do Sétimo Dia", e em 1903, mudaram sua sede para o local atual, em Washington D.C. Em 2017, havia mais de 20 milhões de adventistas pelo mundo todo, 20% dos quais na América do Norte. Em todos os demais pontos principais de doutrina e prática, os adventistas são essencialmente evangélicos e fundamentalistas.

> **A ESPIRITUALIDADE MISSIONÁRIA**
> Em 2020, de uma população de 7,8 bilhões de pessoas, apenas 2 bilhões se identificavam como cristãos; A inacabada tarefa missionária está, portanto, em nossas mãos agora, aguardado uma resposta imediata à ordem do "ide" de Jesus Cristo. É chegada a nossa vez de assumir o nosso lugar na salvação deste mundo, que não ouvirá o Evangelho a menos que o proclamemos. Como disse Paulo aos cristãos do primeiro século: "Porque todo aquele que invocar o nome do Senhor será salvo" (Rm 10:13). "Como, pois, invocarão aquele em quem não creram? E como crerão naquele de quem não ouviram? E como ouvirão, se não ha quem pregue? E como pregarão, se não forem enviados? Como está escrito: Quão formosos os pés dos que anunciam o evangelho de paz; dos que trazem alegres novas de boas coisas" (Rm 10:14-15).

As testemunhas de Jeová

O arianismo do século 4, com sua negação da divindade de Jesus, reviveu no movimento apocalíptico russelita, da década de 1880, que recebeu o nome de seu primeiro organizador e presidente, Carlos Taze Russel. Depois da morte de Russel, em 1916, o manto de liderança caiu sobre o juiz Rutherford, que governou a seita como presidente até sua morte, em 1942, sendo sucedido por Nathan H. Knorr.

O título Testemunhas de Jeová foi dado em 1931, e o nome adicional Watchtower Bible and Track Society

(Sociedade de Bíblia e Folhetos Torre de Vigia) veio em 1956. Em 2018, havia mais de 8 milhões de testemunhas de Jeová no mundo todo, com mais ou menos 500 mil nos Estados Unidos, proclamando o seu pseudo-evangelho ariano e anti-trinitariano em que Jesus é apenas "o mais alto da criação de Deus" e "um homem perfeito, nada mais, nada menos". As testemunhas de Jeová também negam a ressurreição corporal do Senhor.

Os papas do século 19

É digno de nota que nenhum dos papas do século 19 foi acusado de corrupção, e todos enfrentaram tremendos desafios e ataques do mundo contemporâneo à Igreja Romana. Pio VII (1800-1823), cujo nome era Barnabé Chiaramonte, nascido em Cesena, na Itália, sofreu nas mãos de Napoleão, que em 1808 apoderou-se dos Estados do Vaticano. O papa foi preso e deportado a Savana, e finalmente exilado em Fontainebleau, perto de Paris. Com a queda de Napoleão, Pio VII foi restaurado ao Vaticano em 1814. Voltou a Roma para iniciar a árdua tarefa de reconstruir a Igreja, que estava em ruínas por toda a Europa.

As ordens monásticas haviam sofrido tanto que levaria anos para se tornarem novamente influentes. Da mesma forma, a falta de monges iria impedir o desenvolvimento do catolicismo durante o século seguinte. As universidades católicas possuíam faculdades de Teologia em torno das quais giravam suas atividades. Quando finalmente elas se tornaram universidades e academias do Estado, passaram a ignorar e excluir o ensino teológico.

A partir dali, seriam os seminários que ditariam o tom da vida teológica católica. Portanto, os líderes católicos não seriam os pensadores profissionais, como os que as universidades vinham treinando até então. Pio VII restaurou a Sociedade de Jesus (os jesuítas), que Clemente XIV (1769-1774) havia abolido. Expediu uma bula contra todas as sociedades bíblicas protestantes, alegando que eram "instrumentos do Diabo que visam minar os fundamentos da religião".

Leão XII (1823-1829) foi o nome adotado por Aníbal Sermattel, de Acona, também na Itália. Foi um papa conservador e enérgico. Afastou os leigos do setor administrativo, controlou os gastos, reduziu os impostos e tirou do "Índice"[37] da Inquisição as obras de Galileu. Os trabalhos para a reconstrução da Basílica de São Paulo, que se incendiou durante o papado de Pio VII, foram iniciados durante o pontificado dele.

Leão XII condenou a liberdade de iniciativa das sociedades bíblicas e as traduções da Bíblia. Declarou que todo aquele que se separasse da Igreja Católica Romana, ainda que fosse irrepreensível sob outros aspectos, só por essa única ofensa não teria parte na vida eterna.

Pio VIII (1829-1830), ou Francisco Savério Castiglione, de Cingole Macerata, era inimigo do nepotismo. Ao ser eleito papa, em 28 de julho de 1823, aconselhou aos irmãos que ficassem onde estavam morando, sem desejar uma condição social mais elevada. "Nada de fausto, nada de pompa, nenhuma promoção", disse ele. Houve progresso da Igreja Romana nos países anglo-saxões durante o pontificado dele. Denunciou a liberdade de consciência individual, as sociedades bíblicas e a maçonaria como inimigos da Igreja.

Gregório XVI era frade em Camaldolese. Mais tarde, tornou-se superior geral da ordem. Chegou a ser cardeal-prefeito da *Propaganda Fide*. Foi eleito papa em 2 de fevereiro de 1831 em um conclave que durou 50 dias. Vários movimentos revolucionários de ideias liberais e conspirações que surgiram nos Estados papais marcaram seu pontificado, e uma milícia de voluntários (os Centuriões) foi fundada em Roma.

Gregório XVI era patrono da erudição, mas se posicionava contra as modernas ideias políticas e sociais. Vários partidos clericais e anticlericais foram fundados nos países católicos. As contendas entre tais partidos determinaram a política desses países por muito tempo. Os esforços do abade La Mennais, da Igreja Católica francesa, em favor de uma aliança entre o catolicismo e o liberalismo, especialmente nos países onde o catolicismo estava em minoria, resultaram na sua condenação e excomunhão por parte de Gregório. La Mennais tornou-se um feroz crítico da Igreja.

João Maria Mastai Ferretti, de Ancona, tornou-se o papa Pio IX (1846-1878). Seu pontificado é o mais longo nos anais. Perdeu os Estados sobre

---

37 HALLEY, Henry H. *Manual bíblico de Halley*. São Luiz: Livraria Editora Evangélica, 1961, p. 690.

os quais os papas haviam governado desde o ano 754. Pio IX governou Roma com o auxílio de 10 mil soldados franceses. Quando a guerra entre a França e a Alemanha rompeu, as tropas foram requisitadas e o rei da Itália, Vitor Emanuel, tomou posse da cidade de Roma, anexando os Estados pontifícios ao seu reino.

Em 1929, Benito Mussolini restaurou, em dimensão menor, esse poder temporal quando a cidade do Vaticano foi constituída, composta de apenas 4.047 acres sobre o qual o papa voltou a ser soberano, independentemente de qualquer autoridade secular. Pio IX convocou o Concílio Vaticano I, de 8 de dezembro de 1869 a 18 de junho de 1870, e afirmou, com o apoio do concílio, a supremacia do pontífice romano sobre toda a Igreja e sua infalibilidade ao falar *ex cathedra* (literalmente, "a partir da cadeira", de São Pedro, neste caso). Essa expressão quer dizer que, quando define algo em matéria de fé ou moral, o papa está sempre correto e isento de erro. Isso significa que ele gozaria de uma assistência sobrenatural do Espírito Santo que o preservaria de todo equívoco ou engano.

O "Sílabo de erros" (1864) foi preparado sob os auspícios de Pio IX, e é a lista com oitenta títulos daquilo que o papa considerava os "erros do dia". Entre eles, condenou muitas coisas às quais os cristãos protestantes e ortodoxos também se opõem, como o panteísmo, o naturalismo e o racionalismo absoluto ou moderado. Por outro lado, condenou também as sociedades bíblicas, a separação entre a Igreja e o Estado, o casamento civil e a tolerância religiosa. Afirmou que "o protestantismo não é uma forma de religião cristã".

O século 19 também foi marcado por dois acréscimos significativos ao dogma católico romano. Em 1854, devido à insistência dos jesuítas e sem consultar o concílio, Pio IX oficializou a doutrina da "Imaculada Conceição da Virgem Maria, que nasceu sem pecado original". Ele declarou, em sua bula "Ineffabilis Deus", que "a Virgem Maria foi, no primeiro instante de sua concepção, totalmente preservada de qualquer culpa original através de uma graça e do privilégio singular do Deus Todo-Poderoso". "Portanto, se alguém ousa pensar algo contrário, fique sabendo que está condenado, sofreu naufrágio na fé e se rebelou contra a unidade da santa Igreja Católica."

O segundo acréscimo ao dogma romano, ainda mais controverso, foi a formalização da doutrina da infalibilidade papal. Em Roma, no dia 18 de julho de 1870, Pio IX e os bispos do I Concílio Vaticano decretaram: "O pontífice romano é imbuído de infalibilidade. Portanto, as definições do pontífice são, de si mesmas, e não por causa do consentimento da Igreja, irreformáveis. Se alguém ousa contradizer essas definições, que seja anátema." Tal decreto criou muita oposição na Igreja Romana, notadamente de John Doellinger, de Munique, que votou contra no concílio. Por isto, foi excomungado. Ele, juntamente com outros de menor relevância, formaram a Igreja Católica Velha.

Ainda que, formalmente, esse poder evocando "infalibilidade" tivesse sido declarado explicitamente apenas uma vez — na declaração de 1950, de acordo com a qual, Maria ascendeu corporalmente aos céus —, ele ainda é causa de divisão no catolicismo, e é uma questão especialmente difícil para a atual renovação carismática, que inclui crentes convertidos, batizados no Espírito Santo, que são católicos.

Hans Kung, teólogo católico e sacerdote da Universidade de Tubingen, e August Hasler, historiador católico e sacerdote no Instituto Histórico Alemão em Roma, discordaram da doutrina da infalibilidade papal. Mesmo no tempo de Pio IX, vários componentes da hierarquia católica escreveram que o papa estava "louco". De fato, de acordo com a História, suas ações imprudentes no concílio põem em dúvida sua sanidade mental.

O Concílio Vaticano I (1869-1870)

O catolicismo romano ganhou sua identidade definitiva com o Concílio Vaticano I, o primeiro concílio geral após o de Trento, e é considerado pelos católicos romanos como o vigésimo concílio na sucessão apostólica. Todos os bispos católicos, abades e os cabeças de ordens monásticas foram convidados. Os bispos da Igreja Grega Ortodoxa e muitos prelados protestantes também receberam convites, mas não aceitaram. O motivo do concílio foi tratar do racionalismo. O principal assunto, no entanto, foi a supremacia papal — em outras palavras, a tendência de exaltar o papado acima de todas as demais autoridades.

Gravura representando o Concílio Vaticano I, realizado em Roma.

O capítulo I declara a primazia de Pedro:

> Se alguém, portanto, julga que o bendito apóstolo Pedro não foi constituído por nosso Senhor Jesus Cristo como príncipe de todos os apóstolos e cabeça visível de toda a Igreja militante ou que ele mesmo, direta ou indiretamente, recebeu somente de nosso Senhor Jesus Cristo primazia de honra, e não de jurisdição verdadeira, seja anátema.[38]

O capítulo II afirma a perpetuidade da supremacia de Pedro: "Se alguém, então, disser que não é por instituição de Nosso Senhor Jesus mesmo ou por direito divino que o bem-aventurado Pedro tem sucessores perpétuos na supremacia, seja anátema." O capítulo III termina assim:

> Se alguém, então, disser que o pontífice romano tem o ofício somente de inspeção ou direção, porém não tem poder pleno e supremo de jurisdição sobre a igreja universal, não somente em coisa pertencentes à fé e à moral,

---

38 Muirhed, 1951, p. 193-194.

mas também nas pertencentes aos discípulos e ao governo da Igreja espalhado por todo o mundo ou que ele tem somente as atribuições e mais importantes e não a plenitude deste poder supremo; ou que este poder não confere o direito de ordenar, pronta e imediatamente sobre todas as igrejas e todos os homens, tanto pastores como fiéis, seja anátema.

Em suma, quer dizer que o papa tem direito sobre o mundo inteiro, e que a Igreja Romana tem poder sobre todas as igrejas. O capítulo IV trata da infalibilidade do papa:

> Nós [isto é, o papa Pio IX], aderindo fielmente à tradição recebida desde o começo da fé cristã com vista à glória do divino Salvador, à exaltação da religião católica e à segurança do povo cristão, com a aprovação do sagrado concílio, ensinamos e definimos como dogma divinamente revelado que o romano pontífice, quando fala *ex cathedra* [isto é, quando define uma doutrina concernente à fé e aos costumes para que seja admitida pela Igreja Universal, cumprindo o ofício de pastor e mestre de todos os cristãos em sua suprema autoridade apostólica] pela divina assistência que lhe foi prometida no bem-aventurado Pedro, é dotado daquela infalibilidade com que o divino Redentor quis que sua Igreja — definindo uma doutrina concernente à fé e aos costumes — estivesse equipada. E, portanto, que tais definições do romano pontífice são irreformáveis por si mesmas, e não em virtude do consentimento da Igreja. Se alguém presumir (o que Deus impeça) contradizer esta nossa definição, seja anátema. (BETTENSEN, 1967, p. 310-311)

O dogma da infalibilidade do pontífice romano foi afirmado por 533 votos contra dois. Isso não quer dizer, entretanto, que todas as afirmações papais sejam "infalíveis", mas aquelas nas quais ele fala *ex cathedra*. Tal decreto pôs fim à supremacia de um concílio geral, e não foi aceito por toda a Igreja Romana. A Igreja Católica Velha, que permanece até hoje, principalmente na Alemanha, na Áustria, na Suíça e também, em pequeno número, nos Estados Unidos, continua a se opor a esse dogma.

CAPÍTULO 8
O AVIVAMENTO COM
D.L. MOODY

"O mundo ainda não viu o que Deus fará com, para e pelo homem inteiramente a ele entregue." **Henrique Varley**

Após a Guerra Civil dos Estados Unidos, o avivamento se manifestou em grandes campanhas de evangelização de massas realizadas fora dos templos e em lugares públicos. Dwight L. Moody é considerado o mais importante evangelista de massas do último quarto do século 19. Walker (1967, p. 280) escreveu a respeito:

> No período entre a Guerra Civil e a Primeira Guerra Mundial, a ênfase reavivadora do protestantismo estadunidense foi continuada. D.L. Moody (1837-1899), evangelista leigo, foi seu expoente mais importante. Organizador infatigável e pregador agressivo, Moody foi uma força ponderável na vida protestante. Seus métodos de reavivamento foram largamente copiados, e seu entusiasmo missionário contribuiu significativamente para a continuação do crescimento da obra missionária no estrangeiro.

Moody nasceu em Northfield, Massachusetts. Converteu-se em Boston, nos fundos da sapataria onde trabalhava quando tinha 17 anos. O instrumento usado por Deus foi Eduardo Kimball, professor da escola dominical de Moody. Seu primeiro trabalho cristão foi reservar assentos na igreja e enchê-los todos os domingos com jovens das ruas e lares de acolhimento. Depois, começou a trabalhar numa escola dominical que tinha doze professores e dezesseis crianças arroladas. Logo essa escola ficou repleta. Abriu-se outra, e em poucos anos havia uma frequência superior a mil pessoas.

Ele sentiu que Deus o estava chamando para dedicar sua vida inteiramente ao serviço cristão. Obedeceu à chamada após ver um grupo de alunas aceitar a Cristo através de seu professor, que estava à morte. Aos 24 anos, não muito depois de se casar, deixou um bom emprego com o salário de 5 mil dólares por ano (muito bom naquela época) para trabalhar na obra do Senhor sem salário fixo ou promessa de receber qualquer dinheiro. Quando perguntaram como iria se manter, ele respondeu: "Ora, Deus me suprirá em tudo, e se ele quiser que eu continue, continuarei até ser obrigado a desistir."

Ninguém pode acusar Moody de ter entrado no ministério para lucrar financeiramente. Durante a Guerra Civil (1861-1865), ele trabalhou evangelizando os soldados. Conseguiu levantar dinheiro e construir um local de reuniões onde dirigiu 1,5 mil cultos. Além disso, prestava assistência aos feridos e moribundos. Em Camp Douglas, que foi usado como prisão para os Confederados, Moody socorreu 10 mil presos. Reuniões de evangelização foram realizadas durante semanas, e trinta a quarenta pessoas se convertiam todas as noites.

Após a Guerra Civil, Moody dirigiu uma campanha para levantar um local de cultos em Chicago, inaugurado em 1864. Quando, mais tarde, esse prédio foi incendiado, ele e mais dois iniciaram outra campanha para construir um novo prédio: Farwell Hall II, o qual se tornou famoso em Chicago. Durante esse período, Moody fez uma inesperada visita à Inglaterra que deixou uma indelével impressão sobre sua vida. Encontrou-se, entre outros, com Spurgeon, Jorge Müller e Henrique Varley. Foram estas as palavras do último: "O mundo ainda não viu o que Deus fará

A ESPIRITUALIDADE MISSIONÁRIA
Como parte da Igreja de Jesus Cristo hoje, estamos igualmente diante da pergunta que Deus fez a Isaías: "A quem enviarei?" A resposta é individual e atemporal. Sim ou não. Cada um precisará responder por si à pergunta divina. Que Deus nos ajude a dizer "sim", tomando em nossas mãos a responsabilidade missionária e dizendo como o profeta: "Senhor, eis-me me aqui também!"

com, para e pelo homem inteiramente a ele entregue." Isso levou Moody a buscar definitivamente uma experiência mais profunda com Deus. "Estou resolvido a fazer todo o possível para ser aquele homem", foi a decisão de Moody, em suas próprias palavras.

Em 1871, enquanto estava em Nova York a fim de levantar dinheiro para a construção de Farwell Hall II, Moody experimentou o batismo com o Espírito Santo. Ele mesmo descreveu o acontecimento:

> Não sentia desejo no coração para solicitar dinheiro. Todo o tempo, eu clamava a Deus, pedindo que me enchesse de seu Espírito. Então, certo dia, na cidade de Nova York — ah, que dia! Não posso descrevê-lo nem quero falar no assunto; é uma experiência quase sagrada demais para ser mencionada. O apóstolo Paulo teve uma experiência acerca da qual não falou por quatorze anos. Posso apenas dizer que Deus se revelou a mim, e tive uma experiência tão grande de seu amor que precisei rogar-lhe que retirasse de mim sua mão. Voltei a pregar, os sermões não eram diferentes; não apresentei outras verdades; contudo, centenas se converteram. Não quero voltar para viver de novo como vivi outrora nem que eu pudesse possuir o mundo inteiro. (BOYER, 1961, p. 137-138)

Em Chicago, Moody encontrou-se com Ira Davi Sankey, o conhecido cantor de hinos que abandonou seus negócios para acompanhar o evangelista. Em junho de 1873, não muito depois de ter completado a construção de seu segundo local de cultos em Chicago, Moody e Sankey iniciaram suas campanhas nas Ilhas Britânicas e realizaram cultos nas maiores cidades da Inglaterra, Escócia e Irlanda, com resultados vivificadores e permanentes.

Muitos assistiram aos cultos e milhares se entregaram a Cristo. A maior obra de sua vida, segundo alguns, foi realizada entre os homens das famosas universidades de Oxford e Cambridge. É incrível como aquele homem sem uma instrução rebuscada, mas cheio do Espírito Santo, podia capturar a atenção e persuadir muitos homens intelectuais por meio da unção divina.

Imagem de época retratando a figura de D.L. Moody.

    Quando Moody saiu dos Estados Unidos, era famoso em alguns Estados como obreiro da escola dominical e da Associação Cristã de Moços. Mas quando voltou, em 1875, era considerado "o mais famoso pregador do mundo". Durante mais de 20 anos, dirigiu campanhas nas principais cidades dos Estados Unidos, Canadá e México, com grandes resultados. Às vezes, as campanhas duravam seis meses.

    Situações dramáticas se deram nessas campanhas. Em Chicago, o circo Forepaugh, com uma lona que tinha assentos para 10 mil pessoas e lugares para outro tanto em pé, anunciou apresentações para dois domingos. Moody alugou a tenda para cultos de manhã, e os donos acharam muita graça dessa iniciativa. No entanto, no primeiro culto, a tenda ficou repleta. Foram tão poucos os que assistiram as apresentações do circo à tarde que os donos resolveram não repeti-las no domingo seguinte. A tenda, então, foi alugada para o culto no segundo domingo. O calor era muito forte, mas 18 mil pessoas permaneceram no local, banhados em suor.

    Havia silêncio completo enquanto Moody pregava. O poder de Deus fluía e centenas de vidas foram salvas. Acerca de um desses cultos, certo assistente registrou estas impressões:

Jamais esquecerei de certo sermão que Moody pregou. Foi no circo Forepaugh, durante a Exposição Mundial. Estavam presentes 17 mil pessoas de todas as classes e de todas as qualificações. O texto do sermão foi: "Pois o Filho do Homem veio buscar e salvar o que se havia perdido." Havia ali muita unção, e Moody parecia estar em íntimo contato com o coração daquela multidão. De repente, ele disse: "Pois o Filho do Homem veio hoje ao Circo de Forepaugh para procurar e salvar o que se perdera;" Escrito e impresso, isso parece um sermão comum, mas as suas palavras, pela unção que lhe sobreveio, tornaram-se palavras de espírito e de vida.[39]

Mesmo sem ter instrução acadêmica, Moody reconheceu o grande valor da instrução e fundou três escolas: o Instituto Bíblico Moody, em Chicago, em 1886; o Northfield Seminary, em Massachusetts; e a Escola de Mount Hermon, também em Massachusetts. O Students Volunteer Movement for Foreign Missions (Movimento Voluntário de Estudantes para Missões Estrangeiras) surgiu em 1886 sob a inspiração de Moody nas suas conferências em Mount Hermon.

Seu lema era: "A evangelização do mundo nesta geração." A mensagem era simples, e podia ser resumida em três erres: ruína pelo pecado, redenção por meio de Cristo e regeneração pelo Espírito Santo. Sua paixão era a salvação de almas. Dizia Moody: "E contemplo este mundo como se fosse um navio naufragado [...] Deus me deu um barco salva-vidas e disse: 'Moody, salve tantas pessoas quanto possível'."

Dwight L. Moody morreu durante sua campanha em Kansas City, em 16 de novembro de 1899. Pregou seu último sermão a 15 mil pessoas. Centenas de almas foram salvas. Morreu na manhã do dia 22 de dezembro. Suas últimas palavras foram: "Se isso é a morte, não há nenhum vale. É glorioso. Entrei dentro das portas e vi as crianças: dois netinhos já falecidos. A terra recua; o céu se abre perante mim. Deus está me chamando!"

Um total de 500 mil almas é o cálculo da colheita que Deus fez por intermédio de Moody. R.A. Torrey, amigo íntimo do evangelista, o considerou o maior ganhador de almas do século 19. Sua influência perdura até hoje, e ninguém pode realmente calcular quantas vidas entraram no Reino de Deus como resultado do trabalho de Moody.

.....
39 BOYER, 1961, p. 114.

CAPÍTULO 9
OS AVIVAMENTOS DE SANTIDADE DO SÉCULO 19

"Eu vi pessoalmente filas de 10 mil pessoas aguardando às portas do Royal Abert Hall. Na última noite em Liverpool, 13 mil pessoas se aglomeraram no Tournament Hall." **R.A. Torrey**

Historicamente, o ministério de Charles G. Finney e seus cooperadores se tornou o alicerce dos avivamentos de santidade da segunda metade do século 19 e dos resultantes avivamentos pentecostais do século 20. Foram aqueles homens, entre outros, que inauguraram o grande movimento estadunidense de santidade do século 19 com sua forte ênfase numa experiência de conversão, um batismo específico no Espírito Santo, pureza de coração e perfeição cristã na vida presente.

O metodismo de João Wesley havia se tornado, em meados do século 19, a denominação mais rigidamente organizada e fechada nos Estados Unidos. Em 1787, quando o superintendente metodista americano, o autoritário Francis Asburg, mudou seu título para bispo, João Wesley teve de repreendê-lo: "Como você ousa tolerar ser chamado bispo? Eu me enojo só de pensar nisso. Os homens podem me chamar de vagabundo, tolo, eu não me importo, mas eles nunca, com o meu consentimento, me chamarão de bispo. Por mim, por causa de Deus e por Cristo, acabe completamente com tudo isso."

O formalismo crescente do metodismo inevitavelmente causou seu declínio espiritual. Consequentemente, em meados do século 19, surgiram acusações de que o metodismo tinha se tornado muito frio e que a "religião do coração" estava desaparecendo. As doutrinas de Wesley acerca da santificação total e da pureza de coração estavam sendo negligenciadas. Esse inconformismo e sede de santidade chegou ao seu clímax na última parte do século 19, dando origem a muitos novos grupos de santidade e fraturando, assim, o metodismo, mas também avivando as chamas originais do pietismo wesleyano. Essas faíscas incendiaram e fizeram nascer focos de avivamento em incontáveis lugares através dos Estados Unidos. A Igreja Metodista Wesleyana da América já tinha sido formada em 1843 como um protesto contra o controle do episcopado metodista britânico. Em junho de 1968, a Igreja Metodista Wesleyana fundiu-se com a Igreja Peregrina de Santidade, formada em 1922, para se tornar a Igreja Wesleyana.

A Igreja de Deus

Pelo menos duzentos grupos religiosos independentes nos Estados Unidos usam o nome Igreja de Deus. Muitos deles têm sua origem nessa época de agitação de santidade dos últimos anos do século 19. Entre outros, nota-se especificamente a Igreja de Deus da Profecia, com suas raízes datando de 1886, e a Igreja de Deus, com sua sede em Anderson, Indiana, consolidada em torno de 1880 como um movimento em direção à unidade dentro das igrejas já existentes. Essa Igreja de Deus prefere ter seu nome aceito num sentido inclusivo, mais que num senso denominacional. É atualmente um movimento na direção da unidade cristã e da restauração do padrão do Novo Testamento.

A Igreja do Nazareno

No ano de 1894, surgiu a Igreja do Nazareno, uma das maiores divisões do metodismo, que se uniu com a Associação de Igrejas Pentecostais na América, em 1907, e a Igreja de Santidade de Cristo, em 1908. As três formaram a Igreja Pentecostal do Nazareno. Em 1919, a palavra "pentecostal" foi tirada do nome para desassociar da mente pública qualquer ligação com o pentecostalismo do século 20 e sua prática de "falar em línguas", vigorosamente combatida pela Igreja do Nazareno.

Avivamento em Melbourne, na Austrália

O relato de Davis (1948, p. 29-32) nos fornece detalhes acerca do avivamento ocorrido em Melbourne:

> Em 1899, o dr. R.A. Torrey era pastor da Igreja Moody em Chicago e superintendente do Instituto Bíblico Moody. Foi então que recebeu um convite para ir à Austrália a fim de dirigir uma missão em Melbourne. Pediu, então, ao sr. Carlos M. Alexander que o acompanhasse. Foi assim que se iniciaram as famosas reuniões Torrey-Alexander na Austrália, na Grã-Bretanha e na América, durante as quais umas 100 mil pessoas professaram a fé em Cristo.

Quando os evangelistas chegaram a Melbourne, descobriram que haviam sido realizadas semanalmente 1,7 mil reuniões de oração em casas particulares durante algum tempo a fim de interceder por um derramamento do Espírito de Deus. Não admira, pois, que o fogo caísse do céu. O grande Centro de Exposições foi demasiado pequeno para conter as multidões que se juntavam para ouvir o Evangelho, e milhares declararam a sua decisão por Cristo.

O autor aponta também como foi o impacto desse despertamento, afirmando que as notícias agitaram não só a Austrália, mas todo o mundo cristão. Os evangelistas passaram cerca de seis meses realizando cultos na Austrália, na Tasmânia e na Nova Zelândia. Por onde quer que passassem, seu trabalho era coroado com uma bênção maravilhosa. Mesmo quando viajavam de trem, multidões afluíam às estações para escutar um sermão de dois ou três minutos de Torrey e um hino por Alexander. As terras do Cruzeiro do Sul foram despertadas para uma nova vida espiritual pela manifestação do Espírito de Deus.

> Após o encerramento das reuniões em Melbourne, uma senhora que tinha ajudado a organizar os grupos naquela cidade visitou a Inglaterra e foi convidada a falar na bem conhecida Convenção de Keswick. Ali, ela contou a história das 1,7 mil reuniões de oração nos lares e a maneira maravilhosa como as janelas dos céus se abriram em resposta à intercessão conjunta. O coração dos obreiros cristãos presentes na Convenção de Keswick foi profundamente tocado com tal informação, e decidiram constituir também grupos de oração por todas as igrejas inglesas com vista a orar por um avivamento. (DAVIS, 1948, p. 30)

Avivamento na Grã-Bretanha

Após chegarem à Grã-Bretanha, Torrey e Alexander começaram suas reuniões em cidades importantes, que continuaram durante um período de três anos. Muitos membros dos grupos de oração em todo o território da Grã-Bretanha concentraram naturalmente as suas intercessões sobre as reuniões Torrey-Alexander. Torrey afirma que, nesses grupos de oração e intercessão, havia nada menos que 20 mil pessoas comprometidas com o esforço evangelístico. Mais uma vez, a oração foi respondida, e as Ilhas Britânicas foram abaladas pela mais notável manifestação do Espírito de Deus desde os tempos de Moody e Sankey.

> O *Hino da glória* espalhou-se por todo o Império Britânico, mais rapidamente do que qualquer outra canção religiosa ou secular havia conseguido antes. Eu vi pessoalmente filas de 10 mil pessoas que aguardavam que as portas do Royal Abert Hall se abrissem. Na última noite em Liverpool, 13 mil pessoas se aglomeraram no Tournament Hall, enquanto outras tantas que se encontravam no exterior tentavam inutilmente penetrar no recinto. Trólebus e elétricos ressoavam com hinos evangélicos, e os rapazes que andavam pelas ruas assobiavam as melodias do avivamento enquanto faziam os seus trabalhos. Era o Espírito de Deus derramado numa benção do Pentecostes em resposta à oração da fé. (DAVIS, 1948, p. 31)

Para ele, não havia dúvidas de que esses círculos de oração a favor de um avivamento e a influência das reuniões Torrey-Alexander foram responsáveis, em grande medida, pelo surgimento do grande avivamento que se verificou no País de Gales durante os anos de 1904 e 1905.

Davis (1948) afirma que os dois evangelistas dirigiram reuniões de avivamento em Cardiff, no País de Gales, só um ou dois meses antes do início do despertamento galês. Crê-se que, nos dois meses que durou esse avivamento, professaram a sua fé em Cristo cerca de 70 mil pessoas naquelas famosas reuniões de oração, louvor e testemunho (p. 32).

O avivamento no Havaí

De 1837 a 1843, teve lugar um poderoso avivamento espiritual no Havaí. Esse avivamento começou no coração dos missionários quando eles se encontravam reunidos para seu encontro anual. Ali foram poderosamente impulsionados a orar, e ficaram tão profundamente impressionados com a necessidade de um derramamento do Espírito que prepararam um forte apelo a ser enviado às igrejas de seus países, insistindo com todos os cristãos para que se unissem a eles em oração a favor de um batismo do Alto.

Pouco depois, começaram a notar um interesse mais profundo e crescente por parte das pessoas nas coisas espirituais. Em 1837, um avivamento se alastrou por todas as ilhas, de modo que os missionários trabalhavam dia e noite com multidões de almas ansiosas. Num dia memorável, em Hilo, 1.705 pessoas foram batizadas por Titus Coan, e num período de seis anos, 27 mil convertidos foram recebidos nas Igrejas.

Avivamento na Índia Oriental

Duncan (1988, p. 37) nos fornece detalhes sobre o avivamento na Índia Oriental:

> A maior igreja do mundo, em Ongole, na Índia, veio à existência como resultado de um avivamento do Espírito de Deus. Esse avivamento entre os perdidos de Telugu conduziu uma multidão de almas para o Reino de Deus. Em 1878, num só dia, 2.222 pessoas foram batizadas e mais 8 mil dentro de seis semanas. Aquele campo missionário tinha sido tão estéril até então que a Junta Missionária que sustentava o trabalho chegou ao ponto de pensar em abandoná-lo, e só por pedido insistente dos missionários é que tal ação havia sido adiada.

O autor continua a sua narrativa descrevendo o que havia acontecido anteriormente: na noite de 1853, um casal de missionários passou a última noite em oração com três dos seus ajudantes cristãos hindus. "Quando o primeiro dia do novo ano começou a romper, o coração deles foi dominado pela doce certeza de que as suas orações haviam sido atendidas" (p. 37). Houve a necessidade de enfrentar um longo período de provas, mas aquela onda divina começou a se formar, e um poderoso derramamento do Espírito trouxe uma multidão para dentro do Reino de Deus.

O despertamento na Grã-Bretanha do século 19

As igrejas nas Ilhas Britânicas experimentaram vários despertamentos e transformação no século 19. O mesmo pode ser dito da Escócia, do País de Gales e da Irlanda. A influência dos Estados Unidos contribuiu muito para esse fenômeno espiritual. Charles G. Finney fez duas viagens evangélicas às Ilhas Britânicas (1849-1850 e 1858-1860). D.L. Moody e Ira David Sankey fizeram três viagens (1873-1875; 1881-1884; 1891-1892). Essas viagens tiveram resultados comparáveis às de Wesley e Whitefield, no século 18.

Três grandes movimentos caracterizaram a Igreja na Grã-Bretanha no século 19: o evangélico, o da Igreja Liberal e o anglo-católico. O movimento evangélico, ainda que constituísse a minoria no início do século, era o mais ativo e zeloso devido à continuação da influência do despertamento do século anterior. Suas características principais eram a pregação da necessidade do novo nascimento ou a regeneração; a ênfase no culto doméstico; a observância do domingo; estudo fervoroso da Bíblia; e produção de vasta literatura religiosa. Colocava a Bíblia acima do ensino da Igreja e considerava a pregação do Evangelho mais importante do que os sacramentos.

Também enfatizava os cânticos nos cultos, por isso gerando uma hinologia maravilhosa. Entre os compositores se destaca Francis Ridley Havergal (1836-1878). Os evangélicos tinham pouco

> **A ESPIRITUALIDADE EVANGÉLICA**
> "Eis o Cordeiro de Deus que tira o pecado do mundo" (Jo 1:29). A espiritualidade evangélica é a espiritualidade de Jesus Cristo, como nos narram os evangelhos. Não se trata de mais uma espiritualidade, das muitas que conhecemos, mas da verdadeira e autêntica espiritualidade, já que Jesus Cristo é o seu centro e modelo referencial único de vida. A espiritualidade evangélica é a espiritualidade do Cordeiro de Deus e, por conseguinte, a espiritualidade da cruz de Cristo, da missão salvadora de um mundo amado por Deus, que o levou a dar seu Filho Unigênito em resgate de todo aquele que crer. Jesus tornou-se homem para morrer pelos nossos pecados, eliminando toda culpa que pesava sobre nós.

interesse na filosofia da religião, e desconfiavam do estudo crítico da Bíblia que caracterizava o período. Eles aceitavam as Escrituras como sendo a Palavra inspirada de Deus. Criam na encarnação e na morte expiatória de Cristo, na salvação pessoal e na operação do Espírito Santo.

As obras de filantropia e o trabalho missionário encontraram a mais alta expressão nessa época. O seu alvo principal era a prática das verdades cristãs acima de outras doutrinas. Os evangélicos da Igreja oficial da Inglaterra eram leais à sua igreja e aceitavam o governo episcopal. Eram a maior força religiosa na Inglaterra durante todo o século 19 — um pouco menos intensos no fim, mas ainda muito poderosos e ativos.

O segundo movimento importante na Grã-Bretanha do século 19 foi o liberal, que começou por volta de 1830 e continuou com vigor até o fim do século. Era um grupo teológico que representava o lado social e modernista da Igreja da Inglaterra. Samuel Taylor Coleridge (1772-1834) pode ser considerado o precursor desse liberalismo eclesiástico. Era poeta, crítico literário, filósofo e pregador. Estudou na Alemanha em 1798 e 1799, e foi levado a se relacionar com o pensamento filosófico alemão de homens como Kant, Fichte, Schelling e outros. Era considerado o "Schleiermacher inglês".

Tomás Arnold (1795-1842), diretor de rúgbi numa escola para meninos, e Henrique A. Milman, pároco da catedral de São Paulo, pertenciam ao grupo que aderiu às teorias dos críticos alemães. F.D. Maurice (1805-1872), teólogo, e Carlos Kingsley (1819-1875), novelista e reitor de Eversley, lideravam a facção do movimento que fundou um grupo socialista cristão. Frederico W. Robertson (1816-1853), ministro de Brighton, foi educado sob a influência evangélica, mas, depois de um período, adotou a posição liberal. Era um grande pregador, cujos sermões exerceram muita influência em ambos os lados do Atlântico.

Além desses, temos Alfredo Lorde Tennysen (1809-1892), Artur Penrhyn Starley (1815-1881), deão de Westminster, Frederico William Farrer (1831-1903), deão de Cantuária, Brooke Foss Westcoot (1825-1901), Joseph Darber Light East (1828-1889) e Fanton John Anthony Hort (1828-1892). Todos eles tiveram grande influência no movimento liberal.

Em 1881, Hort e Lightfoot publicaram uma crítica do texto grego do Novo Testamento que se tornou padrão. O liberalismo eclesiástico nunca chegou a ser um partido no sentido estrito, e o número de adeptos não era grande. Ainda assim, enorme foi sua influência sobre o pensamento religioso inglês.

O terceiro movimento que marcou a Grã-Bretanha no século 19 foi o anglo-católico (1833-1845), conhecido por vários nomes: Movimento de Oxford, Movimento Pusyita ou Movimento Tratariano. Dava suprema importância à Igreja, e seu objetivo era a restauração da antiga Igreja Católica. Tinha no argumento da sucessão apostólica uma característica essencial para defender a superioridade do episcopado católico sobre o protestante.

Os adeptos davam muito valor aos sacramentos e destacavam a presença física e real de Cristo nos elementos da Ceia. Ressaltavam também, em defesa do catolicismo, a importância dos escritos dos pais antigos da Igreja. Havia ênfase no ritual nos cultos, nas vestes e paramentos, cruzes, velas e uso de incenso. Desejavam que a Igreja fosse livre do Estado quanto ao seu credo e suas formas de adoração.

Os líderes do avivamento anglo-católico eram ligados com o Oriel College da Universidade de Oxford. Para Ricardo Russel Froude (18335-1836), era necessária a restauração da verdade e dos elementos da Igreja Romana que os reformadores repudiaram, tal como o jejum, o celibato clerical e a veneração dos santos.

O movimento teve início formalmente com um sermão de João Keble (1792-1866) sobre a "apostasia nacional", um protesto contra um ato do Parlamento que diminuiu o número de bispados na Igreja Anglicana da Irlanda. Keble já era conhecido como o autor do *Ano cristão* (1827), livro de poesias em louvor da Igreja e do valor da Ceia. Foi o volume mais popular de poesia religiosa publicado no século 19.

João Henrique Newman (1801-1890) foi um notável pregador evangélico e líder dos tratarianos. Newman iniciou a publicação dos *Tratados para os tempos (Tracts for the Times)*. No total, noventa volumes foram publicados. Desses, Newman escreveu 23. No auge de sua influência, em 9 de outubro de 1845, Newman uniu-se à Igreja Católica Romana. Tornou-se cardeal em 1879.

Eduardo Bouverie Pusey (1800-1882) foi professor de Hebraico em Oxford, e era um homem piedoso e zeloso. Colaborava para os *Tratados*, e depois da retirada de Newman, tornou-se o líder do movimento anglo--católico. Para ele, tratava-se do reavivamento do cristianismo do Novo Testamento. Após a saída de Newman da Igreja Anglicana, centenas de seguidores entre o clero se submeteram a Roma.

Em 1850, o papa Pio IX restabeleceu o episcopado diocesano na Inglaterra, vago desde a Reforma, o que causou alvoroço. Depois disso, o partido anglo-católico assumiu importante papel dentro da própria Igreja Anglicana, sob a liderança de Pusey.

O movimento resultou num reavivamento católico que despertou uma apreciação mais elevada do culto e da Igreja. Restauraram um senso de reverência na adoração. Houve muitas mudanças na prática da Igreja. O ritual foi elaborado, a confissão ao sacerdote, avivada e o monasticismo católico reapareceu. O mosteiro Cowley Fathers é exemplo dessa tendência e do reavivamento da devoção católica, que se revelou no serviço prestado aos necessitados e aos não evangelizados.

De 1845 a 1862, cerca de 877 pessoas deixaram a Igreja Anglicana e se uniram à Igreja Católica. Cerca de 250 delas eram ministros ou líderes teológicos de Oxford e Cambridge. Os dois mais distintos foram Newman (1845) e Henrique Eduardo Manning (1851). Manning foi feito cardeal em 1875. Newman, de posição mais moderada, só chegou ao cardinalato quatro anos depois. Alargou a separação entre a Igreja Anglicana e as igrejas livres com sua ênfase sobre a sucessão apostólica, a presença física de Cristo nos elementos da missa (Ceia do Senhor) e a regeneração batismal.

As igrejas livres (ou não conformistas) da Inglaterra

Outra característica notável da vida religiosa da Inglaterra no século 19 foi o desenvolvimento das igrejas livres. Elas cresceram tão rápido que em 1900 o número total de membros era comparável com o da Igreja Oficial.

As denominações principais eram os batistas (calvinistas e arminianos), metodistas, Sociedade de Amigos (*quakers*), unitarianos e presbiterianos. Havia outras comunidades menores, e a Igreja Metodista foi a que cresceu mais rápido. Entre as igrejas livres, Deus levantou líderes e movimentos notáveis e extraordinários.

William Booth (1829-1912) foi pastor metodista. Em 1878, organizou, em estrutura militar, o que em 1880 seria denominado o Exército de Salvação. O alvo da organização era alcançar os pobres e aqueles que sofriam as consequências da Revolução Industrial. Havia muitas famílias carentes, órfãos e viúvas. Booth tinha vocação para ganhar os marginalizados por meio da evangelização ao ar livre e a obra filantrópica. O Exército de Salvação cresceu e se espalhou pelo mundo inteiro.

William Booth, pastor metodista e fundador do Exército de Salvação.

Jorge Müller (1805-1880) era membro do grupo chamado Irmãos de Plymouth ou Brethren, um movimento de restauração da Igreja. Esse movimento foi primeiramente organizado em Dublin, em 1830. Foi inicialmente liderado por João Nelson Darby (1800-1882), ex-clérigo da Igreja Anglicana. Os Irmãos, como eram chamados, buscavam o retorno da Igreja ao modelo do livro de Atos, contra a frieza espiritual da Igreja oficial estatal.

Jorge Müller fundou um grande orfanato em Bristol onde os órfãos eram sustentados pelas respostas às orações de fé simples. Müller não fazia apelos públicos por fundos para o sustento do orfanato, mas dependia exclusivamente de Deus. Os milagres que Deus operou compõem uma linda história do poder da oração e da fé.

Jorge Williams (1821-1905) fundou a Associação Cristã de Moços em Londres, em 1844, com a finalidade de atender às necessidades de jovens da cidade com esportes, sociabilidade e um ambiente cristão.

A família de Charles H. Spurgeon (1834-1892), chamado o "príncipe dos pregadores", havia fugido dos Países Baixos para a Inglaterra durante a perseguição de Felipe II. Seu avô e seu pai eram pregadores. Ele se converteu aos 15 anos, durante a pregação de um leigo cuja mensagem foi baseada em Isaías 45:22: "Olhai para mim, e sede salvos vós, todos os termos da terra; porque eu sou Deus e não há outro."

Spurgeon verdadeiramente olhou para Deus e foi salvo. Aos 16 anos, começou a pregar. Alguns meses depois, mesmo sendo tão jovem, foi chamado para pastorear a Igreja de Waterbeach, onde passou dois anos. Antes mesmo dos 20 anos, tornou-se o pastor da Park Street Chapel, em Southwark, em Londres, onde não cabiam as multidões. Mudou-se para Exeter Hall, e depois para Surrey Music Hall. Em 1861, Spurgeon fundou o famoso Tabernáculo Metropolitano, com cerca de 6 mil assentos. Pregou ali durante os 31 anos que se seguiram com uma média de frequência de 5 mil pessoas.

De três em três meses, Spurgeon pedia aos que haviam assistido aos cultos nesse período que se ausentassem, dando lugar aos outros. Cerca de trezentas pessoas oravam enquanto ele pregava. Durante todo o mês de fevereiro de cada ano, eles se aplicavam à oração por um avivamento no Tabernáculo Metropolitano.

Charles Spurgeon em registro fotográfico por volta de 1870.

Spurgeon aceitava convites de muitas cidades da Inglaterra, Escócia, Irlanda, Gales, Holanda e França para pregar. Aparentemente, o maior auditório que teve foi o Crystal Palace de Londres, em 1857, com 23.654 pessoas assistindo às suas pregações. Além de grande orador, Spurgeon era um prolífico escritor. Seus livros constituíam uma biblioteca de 135 volumes, incluindo *O tesouro de Davi* e sete volumes sobre os salmos. Ele fundou e dirigiu o orfanato de Stockwell. Também fundou o Colégio de Pastores e o dirigiu. Ali, cerca de novecentos pastores foram treinados. Quando partiu, causou comoção nacional, e mais de 6 mil pessoas assistiram ao seu culto fúnebre.

Em 1859, outra onda de avivamento varreu a Inglaterra. Era relacionada ao avivamento leigo dos Estados Unidos de 1857 e 1858. O Movimento de Keswick começou em 1875, sob a liderança de Canon T.D. Hartford-Battersby. Os encontros interdenominacionais eram realizados a cada verão. As mensagens enfatizavam a experiência da obra do Espírito Santo em santificação: a morte do velho homem e o preenchimento com o Espírito que capacita a pessoa a viver uma vida vitoriosa sobre o pecado.

De 1873 em diante, houve outro despertamento na Inglaterra promovido por Dwight L. Moody e Ira D. Sankey. As reuniões em Londres, em 1875, revelam o impacto desse avivamento. Começaram em março daquele ano e continuaram durante 17 semanas. Os maiores auditórios de Londres tiveram de ser alugados para comportar as multidões.

Moody pregou cerca de 285 vezes a, pelo menos, 2 milhões e meio de pessoas. Falou em grandes auditórios para 12 mil pessoas ou mais. As viagens de Moody e Sankey resultaram na conversão de grandes multidões. As igrejas foram avivadas. A oração foi restabelecida como prioridade na vida cristã, e a leitura e o estudo da Bíblia tiveram novo impulso. As barreiras denominacionais foram derrubadas, gerando mais cooperação nas obras assistenciais para o povo.

A Igreja na Escócia

O século 19 na Escócia começou com um despertamento espiritual. Foi, em parte, devido à vitalidade do Grande Despertamento dos Estados Unidos no século anterior, especialmente os escritos de Jônatas Edwards e o movimento evangélico da Inglaterra. Foi uma reação contra o racionalismo do século 18. Os primeiros líderes do reavivamento escocês eram leigos: Roberto Haldane (1764-1842) e James Alexandre Haldane (1768-1851). Eles se tornaram grandes evangelistas e organizaram grupos que buscaram ardentemente um genuíno avivamento em solo escocês.

Tomás Chalmers (1780-1847) era um notável líder a partir de 1815, quando assumiu o pastorado em Glasgow, onde permaneceu até 1823. Por volta dos 30 anos, Chalmers teve uma experiência espiritual revolucionária que o capacitou a ser o líder desse reavivamento. Ele ganhou fama como pregador e reformador social. Era também matemático e teólogo. A Igreja Evangélica cresceu rapidamente, e em 1841, 229 novos locais de culto foram erguidos por meio de doações populares.

Dois compositores de hinos que se destacaram foram Horácio Bonar, discípulo de Tomás Chalmers, que compôs centenas de hinos e escreveu muitos folhetos evangélicos e livros devocionais, e o doutor George Matheson (1842-1906). Em 1859, as notícias da poderosa visitação do Espírito Santo nos Estados Unidos e na Irlanda levaram o povo da Escócia a clamar a Deus pela mesma bênção. Como resultado, houve genuíno despertamento em diversas cidades. Outro despertamento espiritual se deu durante as viagens evangelísticas de Moody e Sankey, de 1873 em diante.

A cisão de 1843 foi um dos resultados desse reavivamento, e ocorreu como consequência do descontentamento com o controle da Igreja pelo Estado. Mais de um terço dos ministros e milhares de membros deixaram a Igreja oficial da Escócia e organizaram a Igreja Livre da Escócia. Tomás Chalmers foi eleito o primeiro moderador. A cisão era significativa porque todos os ministros da Igreja Livre da Escócia renunciaram ao seu sustento e as congregações perderam seus prédios, propriedades e locais de culto. Aquelas que mantinham missões no estrangeiro também as perderam.

Com muito zelo e sacrifício, os leigos da Igreja Livre construíram novos templos, sustentaram os seus ministros e se organizaram para o início de novas missões internacionais. Essa Igreja Livre era presbiteriana, e possuía o mesmo credo e tipo de governo da Igreja oficial. Em quatro anos, a Igreja Livre da Escócia construiu mais de setenta locais de reunião pública. Uma escola teológica

> **A ESPIRITUALIDADE EVANGÉLICA**
> Para essa espiritualidade, todas as outras se convergem, tornando-se uma só, a espiritualidade de Jesus Cristo, que ilumina e norteia todo o nosso entendimento a respeito da fé e da prática do viver cristão. Qualquer movimento que ultrapasse as fronteiras limítrofes da cruz de Cristo deixa o cristão à mercê de ventos de doutrinas religiosas falsas, danosas para uma fé autêntica que tenha por referencial a pessoa de Jesus Cristo e sua cruz, madeiro de sustenção para a vida espiritual.

foi fundada logo no início, e quase todos os missionários da antiga Igreja escocesa uniram-se à nova Igreja Livre.

A própria Igreja estatal se beneficiou da cisão. Desafiada pelos separatistas, tornou-se muito ativa e cresceu. A partir de 1874, as igrejas ganharam o direito de escolher os próprios ministros. Isso levou a Igreja oficial a alcançar novamente a simpatia popular. Após a cisão, foi organizada também outra igreja presbiteriana, denominada Igreja Presbiteriana Unida. Em 1900, a Igreja Livre da Escócia e a Igreja Unida da Escócia se uniram para formar a Igreja Unida Livre da Escócia.

Na Irlanda, ocorreu um Grande Avivamento que sacudiu o país de 1858 a 1862, com ênfase especial no ano de 1859. A Irlanda era considerada um lugar pouco provável para experimentar um despertamento espiritual. O racionalismo havia tomado posse da mente do povo. As pessoas eram muito ligadas aos partidos políticos e frias quanto à vida cristã. A hostilidade às reuniões de oração era comum.

Os labores do reverendo J.H. Moore, um dos mais consagrados ministros do Ulster, se destacam na origem do avivamento. Ele expunha com fervor as Escrituras para sua congregação no distrito de Connor, condado de Antrim, e também pregava sobre avivamento a partir do que lia sobre outros despertamentos.

A frequência aos cultos de domingo à noite cresceu significativamente, e a ideia de uma poderosa visitação do Espírito Santo tomou conta de muitos. Reuniões de oração semanais para os professores da escola dominical de Connor se iniciaram em 1857 com resultados visíveis entre os professores e as crianças. Alguns meses depois, quatro jovens — McQuidken, Meneely, Wallace e Carlisle — que tomaram parte nas reuniões dos professores, começaram uma reunião particular por um avivamento num velho prédio escolar. Oraram durante alguns meses sem resultados, mas permaneceram firmes, perseverando em fé.

Em dezembro, em resposta às orações, um jovem se converteu. Em janeiro de 1858, outro jovem foi transformado. No fim do ano de 1858, cinquenta jovens estavam participando das reuniões no prédio escolar. Não eram mais reuniões particulares, por isso tiveram de abrir ao público.

O movimento se iniciou em Connor em 1858 em um processo gradual, silencioso e genuíno. Centenas estavam sendo libertos do império das trevas e entrando no reino da luz. Não houve manifestações físicas, que caracterizaria o movimento mais tarde. Segundo o reverendo Moore, eles tinham uma rede de reuniões de oração por todo o bairro, e as orações foram sendo respondidas. Do distrito de Connor, o avivamento espalhou-se de cidade em cidade por todo o norte da Irlanda, penetrando também no sul do país.

Em Balymena, um homem de 30 anos caiu de joelhos na feira e alarmou sua vizinhança com gritos desesperados. Todos correram para ver o que achavam ser um grande acidente. O homem gritou durante uns dez minutos, e depois de se acalmar, foi levado à casa de um parente. Ao passar pela rua, foi ouvido repetidas vezes o seu clamor: "Imundo! Imundo! Senhor, tem misericórdia de mim, pecador!" Assim começou um grande despertamento naquele distrito. As reuniões de oração se prolongaram até a madrugada. Todas as noites, as igrejas ficavam superlotadas, e cultos eram realizados em quase todos os lares.

Em Carolaine, no condado de Antrim, um professor notou um dos seus alunos muito comovido e o liberou para buscar a Deus em casa. Mandou junto com ele um jovem mais velho. Eles oraram juntos até sentir a alma transbordante. Regozijando-se, o mais jovem disse: "Preciso voltar e contar a história ao professor."

Chegando ao professor, disse-lhe: "Professor, estou muito alegre. Agora tenho Jesus no meu coração." Um a um, os demais alunos foram saindo da sala de aula a fim de orar também. Depois de algum tempo, no outro lado do muro do pátio estavam todos ajoelhados em oração fervorosa. A cena comoveu o professor. Imediatamente olhou para o aluno que já havia sido consolado e disse-lhe: "Acha que pode orar com esses moços?"

Ele foi e, ajoelhando-se no meio deles, começou a implorar ao Senhor que perdoasse os seus pecados por amor daquele que os levara sobre si na cruz. A aflição silenciosa deles logo se transformou em choro amargo. Quando esse choro chegou aos ouvidos de outros jovens nas outras salas de aula, parecia penetrar em seus corações. Logo, unanimemente se lançaram de bruços e começaram também a clamar pela misericórdia de Deus.

A escola de moças estava no andar de cima. Quando elas ouviram o choro dos rapazes, também caíram de bruços e choraram. O choro unido chegou às ruas vizinhas. Muitas pessoas foram tocadas e compungidas pelo agir do Espírito Santo. Logo, uma a uma, as pessoas vinham à escola, lançando-se de joelhos e se unindo aos jovens em clamor pela misericórdia divina. O número aumentou e continuou a crescer. Na verdade, todo o lugar estava cheio de pecadores buscando a face de Deus.

Em Nair Hill, Coleraine, na noite de 7 de junho de 1859, um culto ao ar livre foi realizado com o propósito de ouvir os testemunhos de um ou dois dos recém-convertidos. A multidão era tão grande que a metade não podia ouvir os preletores da plataforma. Resolveram dividir o povo em grupos separados e providenciar um ministro para cada grupo. Assim foi feito. Em pouco tempo, muitas pessoas convictas de seus pecados ficaram prostradas ao chão ou apoiadas pelos braços por parentes ou amigos.

A obra avançou da praça para as casas. Em quase todas as famílias, havia pessoas prostradas clamando pela misericórdia de Deus. Um ministro ocupado em orar pelos penitentes disse: "Quando o dia amanheceu e o sol nasceu, estava passando de uma rua para outra, de casa em casa, na mais solene visitação jamais vista em minha vida." Durante o dia, a obra do Espírito continuava.

Outras pessoas se prostravam nos lares em quase toda a região. No dia seguinte, quando a noite se aproximava, novamente uma grande multidão congregou na feira. Como resultado da pregação e da oração, mais pessoas que na noite anterior se prostraram, clamando em voz alta pelo perdão de seus pecados. O número era tão grande que os cristãos começaram a procurar um prédio para acomodá-los, onde pudessem receber a ajuda de ministros e outras pessoas. A nova Câmara Municipal de Coleraine foi escolhida, e lá muitos experimentaram a salvação em Cristo Jesus. Ainda hoje, naquele prédio, pode ser encontrada uma Bíblia com algumas das palavras gravadas nela em memória a esse dia.

Em Ahoghill, um jovem convertido de Connor visitou seus parentes para contar sobre sua experiência com Cristo e orar com eles. Fez várias visitas com o propósito de levá-los a Cristo. A mãe foi a primeira a ser salva. Depois, um irmão era o alvo de oração. Dia após dia, ele agonizava sob a convicção dos seus pecados. Finalmente, seu fardo foi removido e ele correu para o reverendo F. Buick, dizendo com alegria: "Sou salvo." Depois disso, Buick convidou outros leigos de Connor para falar em sua igreja. Era uma reunião comovente. Um desejo forte por avivamento apoderou-se de muitos.

Mais uma vez, os irmãos foram convidados e a reunião se realizou num prédio escolar. Ali não cabia a multidão, por isso foi transferida para a Segunda Igreja Presbiteriana, onde as orações fervorosas comoveram o auditório. As reuniões de oração começaram a se multiplicar nas casas, e os maiores templos não eram suficientes para as centenas de pessoas reunidas.

Por essa razão, as reuniões eram frequentemente realizadas no caminho e no campo aberto, e até no frio. Tão forte era o desejo de ouvir os testemunhos dos convertidos que muitos viajavam quilômetros para estar presentes. Nessas reuniões, muitos receberam a convicção de seus pecados. Buick descreve o efeito de tal convicção sobre as pessoas:

> Vi os fortes convulsionados; testemunhei o tremor de todas as juntas; ouvi clamor como nunca tinha ouvido antes: "Senhor Jesus, vem para meu coração incendiado! Senhor Jesus, tem misericórdia da minha alma pecadora! Senhor, perdoa minhas iniquidades! Vem me tirar das chamas do inferno." (FISCHER, 1961, p. 119)

Em Belfast, Ewart's Row era um subúrbio industrial, composto de uma população de cerca de 1,5 mil pessoas, mas foi visitado pelo poder de Deus cedo naquele avivamento. Não houve outro distrito de Belfast tão profundamente impactado. Toda a população afluiu em multidão às reuniões de oração e aos cultos ao ar livre, manifestando a mais extrema seriedade e solicitude para com as verdades eternas, e todo mundo se dedicava piedosamente à leitura da Bíblia.

Foi nas instalações de uma fábrica que as primeiras pessoas se prostraram sob o poder do Espírito Santo, e a sensação produzida quando foram levadas para casa pode ser mais facilmente imaginada do que descrita. O lugar se encheu com enorme ansiedade pela salvação.

Fischer (1961) fala desse momento com muita propriedade, relatando acerca de um pobre alcoólatra de cabelos brancos que tinha penhorado seu paletó para comprar uísque. Ele entrou numa adega e achou ali uma moça de joelhos, clamando por misericórdia divina. Imediatamente saiu do lugar, dizendo que não era próprio beber seu uísque lá, mas, em seguida, retornou e logo caiu de joelhos em frente à adega. Um transportador de carga chegou, entrou e também caiu de joelhos. Em pouco tempo, havia cinco pessoas na adega clamando pelo perdão dos seus pecados.

Durante esse avivamento, conta Fischer (1961), era muito comum as pessoas experimentarem o fenômeno sobrenatural de se prostrar fisicamente, incapazes de andar e se locomover. O reverendo J.M. Killen escreveu:

> Em referência a esses casos de prostração, estou satisfeito que eles não somente têm sido excessivamente úteis para despertar e chamar a atenção da Igreja e do mundo, mas também uma grande bênção para as próprias pessoas afetadas. Sendo confinadas à cama durante alguns dias [...] e, assim, deixadas a sós com Deus, a obra se aprofundou nas suas almas.

Fischer afirma que, quando recobravam a normalidade, voltavam a seus amigos como voltou Saulo de Tarso, depois de seus três dias de cegueira e reclusão: eram novas criaturas, testificando tanto por sua fisionomia quanto por intermédio dos lábios acerca das grandes coisas que Deus havia feito por eles. Parte considerável daquelas decisões e devoção eram resultado daqueles dias de profunda, silenciosa, solene e ininterrupta comunhão dos corações com Deus.

Como consequência desse avivamento, as igrejas, escolas dominicais e reuniões de oração ficaram repletas e transbordantes. Muitos dos locais de reunião já não comportavam mais o povo. Em Lurgan, foi necessário ampliar o prédio da igreja para acomodar mais de quinhentos membros. Muitas escolas foram transformadas. Em Amagh, uma menina de 11 anos entrou na escola, ergueu as mãos e disse: "Oh, achei Jesus, achei Jesus!" Todas as crianças ficaram comovidas com aquele testemunho e começaram a clamar a Deus por misericórdia. Cervejarias e adegas fechavam as portas por falta de clientes.

As corridas de cavalos eram muito mal frequentadas. Antes do avivamento 10 mil a 15 mil pessoas costumavam assisti-las. Em 26 de outubro de 1853, na data das corridas, só quinhentas pessoas compareceram. Houve muitas conversões genuínas entre os católicos. Meretrizes foram salvas e entraram no Reino de Deus. Uma humilde crente de Belfast conseguiu evangelizar e libertar vinte prostitutas da miséria e desgraça em poucos meses.

Pessoas presas a um cristianismo meramente formal, já membros de igreja, experimentaram o novo nascimento. Uma delas perguntou para um pastor: "Que farei para ser salvo? Tenho sido um hipócrita e um crente nominal durante quase 40 anos, andado com um véu sobre os meus olhos, e sinto um tal peso de pecado que, se não receber alívio, morrerei e serei condenado ao castigo eterno."

Cidades corruptas e de má reputação foram transformadas. As autoridades civis davam testemunho da diminuição dos crimes e de conduta desordenada. O culto nas casas tornou-se um costume diário. Um visitante da Escócia escreveu: "Muitas vezes, passamos por uma carroça na qual o carroceiro aparentemente estava dormindo, mas depois notava-se que ele estava absorvido pela leitura do Novo Testamento."

Em 1859, quando o avivamento atingiu o auge, cerca de 100 mil novos membros foram adicionados às igrejas, e, sem dúvida, milhares que já eram frequentadores se converteram. Cabe lembrar que a

> **A ESPIRITUALIDADE EVANGÉLICA**
>
> Jesus Cristo é o Cordeiro de Deus! Foi o profeta João Batista, com sua voz incisiva, que emergiu dos rincões do deserto com a tarefa explícita de revelar ao mundo a pessoa de Jesus Cristo e sua missão salvadora. Ele testemunhou, dizendo: "Eis o Cordeiro de Deus, que tira o pecado do mundo [...] Eu vi o Espírito descer do céu como pomba, e repousar sobre ele [...] Eu vi, e tenho testificado que este é o Filho de Deus" (Jo 1:29,32,34). Deus mesmo manifesta-se desde os céus durante o batismo de seu Filho Unigênito e confirma o que o profeta João Batista vinha dizendo ao mundo: "Este é meu Filho amado, que muito me agrada" (Mt 3:17).

característica principal do poderoso avivamento na Irlanda de 1858 a 1862 foi a oração. Na paróquia de Connor, onde o movimento começou, havia, no mínimo, cem reuniões de oração semanalmente. Em todos esses lugares visitados pelo Espírito Santo, a oração da fé fervorosa, persistente e em pequenos grupos foi o que finalmente acendeu o fogo e os fez incendiar.

O avivamento de 1859 em Gales

Como na Irlanda, na Inglaterra e na Escócia, o país de Gales também experimentou um avivamento em 1859. Veio em resposta às fervorosas orações dos cristãos. Como resultado, cerca de 100 mil pessoas se converteram entre uma população de 1 milhão de habitantes. Dois líderes proeminentes foram os reverendos Evan Jones, ministro wesleyano, e David Morgan. Esses homens experimentaram um poderoso enchimento do Espírito Santo que os transformou poderosamente.

O avivamento em Marthur Tydfil serve de exemplo da operação do Espírito Santo em Gales no ano de 1859. Desde cedo no ano, um espírito de oração prevalecia na Igreja daquele lugar. Três denominações, os Independentes, Wesleyanos e os Metodistas Calvinistas, uniram-se em reuniões de oração. Jones descreve uma extraordinária reunião que ocorreu em 13 e 14 de junho, que também caracterizou muitas outras:

> Todos pareciam ser batizados com o Espírito Santo e fogo. As reuniões eram inteiramente calmas e solenes. Muitas lágrimas foram derramadas e muitos suspiros subiram aos céus. Nessa tarde, a nuvem se abriu e a chuva caiu, e toda a casa de oração era a habitação de gozo. O céu parecia tão perto da terra que não sabíamos se estávamos no corpo ou fora do corpo.
>
> Os pais ajoelharam-se aqui e ali e oravam pelos filhos, e os filhos pelos pais. A terra estava sedenta; o céu, derramando bênçãos; as igrejas, clamando: "Vem, Senhor", e Deus respondendo: "Estou indo." A hora da reunião das sete chegou, e um som celestial foi ouvido no cântico de louvor, na oração e na leitura. Nunca sentimos uma coisa assim. A Palavra do Senhor era como um martelo que esmiúça a penha; era como a espada de Deus que penetra o centro do coração.

Tivemos uma prova clara, e que inspirava um espírito de reverente temor, de que o Evangelho não é algo humano. Aqui estavam os religiosos chorando abundantemente; ali, moças abraçadas ao pescoço das mães, clamando por misericórdia; acolá, moços oravam pela salvação dos seus amigos. Havia a harmonia mais doce que jamais tínhamos ouvido. As crianças estavam clamando por misericórdia e os pais, agradecendo a Deus pela sua salvação. O som da oração dos ímpios misturando-se com as hosanas dos velhos peregrinos nos fez esquecer deste mundo aqui de baixo.

A Deus, a fonte de todo o bem, o coração de toda a Criação, seja dada glória na Igreja, por meio de Jesus Cristo, pelos séculos dos séculos, eternamente.

CAPÍTULO 10
OS MINISTÉRIOS DE JORGE MÜLLER E WILLIAM BOOTH

"O começo da ansiedade é o fim da fé; o começo da fé é o fim da ansiedade." **Jorge Müller**

A rede de orfanatos de Jorge Müller

João Jorge Ferdinando Müller (1805-1898) nasceu na Prússia, hoje parte da Alemanha, mas viveu toda a sua vida ministerial na Inglaterra, tendo sido grandemente usado por Deus como evangelista e pioneiro num grande sistema de escolas e orfanatos. George Müller aprendeu a depender de Deus exclusivamente por fé a fim de manter toda a sua obra.

Certa vez, a rainha Vitória foi perguntada sobre o que mais temia. Em resposta, disse que somente temia as orações de Jorge Müller, pois sabia que Deus as responderia. Em outra ocasião, um rico proprietário de terras mostrou certa área pantanosa de uma propriedade numa conversa com Müller. O evangelista replicou que, em algum tempo, naquele lugar, haveria um orfanato para milhares de crianças. O homem riu de Müller pelo fato de ser aquilo um pântano e também por não estar à venda. Alguns anos se passaram, e naquele exato lugar havia uma instituição que cuidava de milhares de crianças.

Entre os maiores orfanatos, verdadeiro monumento à simples fé, estão os cinco grandes edifícios em Ashley Downs, em Bristol, Inglaterra. É uma propriedade com capacidade para 2 mil crianças localizada numa área de 52 mil metros quadrados. Quando começou a construção, Müller só tinha 30 centavos de libra. Sem que ninguém soubesse de suas necessidades, a não ser Deus, foi enviada a ele a astronômica quantia de 1,4 milhão de libras. Durante todos aqueles anos, desde o dia que o primeiro órfão chegou, nunca faltou recursos para prover cada uma das refeições.

Antes de se tornar um homem de extraordinária fé e de ser salvo, Jorge Müller envolveu-se nas profundezas do pecado. O pai era um coletor de impostos e trabalhava para o governo. Além de prover as coisas necessárias em casa, colocava boa soma de dinheiro nas mãos dos filhos, que o gastavam de maneira dissoluta em prazeres e vícios. Müller enganava seu pai sobre como gastava o dinheiro e quanto desperdiçava em sua vida desregrada. Mesmo assim, o pai desejava fazer dele um clérigo luterano a fim de dar ao filho uma carreira estável e de certo sustento.

Com esse projeto em mente, Müller passou a dedicar tempo aos estudos. Ao mesmo tempo, saía com amigos para tabernas a fim de beber e jogar até de madrugada. Numa noite, sem saber que sua mãe estava à morte em casa, Müller passou muito tempo com seus companheiros de embriaguez, jogando cartas até alta madrugada. Ainda bem jovem, já estava envolvido em delitos.

Na Igreja, falsificava os recibos do dinheiro coletado e mentia acerca dos valores, embolsando quantias que gastava em hotéis luxuosos. Quando o dinheiro acabava, ele saía sem pagar, defraudando os hotéis, até que finalmente foi detido e lançado na prisão. Isso quando ainda tinha menos de 20 anos. Ele mesmo afirmava que, antes de participar da Ceia na Igreja, procurava se restringir em seus pecados por um ou dois dias, mas depois retornava logo às mesmas práticas. Mesmo assim, estudando Teologia, foi-lhe dada a autorização para pregar nas Igrejas Luteranas estatais.

Na Universidade de Halle, outrora um berço de avivamento e da ação divina, havia novecentos alunos. Todos estavam autorizados a pregar, mas, segundo Müller, talvez nem dez deles fossem realmente salvos e tementes a Deus. Certa ocasião, ele foi convidado a participar de uma reunião numa casa onde as pessoas piedosas oravam de joelhos, algo incomum entre eles. Ali eles liam as Escrituras e compartilhavam as coisas espirituais. Ao se reunir com aqueles irmãos, Müller foi profundamente tocado por Deus, e aquele foi um ponto de virada em sua vida pecaminosa.

Cada vez mais, sentia o desejo de estar com aqueles irmãos, e sua vida foi sendo completamente transformada. Na mesma época, interessou-se por uma jovem, mas percebeu que, em seu coração, aquela moça ocupava o lugar de Cristo, por isso decidiu renunciar ao relacionamento.

Convivendo agora com pessoas consagradas a Deus, conheceu um missionário que havia renunciado a tudo para ser enviado ao campo sem muita coisa. Diante da abnegação desse missionário, Müller se sentiu indigno, muito mundano, e foi inspirado a renunciar a tudo por Cristo também. Segundo ele próprio, essa foi a época em que passou a desfrutar de uma paz profunda e duradoura.

Assim, ele escreveu ao pai, compartilhando sua alegria e o desejo de ser treinado para ser um missionário. A resposta, porém, não foi a que esperava. Os planos de seu pai eram de que ele se tornasse um pastor luterano e pudesse viver uma vida estável e segura, por isso sentiu-se decepcionado após tanto investimento na formação do filho.

A partir daquele momento, Müller teve de se manter exclusivamente por seus próprios meios, e começou a pregar sermões inspirados e a ganhar vidas para Cristo. Enquanto isso, na mesma escola que frequentava, o número de crentes entre os estudantes crescera para vinte, e eles passaram a se reunir para comunhão, oração e leitura da Palavra.

Embora nascido na Prússia, Jorge Müller foi um dos maiores evangelistas da Grã-Bretanha.

Desejando profundamente servir como missionário, ele se ofereceu para ir a Bucareste, mas a guerra eclodiu e ele teve de ir para Londres, ainda que pouco conhecimento tivesse da língua inglesa. Ele desejava usar o conhecimento que adquirira do hebraico para evangelizar os judeus. Nesse ínterim, após uma enfermidade, sua vida cristã ganhou outra dimensão e profundidade na Inglaterra.

Mudou-se de Londres para Devonshire, onde passou a pastorear uma pequena igreja, a Capela Ebenézer, e decidiu confiar exclusivamente em Deus para seu sustento. Algum tempo depois, decidiu se casar com Mary Groves, com quem viveu uma feliz união. George Müller logo aprendeu que, quando havia concordância sobre um assunto no seu espírito, na Palavra e na providência divina, poderia avançar sem medo porque Deus confirmaria os seus atos, respondendo às suas orações.

Mudaram-se para Bristol em 1832, e Müller passou a servir como copastor de seu amigo William Craik na Capela Betesda. Com seu trabalho, a membresia quadruplicou em pouco tempo. Era um grupo do movimento de restauração conhecido como Plymouth Brethren (Irmandade Plymouth). Essa capela chegou a reunir 2 mil irmãos desse movimento que ali congregavam.

O fato é que Müller se tornou uma lenda no cuidado com crianças na Inglaterra numa época de contrastes e grande miséria provocada pela Revolução Industrial. Ele cuidou de 10.024 órfãos durante sua vida e proveu oportunidades de educação para eles. Foi responsável por abrir 117 escolas, fornecendo educação para cerca de 120 mil crianças. Carlos Studd, o famoso atleta e missionário que herdou uma enorme fortuna, afirmava ter ofertado a Müller grande parte disso, sob orientação divina.

> **A ESPIRITUALIDADE EVANGÉLICA**
>
> Jesus é o amor de Deus encarnado, o Deus que se fez carne e habitou entre nós, cheio de graça e de verdade, numa missão de resgate da nossa humanidade condenada. Nesse ato sacrificial anunciado, descobrimos o amor incondicional do Pai e do Filho, e também do Espírito Santo, que em Jesus Cristo materializa o amor a ponto de nos tornar possível conhecer e experimentar, na comunhão do Espírito, esse Deus extraordinário, capaz de assumir a nossa humanidade simplesmente por amor. "E o Verbo se fez carne, e habitou entre nós" (Jo 1:14).

Aos 70 anos, Müller passou a viajar por todo o mundo, conduzindo campanhas evangelísticas, percorrendo 300 mil quilômetros, ministrando frequentemente para audiências de 5 mil pessoas. É estimado que, tendo viajado até os 90 anos, ele tenha pregado a 3 milhões de pessoas enquanto alimentava seus órfãos por 60 anos, sempre dependendo exclusivamente de Deus e sem falar de suas necessidades a ninguém. Jorge Müller partiu para estar com o Senhor em Bristol, Inglaterra, em 1898.

Sangue em chamas! — O Exército de Salvação

Como mencionado, a Revolução Industrial trouxe uma profunda transformação econômica e grandes desequilíbrios sociais na Inglaterra. Havia no país um número elevado de necessitados de todos os tipos, pessoas pobres, sem teto, órfãos e famintos. Foi um tempo de grande miséria, necessidade de evangelização e salvação. Algo precisava acontecer naquela geração, e William Booth foi uma das pessoas levantadas em resposta ao grande clamor de Deus por instrumentos naquela geração. Ele foi o fundador do Exército de Salvação, denominação em forma de organização militar presente hoje em 124 países e com oitocentas igrejas somente no Reino Unido.

William nasceu em 1829, filho de Samuel e Mary Booth. Eles raramente frequentavam a Igreja Anglicana, mas costumavam enviar o jovem William para a escola dominical liderada por Sampson Biddulph, um pregador metodista. No verão de 1842, os problemas na economia do país impediram que Samuel Booth continuasse seus negócios de financiamento e aluguel de imóveis. Sem dinheiro para pagar os financiamentos bancários, foi à bancarrota e, logo depois, faleceu.

Assim, William Booth teve de depender de si e encontrar trabalho para se manter ainda bem cedo. Na região em que trabalhava, era grande o número de pessoas maltrapilhas, crianças famintas pedindo comida, mulheres vendendo suas últimas joias a fim de comprar alimento, além de homens embriagados de todos os tipos. Esse quadro fazia arder seu coração desde muito jovem.

Aos 15 anos, quando assistia a um culto, sentiu profundamente o toque do Espírito Santo que o constrangia ao arrependimento de seus pecados e à salvação. Nessa mesma época, uniu-se a um amigo que começara uma missão em meio a uma região de moradias degradadas, onde havia também incontáveis necessitados.

William costumava entrar no trabalho muito cedo, e depois dessa jornada pesada, saía a visitar enfermos e pregar o Evangelho aos pobres e necessitados. Sua igreja não dava nenhum apoio a esse tipo de trabalho que ele desenvolvia. Quando tinha 17 anos, sentiu-se profundamente entristecido quando seu companheiro de missões entre os necessitados morreu subitamente de tuberculose, em 1848.

Nessa época, começou a ler os ensinos de Charles Finney sobre avivamento, e isso passou a aquecer seu coração com um desejo de experimentar as mesmas coisas. Aos 19 anos, Booth tornou-se um pregador leigo credenciado pela Igreja Metodista Wesleyana, e passou a pregar regularmente nos vilarejos ao redor de Nottingham. Em 1852, decidiu se tornar um pregador em tempo integral em seu aniversário de 23 anos ao mesmo tempo que conheceu a jovem Catherine Mumford, que viria a se tornar sua esposa.

Buscando se envolver mais intensamente no ministério, serviu por pouco tempo a um grupo congregacional calvinista. Para ter suas credenciais como pregador, foi requerido dele a leitura de dois livros com as doutrinas calvinistas. Quando ele leu a frase que "uns eram escolhidos para salvação e outros, escolhidos para a danação eterna", lançou o livro com toda força contra a parede e desistiu de trabalhar com aqueles irmãos. Bem cedo ficou claro que suas pregações consistiriam em apelo evangelístico para a salvação dos perdidos, e não ministrações intelectualizadas e polidas.

Suas pregações cresceram em poder até que finalmente havia conversões às centenas onde costumava pregar. Seu desejo era continuar na liberdade desse tipo de ministério, mas, diante das imposições, dos limites e do controle da denominação em que servia, ele e a esposa decidiram se retirar e desligar. Nessa época, o casal já possuía quatro filhos, e, diante das circunstâncias, só restava aos dois depender, confiar e descansar em Deus.

Dando continuidade às suas campanhas evangelísticas na Inglaterra, houve uma cruzada em várias cidades na qual as conversões passavam de 7 mil pessoas. Homens fortes gritavam, clamando e se arrependendo, e muitos gemidos e brados eram dados em arrependimento pelos pecados. Isso não agradou os metodistas, que fecharam seus púlpitos a William Booth.

Diante da situação, Deus levantou vários homens de negócio que passaram a dar suporte financeiro a Booth. Em Cardiff, no País de Gales, ele finalmente iniciou uma nova estratégia de evangelização diante dos púlpitos fechados: começou a marchar na rua cantando com todo o seu pessoal, enquanto os convertidos eram apresentados aos passantes e, em seguida, todos se reuniam em uma grande tenda.

Em 1865, morando em Londres com a família, Booth abriu sua primeira missão no East End, numa tenda. Depois de 6 anos trabalhando, a obra mudou-se para um espaçoso prédio. Após 9 anos trabalhando com os metodistas sem receber o suporte necessário, Booth decidiu se tornar um evangelista independente. Em 1870, fundou a Missão Cristã a fim de organizar o movimento que iniciara. Mesmo diante da relutância de alguns em se reunir num santuário dedicado a cultos, William Booth começou as reuniões oficiais no Whitechapel Hall.

Mulheres podiam votar e pregar na associação, milhares de refeições eram servidas diariamente aos pobres e o lugar de culto contava com 1,2 mil assentos. Todas essas coisas eram revolucionárias para a época. Em 1876, um panfleto circulou entre eles, definindo-os como um "exército de voluntários". Diante da objeção de alguns que não se viam como "voluntários", mas como chamados pelo próprio Deus para sua obra, o termo foi substituído por "salvação". Uma nova era surgia então com o Exército de Salvação.

Booth e os irmãos definiram seu lema como "Blood on fire" ("Sangue em chamas"), anelando pelo avivamento entre eles. Tudo foi estabelecido em termos de organização militar, com uma hierarquia clara, promoções, banners e as marchas pelas cidades. Logo, muitas outras pessoas se juntaram a eles.

Apesar de grande oposição inicial e perseguição dos jornais da época, que acusavam Booth de incitar seus seguidores ao fanatismo, o movimento cresceu. Em 1890, já havia 896 bases do Exército de Salvação em todo o Reino Unido e uma revista semanal com a tiragem de 300 mil exemplares. O movimento finalmente ganhou o reconhecimento e a simpatia do povo.

Na mesma época, Booth decidiu ser ainda mais ousado, colocando o movimento para resgatar não apenas famintos, mas alcoólatras, criminosos, prostitutas, enfermos e pessoas que tentaram o suicídio. Ele pregava que as pessoas deveriam ser salvas do inferno nesta vida e na outra, e propôs muitas obras sociais, como um suporte profissional para quem saía da prisão, dezenas de casas de apoio a mulheres vítimas de maus tratos sexuais que abrigavam 3 mil delas. Abriu um banco de crédito para pobres terem algum suporte, um banco alimentar e lojas em que objetos e móveis reciclados eram vendidos.

Em todas essas iniciativas, entretanto, ele jamais deixou de enfatizar a necessidade de um novo nascimento e de transformação da natureza humana caída. Ainda em vida, foi reconhecido pelo seu trabalho de enormes proporções. Em viagens aos Estados Unidos, foi recebido por diversos presidentes americanos, e em 1904, pelo rei Eduardo VII, da Inglaterra.

William Booth partiu para estar com seu Comandante em 20 de outubro de 1912. Em seu funeral, 65 mil pessoas passaram diante de seu caixão, e na cerimônia fúnebre havia doze chefes de Estado presentes.

CAPÍTULO 11
A CHEGADA DO EVANGELHO AO BRASIL

"Desde o início, o nome da Igreja tem sido Igreja Evangélica. Eu não sou batista e não tenho nada a ver com diferenças denominacionais."
Roberto Kalley

Após séculos de tentativas frustradas e resultados pífios, no século 19, o protestantismo chegou definitivamente ao Brasil. O casal de escoceses Roberto Reid Kalley (1809-1888) e Sarah Poulton Kalley veio para o país fugindo de pesada perseguição sofrida na Ilha da Madeira, possessão de Portugal. No mesmo ano, eles fundaram a primeira escola dominical no Brasil em Petrópolis, e em 11 de julho de 1858, a primeira igreja evangélica. Em 1863, a Igreja Evangélica Fluminense foi finalmente estabelecida na cidade do Rio de Janeiro.

Desde 1824, com a imigração alemã no sul do Brasil, a Igreja Evangélica Luterana fora estabelecida, mas jamais evangelizou para fora das próprias congregações, de cultura e língua germânica. Os congregacionais chegaram em 1855; em 1859, foi a vez dos presbiterianos; em 1871, chegaram os batistas; a Igreja Metodista se iniciou no Brasil em 1890. Todos esses esforços se mostraram extremamente árduos em função de a Constituição do Império Brasileiro garantir ao catolicismo a posição de única religião oficial do País. Isso só foi alterado com a proclamação da República, em 15 de novembro de 1889.

A imigração de diversos povos para o Brasil preparou o caminho para a vinda de missionários, pois o movimento era bem-vindo no Brasil do século 19, mesmo para grandes grupos protestantes. Outro fator a preparar a evangelização foi a capelania para os marinheiros britânicos no Rio de Janeiro. Em 1848, a cidade recebia uma média de 10 mil marinheiros por ano. Justin Paulding e Daniel Pariash Kidder, missionários da Igreja Metodista Episcopal que iniciaram um trabalho entre os brasileiros em 1836, serviram por cinco anos a esse ministério.

Em 1808, para escapar da invasão dos exércitos de Napoleão, a Corte de Lisboa se transferiu para o Rio de Janeiro e a colônia foi elevada à posição de Reino Unido a Portugal. O governo português no Brasil foi forçado pela Inglaterra a abrir os portos brasileiros ao comércio mundial. A pregação da Palavra de Deus por protestantes, entretanto, continuava proibida. Mesmo diante do ambiente fechado, já havia distribuição das Escrituras em língua portuguesa antes do século 19.

Duas versões da Bíblia em português já haviam penetrado no País. Uma delas era a versão do português João Ferreira de Almeida (1628-1691), convertido ao protestantismo, que já havia traduzido das línguas originais todo o Novo Testamento e o Antigo Testamento até Ezequiel 48:21 quando faleceu na Batávia (Indonésia). Outros missionários de Tranquebar, Índia, terminaram a obra de Almeida, e a Bíblia completa em língua portuguesa foi finalmente publicada em 1748.

Houve também outra versão, esta católica. A versão de Figueiredo, a tradicional Bíblia Católica, que foi traduzida da Vulgata Latina para o português por Antônio Pereira de Figueiredo (1725-1797), levou 18 anos para ser concluída. Essas Bíblias foram distribuídas no Brasil, principalmente, pela Sociedade Bíblica Britânica e Estrangeira e a Sociedade Bíblica Americana.

James C. Fletcher, Justin Spaulding e Daniel Kidder deram grande contribuição na área da distribuição das Escrituras no Brasil. Vendiam Bíblias por meio de anúncios de jornais. Kidder viajava por todo o Brasil vendendo a Bíblia.

O anglicanismo no Brasil

A Inglaterra introduziu o protestantismo no Brasil, mas isso contribuiu pouco para a evangelização do país. O anglicanismo sempre se caracterizou no país pelas capelanias e pelo atendimento religioso aos ingleses em sua forma litúrgica tradicional, usando o Livro de Oração Comum no idioma inglês, e não pela propagação de sua fé protestante à população brasileira.

Antes da chegada de capelães consulares residentes, os ingleses eram atendidos pelos capelães da Marinha britânica. No registro da Igreja Anglicana no Rio de Janeiro, o nome do primeiro capelão mencionado é W. Meade, do navio Fondroyant, em 1810. Foi seguido por diversos outros nomes de capelães da Marinha britânica. O primeiro capelão consular foi Roberto C. Crane, que chegou em 1810. Durante a capelania de Crane, no dia de 18 de agosto de 1810, lançou-se a pedra fundamental da primeira igreja anglicana no Brasil. Foi denominada a Igreja de São Jorge e São João Batista, em honra aos soberanos da Inglaterra e de Portugal. Foi inaugurada em 1822, poucos meses antes da independência do Brasil.

Capelanias consulares também foram fundadas no Recife e na Bahia. Em 1822, o primeiro capelão foi nomeado na capital pernambucana, e uma capela foi erguida em 1832. Os capelães consulares eram nomeados pela Coroa inglesa através do Ministério do Exterior e licenciados pelo bispo de Londres. Todavia, a supervisão episcopal nas primeiras décadas não funcionava bem. A primeira visita episcopal ao país se deu em 1869, quando o bispo Tomás Nettleship Stanley visitou o Brasil e consagrou a Igreja Anglicana e o Cemitério Inglês de Recife. Também durante essa visita, Staley consagrou, em 11 de maio de 1869, a Christ Church, no Rio de Janeiro. Esse templo tomou o lugar da Igreja de São Jorge e São João Batista, e continua em boa condição até hoje.

> **A ESPIRITUALIDADE EVANGÉLICA**
> Jesus Cristo nos falou de seu Pai por ocasião da cura de um paralítico, fato que ocorreu num dia de sábado. Seu ato de compaixão salvadora escandalizou a cúpula religiosa judaica, que se recusava a acreditar que Jesus Cristo era, de fato, o Filho de Deus. Sua resposta foi esta: "Meu Pai trabalha até agora, e eu trabalho também" (Jo 1:17). Tal afirmação enfureceu ainda mais os religiosos guardiães do sábado. Uma religiosidade exacerbada pode causar cegueira espiritual danosa para a alma e tornar o ser humano escravo de seu conhecimento das coisas espirituais, acreditando-se sabedor dos mistérios divinos, crendo que pode manipular as coisas celestiais, ao invés de se deixar guiar pelo Espírito. Jesus continua: "Quem não honra o Filho, não honra o Pai que o enviou [...] E o Pai, que me enviou, ele mesmo testificou de mim. Vós nunca ouvistes a sua voz, nem vistes o seu parecer" (Jo 5:23,37).

Projeto arquitetônico original da Christ Church, no Rio de Janeiro.

Como a religião oficial do Brasil durante a colonização e durante o império era o catolicismo romano, o tratado de comércio e navegação assinado entre Portugal e a Inglaterra, em 19 de fevereiro de 1810, concedeu essa liberdade, mas com estritos limites. Por exemplo: "... que as [...] igrejas e capelas sejam construídas de tal modo que externamente se assemelhem a casas de habitação; e que também o uso de sinos não lhes seja permitido para o fim de anunciar publicamente as horas do serviço divino."

O proselitismo foi proibido. A pregação ou declamação pública contra a religião católica teria consequências graves, com multas, prisão e até banimento dos domínios de Portugal. O uso da cruz na parte exterior das capelas ou igrejas era ilegal. Stutz cita Cairns (1984, p. 361) para fazer comentário interessante sobre esse ponto:

> Um ponto interessante a ser notado na História é que muitos evangélicos continuam inflexivelmente opostos ao uso da cruz em seus templos, julgando ser contra os seus princípios. Na verdade, porém, a proibição tem origem nas provisões desse tratado, não tendo absolutamente nada a ver com as tradições protestantes.

O tratado também permitiu a manutenção de cemitérios protestantes. A constituição de 1823 confirmou os direitos concedidos nesse tratado de comércio e navegação.

O evangelismo e o crescimento dos anglicanos, entretanto, foi muito lento. Mesmo após o início da missão episcopal, em 1889, e a liberdade de culto do início do século 20, o anglicanismo cresceu devagar. "Em cerca de 1930, ainda havia apenas 4.650 anglicanos e 3.247 episcopais."[40]

A South American Missionary Society também estabeleceu capelanias no Brasil. Foi fundada para a obra missionária entre os índios, mas também "ajudou e nomeou capelães para marinheiros britânicos e residentes de diversos portos do continente."[41] Essa sociedade fundou e auxiliou a capelania de São Paulo até 1908, e também estabeleceu a de Santos, em São Paulo, em 1914.

Os alemães luteranos no Brasil

A primeira igreja protestante alemã no Brasil foi fundada em Nova Friburgo, Rio de Janeiro, em 1824, por agricultores protestantes vindos de Kirnbecherbach, Alemanha. Foram acompanhados por seu primeiro edifício de adoração em 1827, mas as autoridades mandaram demolir. Somente em 1857 foi possível construir outra.

O pastor Saunbronn pastoreou a igreja de 1824 a 1863. Cerca de 4,8 mil alemães chegaram ao Rio Grande do Sul até o ano de 1830. Eles fundaram suas igrejas e escolas. A primeira dessas colônias foi a de São Leopoldo, em 1824. De 1826 a 1844, o pastor era Hans Georg Ehlers, que oficiava cultos exclusivamente em alemão. Em 1826, a igreja em Três Forquilhas foi estabelecida, e Karl Leopoldo Voges foi pastor de 1826 a 1829. Em 1829, a igreja de Campo Bom foi fundada com Friedrich Christian Klingelhoffer como pastor de 1829 a 1838.

Em 25 de julho de 1827, a Comunidade Protestante Alemã-Francesa do Rio de Janeiro foi constituída sob a presidência do cônsul real prussiano,

.....
40   CAIRNS, 1984, p. 361.
41   REILY, 1984, p. 25.

Wilhelm Von Theremin, com a esperança de receber ajuda da Igreja da Prússia. Franceses e alemães luteranos e calvinistas uniram-se em uma só comunidade de fé. Mais tarde, os suecos reformados juntaram-se a ela. O templo foi inaugurado em 21 de maio de 1837. O primeiro pastor, Ludwig Neumann, de Breslau, fez o culto inaugural. Era a segunda comunidade alemã no território do Rio de Janeiro. Posteriormente, tornou-se sede do Sínodo Evangélico do Brasil Central. O Sínodo Riograndense foi organizado em 1886.

Segundo as estatísticas brasileiras, em 1890 e 1891, mais de 10 mil alemães e cerca de 39 mil russos imigraram para ao Brasil. Muitos dos russos eram descendentes de alemães. Sob a iniciativa e influência do pastor Friedrich Pechmann, na 5ª Assembleia Geral do Sínodo, em 1891, o Sínodo Riograndense assumiu a responsabilidade pelo cuidado espiritual destes imigrantes.

As comunidades luteranas mantiveram-se fechadas, com foco no atendimento aos imigrantes alemães e seus descendentes exclusivamente em língua alemã. Os cultos eram em alemão, e pouca ou nenhuma ênfase foi dada em ganhar outros brasileiros. Ainda hoje, a Igreja Luterana no Brasil se mantém bem conservadora quanto a qualquer projeto de plantar igrejas e alcançar os inalcançados.

Os metodistas

Já foi mencionado que a Igreja Metodista Episcopal iniciou trabalhos entre o povo brasileiro em 1836, em reposta à recomendação de Fountain E. Pitts, jovem pregador que, em 1835, comissionado pela Igreja Metodista Episcopal dos Estados Unidos, fez uma viagem de reconhecimento às cidades do Rio de Janeiro, Montevidéu e Buenos Aires. O tipo de missionário que Pitts aconselhava que fosse enviado ao Brasil é descrito na carta em que ele recomendou o estabelecimento de uma missão metodista no Brasil, e merece ser incluído aqui. Diz Pitts:

> O missionário a ser enviado deve vir imediatamente e iniciar o estudo do idioma português sem demora [...] Deve ser enviado para este lugar um homem de vivo zelo, da paciência de Jó e de verdadeira filosofia cristã. Um

pregador que coloque todos os seus cuidados no Senhor Jesus e que pregue com o Espírito Santo mandado do céu, é o que querem aqui. Mas um malabarista da metafísica com uma compreensão artificial da santidade do coração será tão inócuo quanto um frio raio de lua sobre uma montanha de gelo...

Justin Spaulding foi o primeiro missionário metodista no Brasil. Chegou junto com a família ao Rio de Janeiro em 29 de abril de 1836. Dentro de um mês, organizou uma escola dominical, a primeira no Brasil, e planejou uma escola diária. Aqui estão trechos de uma carta de Spaulding três meses após sua chegada:

> Imediatamente após minha chegada, iniciei cultos públicos na minha residência. A assistência logo aumentou de trinta para quarenta, e assim fomos obrigados a procurar um lugar maior e mais conveniente. O salão que alugamos acomoda 150 a duzentas pessoas, e nos domingos à noite fica repleto [...] Agora temos uma reunião de oração semanal além da reunião de oração missionária mensal. Poucos, porém, assistem a elas. Fora nossa família, há apenas dois jovens que participam ativamente [...] Conseguimos organizar uma escola dominical denominada Escola Dominical Missionária Sul-Americana, auxiliar da União das Escolas Dominicais da Igreja Metodista Episcopal [...] Mais de quarenta crianças e jovens se tornaram interessados nela [...] Vieram voluntariamente com seus vinténs a fim de contribuir para o mesmo objeto, isto é, compra de livros para a escola dominical, pois nessa época inexistiam revistas. A importância arrecadada soma dez ou doze mil réis (quase oito dólares) [...] Está dividida em oito classes com quatro professoras. Nós nos reunimos às 16h30 aos domingos. Temos duas classes de negros, uma fala inglês, a outra, português. Atualmente, parecem muito interessados e ansiosos por aprender [...][42]

Outro missionário metodista foi Daniel Kidder. Algo sobre seu ministério na distribuição das Escrituras e na capelania aos marinheiros no Rio de Janeiro foi destacado. Kidder e seus filhos regressaram para os Estados Unidos antes de Spaulding.

---

[42] REILEY, Duncan A. *História Documental do protestantismo no Brasil*. São Paulo: ASTE, 1984, p. 83.

A primeira tentativa missionária metodista se encerrou no ano de 1841 devido a várias razões, entre elas, a falta de pessoal missionário; dificuldades de acesso direto ao povo brasileiro devido à sua superstição e à limitação da liberdade religiosa; e arrocho financeiro provocado pela depressão econômica nos Estados Unidos, o chamado "pânico de 37".

Devido às opiniões diferentes quanto à escravidão nos Estados Unidos da América, a Igreja Metodista Episcopal se dividiu. O processo formal de cisão teve início na Conferência Geral de 1844, quando James Osgood Andrew foi rejeitado como bispo porque havia se tornado dono de escravos por herança. Os metodistas do Norte não toleraram um bispo que possuísse escravos. Assim, em 1846 foi criada a Igreja Metodista Episcopal do Sul, que aceitou o bispo Andrew. Também elegeram bispo outro ministro sulista, William Capers, que era proprietário de escravos.

A secessão dos estados sulistas da União, em 1861, provocou a Guerra Civil dos Estados Unidos (1861-1865), na qual o Norte venceu o Sul e os escravos foram libertados. Os estados sulistas foram se reintegrando após a guerra. "Além da terrível mortandade, a derrota do Sul trouxe prejuízo à sua agricultura e ocupação dos seus territórios como inimigos vencidos na guerra."[43]

A ocupação dos territórios do Sul durante o período da reconstrução levou muitos sulistas arruinados financeiramente a procurar um novo começo em outros países. Assim, muitos emigraram para as Américas do Sul e Central, onde ainda podiam legalmente possuir escravos.

Surgiu no Brasil a Igreja Episcopal Metodista do Sul com os sulistas que imigraram para Santa Bárbara d'Oeste, no Estado de São Paulo. O fundador foi Junius Eastham Newman, que chegou ao Brasil em 1867 e organizou uma

> **A ESPIRITUALIDADE EVANGÉLICA**
> Os judeus dos tempos do Senhor perderam a grande oportunidade de conhecer e experimentar a presença de Jesus Cristo, que se colocava perante eles numa atitude de graça reveladora de sua verdadeira pessoa. Quão lamentável é estar na presença de Cristo e perder completamente a oportunidade de conhecê-lo como de fato ele é: o Filho Unigênito de Deus!

─────
43   Ibid., p. 86.

congregação em Saltinho, em 1871. Newman organizou o "circuito da Santa Bárbara", onde todos os trabalhos eram realizados em inglês.

Sendo homem de visão, Newman viu que era a vontade de Deus a extensão do metodismo a toda a população brasileira. Ele pediu com veementes apelos o envio de missionários, até que a Igreja Metodista Episcopal do Sul enviou, em 1876, seu primeiro missionário oficial, João James Ransom, para formar uma "missão" para o trabalho entre os brasileiros.

A cidade do Rio de Janeiro foi escolhida como sede da missão metodista, e a primeira igreja, organizada em 1878. Um dos primeiros membros foi o ex-sacerdote católico Antônio Teixeira de Albuquerque, que foi recebido sem ser rebatizado. Ransom esteve no Brasil de 1876 até 1886, ano em que a missão metodista recebeu sua primeira visita episcopal, na pessoa do bispo John C. Cranbery.

A Igreja Metodista Episcopal, conhecida como a Igreja Metodista do Norte, estabeleceu o trabalho missionário no Brasil na década de 1880. Nessa época, o reverendo William Taylor organizou missões metodistas no Norte e no Nordeste do Brasil como parte de uma obra que abrangeu toda a costa e o oeste do continente.

No Brasil, o mais conhecido obreiro dessa missão foi Justus Nelson. A Missão do Norte foi organizada como parte da Conferência Anual do Leste da América do Sul da Igreja Metodista Episcopal. Em 1885, foi instalada uma missão em Porto Alegre, extensão da obra metodista em Montevidéu. Seus primeiros missionários no Brasil foram João da Costa Correia e Carmem Chaccon. Mais tarde, essa missão foi incorporada pela Igreja Metodista Episcopal do Sul.

Os congregacionais

A primeira tentativa duradoura do Evangelho em português no Brasil foi a de Roberto Reid Kalley (1809-1888) e sua esposa, Sarah. Kalley era filho de presbiterianos da Igreja Livre da Escócia. Antes de vir para o Brasil, ele havia clinicado na Ilha da Madeira por quase oito anos. Por causa da duríssima perseguição contra seu trabalho por parte dos portugueses, foi necessário retirar-se em agosto de 1846. Depois, passou algum tempo em sua pátria.

Durante parte dos anos de 1853 e 1854, Kalley esteve em Springfield, Illinois, para onde mais de duzentos madeirenses portugueses haviam imigrado. Naquela cidade, teve o privilégio de ler o livro intitulado *Sketches of Residence and Travel in Brazil* (*Reminiscências de residência e viagens no Brasil*), escrito por Daniel Parish Kidder, o missionário metodista que havia passado alguns anos no país. Esse livro levou Kalley a voltar seus olhos para a pátria brasileira.

Em 10 de maio de 1855, os Kalley chegaram ao Rio de Janeiro. Dias depois, transferiram-se para Petrópolis, onde começaram uma escola dominical no idioma nacional em 19 de agosto — a primeira que teve permanência no Brasil e funcionou em Petrópolis por 16 anos. A escola tinha, inicialmente, cinco alunos, filhos de duas famílias inglesas. A história bíblica de Jonas foi lida, hinos foram cantados e foi feita a oração. Duas ou três semanas depois, funcionavam duas classes: a das crianças, dirigida por Sarah Kalley, e a dos adultos, dirigida por Kalley. O primeiro crente batizado no Brasil por Kalley foi o português José Pereira de Souza Louro, em 8 de novembro de 1857, em Petrópolis.

Em 11 de julho de 1858, foi organizada no Rio de Janeiro, no bairro da Saúde, a Igreja Evangélica Congregacional, com quatorze membros. Passou a ser oficialmente chamada Igreja Evangélica Fluminense em 1863, e foi a primeira no Brasil com raízes permanentes. Na ocasião da organização da igreja, Pedro Nolasco de Andrade tornou-se a primeira pessoa convertida e batizada.

A Igreja Evangélica Fluminense tinha 360 membros em 1868. A maioria era formada por brasileiros. Em 19 de outubro de 1873, Kalley organizou uma segunda igreja em Recife, a Igreja Evangélica Pernambucana. Na ocasião, doze pessoas foram batizadas. James Fanstone foi o primeiro pastor.

Roberto Kalley e a esposa eram músicos. Escreveram hinos originais e traduziram outros. Ela criou o primeiro hinário protestante brasileiro, *Salmos e hinos*, publicado em 1861 pela Igreja Evangélica Fluminense, com 50 canções, metade delas compostas pelo casal Kalley. Em 1868, a primeira edição com música foi publicada em Leipzig, Alemanha, com 76 composições. *Salmos e hinos* passou por diversas edições e serviu a muitas denominações nos seus primeiros dias. Ainda hoje é o hinário oficial de algumas denominações.

Com a mudança de Kalley de Petrópolis para o Rio de Janeiro, em 17 de agosto de 1864, a escola dominical começou a funcionar ali. Foi oficialmente organizada em 14 de julho de 1871.[44] No domingo seguinte, 16 de julho de 1871, foi dado início a essa organização, tendo comparecido duzentos alunos de ambos os sexos que foram distribuídos por 26 classes, cada uma com seu professor. Um grande êxito.

Apesar do sucesso no ministério, Kalley e seus seguidores foram vítimas de muita perseguição. Em 26 de maio de 1859, ele foi proibido de praticar a Medicina. Obedeceu, mas não parou de anunciar o Evangelho, apesar dos esforços de seus inimigos em obrigá-lo a parar. Até o próprio imperador Dom Pedro II interferiu a favor dele. Quanto à clínica, Kalley resolveu requerer "defesa de tese" perante a Escola de Medicina do Rio de Janeiro. Finalmente, foi reconhecido como médico e autorizado a clinicar no Brasil.

Kalley teve muita influência sobre a elite por meio de suas palestras e seus artigos na imprensa secular. Eles eram publicados no Correio Mercantil e no Jornal do Commercio do Rio de Janeiro. Seus esforços contribuíram em grande escala para a ampliação das leis concernentes à liberdade religiosa dos protestantes no Brasil e a separação entre a Igreja e o Estado. A Sociedade de Evangelização foi fundada em 1890 com o seguinte propósito:

> Essa nova entidade trabalharia em conexão com a Igreja Evangélica Fluminense para evangelizar, estendendo o Reino do nosso Senhor Jesus Cristo, auxiliando a pregação do Evangelho nos lugares onde o dr. Kalley deu princípio e a estabeleceu, estendendo o trabalho nessa cidade e seus arredores, assim como em outros Estados da República Brasileira e em Portugal, ilhas e suas possessões [...] Poderá também auxiliar nas despesas pessoais e membros da Igreja Evangélica Fluminense que, tendo dado provas de que são chamados por Deus para a obra de evangelista, queiram estudar. (SILVA, 1960/61, p. 18)

---

44 *Esboço histórico da escola dominical da Igreja Evangélica Fluminense — 1855-1932*. Rio de Janeiro: 1932, p. 149.

A influência dessa sociedade missionária e evangelizadora se expandiu pelo Brasil e Portugal. Na década de 1901 a 1910, Ismael da Silva Júnior formou uma lista de 31 obreiros que evangelizaram quase sessenta lugares no Brasil, e dezessete que evangelizaram mais de setenta locais em Portugal. As igrejas estabelecidas por Kalley gozaram de autonomia e autossuficiência desde a fundação da primeira Igreja Evangélica Fluminense. Eram igrejas independentes, sem vínculos com qualquer entidade.

De 11 de julho de 1858, quando foi fundada a Igreja Evangélica Fluminense, até 10 de julho de 1913, foram organizadas apenas onze igrejas congregacionais no Brasil. Não havia, porém, nenhuma entidade a que estivessem filiadas. Eram independentes, autônomas, como são todas as igrejas congregacionais. Ainda assim, estavam unidas pelos laços estreitos da fraternidade cristã. Oito delas eram filhas diretas da Igreja Fluminense, organizada em 11 de julho de 1858, e três da Igreja Evangélica Pernambucana, que é filha da Igreja Evangélica Fluminense, organizada em 15 de setembro de 1905 por Roberto Reid Kalley. (REILY, 1984, p. 220)

Nos dias de 6 a 10 de julho de 1913, as igrejas mencionadas se reuniram para a 1ª Convenção Geral no local de cultos da Igreja Evangélica Fluminense. Decidiram se organizar em uma entidade denominacional. Foi difícil chegar a um acordo sobre o nome para a denominação, e houve sucessivas convenções escolhendo nomes diferentes até se chegar à "União das Igrejas Congregacionais e Cristãs do Brasil".

Essa união durou até 1969, quando novamente houve separação. Uma antiga ala escolheu o nome União das Igrejas Evangélicas Congregacionais do Brasil. A outra ala dividiu-se em duas, a Igreja Cristã Evangélica no Brasil, com sede em Anápolis, Goiás, e a Igreja Cristã Evangélica do Brasil, com sede em São Paulo.

Os presbiterianos

O presbiterianismo foi levado aos Estados Unidos pelos imigrantes britânicos, escoceses, irlandeses do Norte e ingleses. Sua fé é baseada na Bíblia e na Confissão de Westminster. O jovem Ashbel Green Simonton (1833-1867), ex-aluno do Seminário de Princeton, foi o primeiro missionário presbiteriano enviado ao Brasil. Ele representava a Igreja Presbiteriana nos Estados Unidos da América. Foi antes da divisão que ocorreu em 1861, que separou o Norte e o Sul. Simonton desembarcou no Rio de Janeiro no dia 12 de agosto de 1859. Logo, dois missionários o seguiram, Alexandre L. Blackford, cunhado de Simonton em 1860, e Francis J.C. Schneider, no fim de 1861.

Oito meses depois de sua chegada, Simonton começou a lecionar a Bíblia às crianças. Dirigiu seu primeiro culto em português em 19 de maio de 1861, e em 12 de janeiro de 1862, batizou seus primeiros dois convertidos. O trabalho de Blackford em São Paulo cresceu lentamente. Os primeiros seis convertidos foram batizados em 5 de março de 1865. Depois de três anos, havia 22 membros na igreja.

José Manoel da Conceição (1822-1873) foi o primeiro pastor brasileiro protestante. Ex-padre, Conceição foi chamado "o sacerdote protestante" antes de sua conversão, e depois dela, ficou conhecido como o "apóstolo do Brasil" ou "Lutero brasileiro". Ele havia servido como sacerdote católico de 1844 a 1863 nas paróquias da Água Choca, Piracicaba, Santa Bárbara, Taubaté, Sorocaba, Limeira, Ubatuba e Brotas.

Após seu encontro com Blackford, os dois mantiveram contato por meio de cartas. Conceição fez uma visita a Blackford em sua casa, e formalmente renunciou à Igreja Católica Romana quando teve sua experiência profunda com Deus. Em outubro de 1864, visitou o Rio de Janeiro, e em apenas uma semana, assistiu a um culto, pregou a uma congregação unida das duas únicas igrejas protestantes da cidade, fez sua pública confissão de fé e

---

A ESPIRITUALIDADE EVANGÉLICA

A experiência que temos de Jesus Cristo precisa respeitar o fato de que ele não é deste mundo. Ele afirma: "Vós sois de baixo, eu sou de cima. Vós sois deste mundo, eu não sou deste mundo" (Jo 8:23). Precisamos entender sua recusa no monte da transfiguração, onde os discípulos desejavam levantar três tendas — uma para Moisés, outra para Elias e mais uma para ele. Nossa experiência da presença divina não é resultado de esforço próprio nem de manipulação do ofício religioso, mesmo que pareça ser uma simples expressão de uma fé imatura. Deus não se deixa possuir por ninguém. "Mas o Altíssimo não habita em templos feitos por mãos de homens..." (At 7:48).

foi batizado por Blackford. Foi finalmente recebido na comunhão da Igreja Presbiteriana e participou na preparação para o lançamento da Imprensa Evangélica.

José Manoel da Conceição voltou para Brotas, a última paróquia dele como padre, e pregava todos os dias em casas particulares. O primeiro convertido foi um carpinteiro. Em fevereiro, de 1865, Blackford visitou Brotas e dois homens fizeram sua profissão de fé. Alguns meses depois, três casais foram batizados e Conceição organizou a igreja de Brotas. "Ele mesmo organizou somente uma congregação em Brotas, sua última paróquia como padre. As suas viagens às paróquias anteriores e ao campo virgem quase sempre eram feitas a pé. Esses esforços missionários do ex-padre resultaram em dezenas de igrejas presbiterianas."[45]

Um ano depois da primeira profissão de fé, Brotas já contava com sessenta membros adultos e 38 crianças batizadas. A cidade permaneceu como a maior congregação presbiteriana por alguns anos. José Manoel da Conceição foi ordenado ministro presbiteriano em São Paulo no dia 17 de dezembro de 1868. Ele apresentou aos missionários o método para o seu dia: visitação de casa em casa, pedindo licença para ler as Escrituras, dando uma breve explicação e orando pela salvação dos ouvintes. Assim, ele concluiu que cerca de 40% dos visitados respondiam bem, de uma maneira ou outra. Por alguns, era considerado louco; por outros, era bem recebido.

Conceição trabalhou com tanta dedicação ao ponto de gastar a sua saúde. Os missionários o enviaram aos Estados Unidos da América para recuperação, mas não descansou. Ao contrário, entregou-se totalmente à obra de tradução de livros. De volta ao Brasil, Conceição achou que os novos missionários haviam falhado na conservação dos frutos do trabalho de evangelização que ele havia realizado. Assim, deixou os missionários e começou a viajar continuamente. Estava sempre doente, mal alimentado, vestido de trapos porque gastava seu dinheiro com remédios para os pobres. Foi açoitado, apedrejado, escarnecido, mas não deixou de pregar o Evangelho de Cristo por onde fosse.

.....
45 *Presbiterianismo no Brasil*, 1959, p. 7.

Três anos depois, na véspera do Natal de 1873, José Manoel da Conceição foi achado inconsciente à beira do caminho com febre alta. Soldados o levaram para um hospital militar. Ninguém sabia quem era. A única coisa que possuía era uma Bíblia gasta e alguns papéis. Ainda cedo, no dia de Natal, recuperou a consciência e disse: "Agora quero estar a sós com Deus." Virou-se para a parede e partiu para o lar eterno. Só a eternidade revelará quantas pessoas foram levadas a Cristo pelos labores incansáveis daquele homem de fé. Foi sepultado em São Paulo, junto a Simonton.

Catedral Presbiteriana do Rio de Janeiro, localizada no Centro da cidade.

A Igreja Presbiteriana nos Estados Unidos surgiu em 1861 como resultado da separação entre os presbiterianos "do Norte" e "do Sul". Problemas sobre a escravidão e regionalismos foram as causas. Assim, existiam duas grandes igrejas presbiterianas: a Igreja Presbiteriana nos Estados Unidos da América (PCUSA), conhecida como Igreja Presbiteriana do Norte, e a

Igreja Presbiteriana nos Estados Unidos (PCUS), chamada Igreja Presbiteriana do Sul.

A missão da Igreja Presbiteriana do Sul surgiu após a Guerra Civil americana, e enviou seus primeiros missionários ao Brasil — Jorge Nash Morton e Eduardo Lane — em 1869. A cidade de Campinas, no Estado de São Paulo, tornou-se a sede da missão no país. Manteve relações cordiais com a Igreja Presbiteriana do Norte, já estabelecida, mas não se uniu a ela.

João Rockwell Smith, ex-aluno do Union Seminary de Richmond, foi o terceiro missionário enviado pela Igreja Presbiteriana do Sul ao Brasil. Chegou no ano de 1873 e se estabeleceu em Recife. Em 1878, Smith batizou doze conversos e fundou a Primeira Igreja Presbiteriana em Recife. Também estabeleceu um seminário na mesma cidade. Junto com seu companheiro Jorge Butler, médico e evangelista, levou a Palavra às regiões do Nordeste "desde Alagoas até o Maranhão".

> Em 1888, a Igreja Presbiteriana nos Estados Unidos da América e a Igreja Presbiteriana nos Estados Unidos estabeleceram um sínodo das igrejas presbiterianas no Brasil. Constituiu-se do Presbitério do Rio de Janeiro (do presbiterianismo do Norte, formado em 1865) e de dois presbitérios do presbiterianismo do sul, de Campinas e Oeste de Minas (fundado em 1887) e de Pernambuco (1888). Assim foi constituída no Brasil uma igreja independente, livre de controle do estrangeiro.[46]

Os batistas no Brasil

Os batistas das duas alas, de doutrina arminiana e de teologia calvinista, têm suas origens no movimento puritano separatista da Reforma na Inglaterra. Os Batistas Gerais são grandes devedores a João Smyth (?-1612), um separatista que levou sua congregação de Gainsborough, Inglaterra, para Amsterdã, provavelmente em 1608. Ali foram profundamente influenciados pelos menonitas. Smyth batizou a si mesmo, e depois aos outros de sua congregação. Alguns voltaram para Inglaterra, e em 1611

---
46 REILY, 1984, p. 120.

ou 1612, estabeleceram a primeira igreja "batista geral" daquele país. Era situada à Rua Newgate, na cidade de Londres.

Outra congregação separatista, Scrooby, dirigida por William Brewster (1560-1644) e João Robson (1575?-1625), exilou-se na Holanda, estabelecendo-se em Leyden em 1609. Nos anos seguintes, uma nova posição puritana, a do congregacionalismo, não separatista, foi tomada por Henrique Jacó (1563-1624), membro da igreja de Leyden, William Ames (1576-1633) e William Bradshaw, que formaram os princípios da posição dos congregacionais. Em 1616, Henrique Jacó fundou a primeira igreja congregacional na Inglaterra, em Southwark.

Os líderes de Leyden, influenciados por Jacó e Ames, adotaram a posição congregacional, não separatista. Em 1620, a minoria mais ativa da congregação, sob a liderança espiritual de William Brewster, conhecida como os Pais Peregrinos, atravessou o Atlântico no navio Mayflower, e em 21 de dezembro, fundaram a colônia de Plymouth, no atual estado de Massachusetts. William Bradford, que era membro daquela congregação em Scrooby, tornou-se governador pouco depois. Assim, o congregacionalismo foi estabelecido no Novo Mundo, na Nova Inglaterra.

Logo outras colônias congregacionais foram fundadas na Nova Inglaterra: a da Baía de Massachusetts (1628), Connecticut (1636) e New Haven (1638). Essas colônias adotaram em sua essência a confissão de Westminster. Em 1630 ou 1633, alguns membros de convicções batistas se separaram da Igreja Congregacional de Southwork e fundaram a primeira congregação batista particular de teologia calvinista. O batismo por imersão foi adotado por volta de 1641, e logo se tornou o modo de batismo para todos os batistas ingleses.

Em 1636, Rogério Williams (1604-1683), separatista de Londres que havia sido banido da colônia de Massachusetts, fundou a colônia Providência, atual Rhode Island. Essa colônia tornou-se um lugar de refúgio para os que procuravam liberdade religiosa. Em 1639, Williams fundou a primeira igreja batista na América do Norte, em Providence, Rhode Island. Ele continuou membro por pouco tempo, e passou sua velhice "à procura da verdadeira igreja".

A primeira Convenção Batista nos Estados Unidos foi organizada em 1707, em Filadélfia. Adotaram a Confissão da Filadélfia, versão ligeiramente alterada da Confissão de Fé de Westminster, seguindo as mudanças introduzidas pela declaração de Savoy (1658), dos congregacionais ingleses, com uma modificação adicional sobre o batismo.[47] Essa confissão foi substituída por outra redigida por João Nilton Brown por volta de 1833, e adotada pela Convenção Batista de New Hampshire, conhecida como a Confissão de Fé de New Hampshire.

Como aconteceu em outras denominações protestantes, os batistas também se dividiram por causa da escravidão. A Convenção Batista do Sul foi organizada em Augusta, Geórgia, em 8 de maio de 1845. A primeira tentativa da Convenção Batista do Sul de estabelecer missões no Brasil foi realizada pelo missionário Tomás Jefferson Bowen e sua esposa. Eles haviam trabalhado entre o povo goruba, na África Ocidental, mas, por causa de sua saúde, pediram transferência para o Brasil. Chegaram ao Rio de Janeiro na primavera de 1859. No entanto, em 1861, a saúde de Bowen o obrigou a regressar para os Estados Unidos. Os obstáculos pareciam grandes demais para serem superados. Portanto, a Junta de Missões não reabriu essa missão.

Em 1871, os batistas do Sul organizaram duas pequenas igrejas entre os imigrantes sulistas norte-americanos de Santa Bárbara d'Oeste, em São Paulo. No ano seguinte, em 1872, a Igreja em Santa Bárbara apelou à Junta de Missões Estrangeiras em Richmond, na Virgínia, pela vinda de missionários para o Brasil. Quase uma década depois, a junta atendeu o pedido e enviou o casal William Buck Bagby e sua esposa, Ana.

Chegaram ao Rio de Janeiro no dia 2 de março de 1881 e foram de trem para Santa Bárbara d'Oeste. Em 23 de fevereiro de 1882, Zachery Clay Taylor e sua esposa, Kate, aportaram no Rio de Janeiro e também se dirigiram para a colônia de Santa Bárbara. Lá os missionários encontraram Antônio Teixeira Albuquerque, já ordenado para o ministério pela igreja de Santa Bárbara. Outrora membro da Igreja Metodista do Rio de Janeiro, Teixeira

---

47   REILY *apud* WINTHROP, 1984, p. 44.

foi o primeiro pastor batista brasileiro. Bagby dedicou-se à pregação nas duas igrejas de Santa Bárbara e ao estudo do português em Campinas.

Após longas viagens pesquisando para descobrir o melhor lugar para a sede da missão batista, escolheram Salvador, Bahia. Lá, em 15 de outubro de 1882, os quatro missionários — os Bagby e os Taylor — e o ex-padre Antônio Teixeira de Albuquerque constituíram a Primeira Igreja Batista na Bahia. Adotaram a Confissão de Fé de New Hampshire.

Em 1884, os Bagby deixaram Salvador e mudaram para o Rio de Janeiro, onde, no mesmo ano, foi estabelecida uma igreja. Teixeira também deixou Salvador e foi para Maceió, sua cidade natal, com o objetivo de plantar uma nova obra. Em 1885, fundou uma igreja com dez membros. Teixeira serviu de pastor na igreja até sua morte, em 9 de abril de 1887. A obra batista progrediu durante os primeiros anos. Em 1900, a igreja havia alcançado um total de 2 mil discípulos.

A imigração dos letos (da Lituânia) para o Brasil contribuiu para o crescimento dos batistas. Por causa da opressão política religiosa, 25 famílias se estabeleceram em Santa Catarina e organizaram, em 1892, a primeira Igreja Batista leta em Rio Novo, com 75 membros. Adotaram a Confissão de Fé de New Hampshire. A congregação obteve uma grande gleba de terra em Nova Odessa, e abriu caminho para a imigração em massa de sua pátria. De 1890 a 1922, quinze colônias letas se formaram no Brasil, constituídas principalmente por batistas. Treze igrejas batistas foram

> **A ESPIRITUALIDADE EVANGÉLICA**
>
> Enquanto alguns se recusam a acreditar que Jesus Cristo é o Filho de Deus e outros exageram em sua forma de adoração, Jesus abre seu coração e nos fala de si: "Eu sou o Bom Pastor; o Bom Pastor dá a sua vida pelas ovelhas" (Jo 10:11). Aqui está a revelação plena de sua pessoa e também de sua missão. Fomos chamados para ele a fim de conhecê-lo como ele de fato é. Esse conhecimento não depende de nós, já que, no descortinar de sua pessoa, encontra-se a ação reveladora do Pai, do Filho e do Espírito Santo. Ele nos mostra, pelas Escrituras Sagradas, quem é Jesus, o Filho de Deus. Ele mesmo fala de si: "Eu Sou o Bom Pastor, e conheço as minhas ovelhas, e das minhas sou conhecido. Assim, como o Pai me conhece a mim, também eu conheço o Pai, e dou a minha vida pelas ovelhas [...] As minhas ovelhas ouvem a minha voz, e eu conheço-as, e elas me seguem" (Jo 10:14-15,27).

formadas entre os colonos, com mais de quinhentos membros. Nos anos que se seguiram à Primeira Guerra Mundial, mais de 2 mil batistas letos imigraram, aumentando o número de batistas no Brasil. (CAIRNS, 1984, p. 371)

Os episcopais no Brasil

A Igreja da Inglaterra foi a igreja oficial nas colônias do Sul dos atuais Estados Unidos antes da guerra pela independência. Depois disso, a antiga Igreja Anglicana inglesa tornou-se a Igreja Episcopal. O primeiro culto protestante na América do Norte foi da Igreja da Inglaterra, realizado em 1607 nas florestas de Jamestown (da atual Virgínia, a primeira colônia inglesa na América). O capitão Smith erigiu uma rude construção de madeira para adoração. Foi destruída nas guerras com os índios, mas depois, reconstruída. Lá, a jovem índia Pocahontas foi batizada, e depois se casou com um colono. Em 1639, a simples construção foi sucedida por um templo de tijolos. Hoje, as ruínas (a torre e algumas chaminés) constituem um antigo marco estadunidense.

A Igreja de São Lucas em Smithfield, Virgínia, erigida em 1632, é o mais antigo prédio da Igreja da Inglaterra nos Estados Unidos. Restaurada, atualmente é um relicário nacional, o único templo da igreja em estilo gótico que resta no país.

Desde 1634, o bispo de Londres foi superintendente da Igreja da Inglaterra nas colônias, mas nunca houve um bispo residente nas Treze Colônias. Após a guerra de independência, a Igreja da Inglaterra foi americanizada. William White (1748-1836) foi um dos líderes no desenvolvimento de uma Igreja Episcopal estadunidense.

Em 1783, Samuel Seabury (1729-1796) foi escolhido bispo pelo clero de Connecticut e enviado à Inglaterra para ser consagrado. O arcebispo da Cantuária se recusou a fazê-lo. Portanto, foi consagrado por bispos da Igreja Episcopal Escocesa, em 1784. A Igreja Protestante Episcopal organizou-se em 1786, e escolheu dois bispos na sucessão inglesa: Samuel Provost (1742-1815) e William White (1748-1836), da Pensilvânia. Os dois foram enviados à Inglaterra, onde foram consagrados no dia 4 de fevereiro de 1787 pelos arcebispos de Cantuária, York e outros bispos.

Em 1820, a igreja organizou sua Sociedade Missionária Doméstica e Estrangeira, e em 1860, a Sociedade Missionária da Igreja Americana foi fundada pela ala evangélica. O escocês Richard Holden (1828-1886) foi o primeiro missionário episcopal no Brasil. Foi enviado pela Sociedade Missionária Nacional e Estrangeira e pela Sociedade Bíblica Americana, em 1860. Holden trabalhou durante pouco mais de três anos no Pará e na Bahia, propagando o Evangelho.

Devido a diferenças quanto à estratégia, Holden se desligou de sua missão para se tornar um agente da Sociedade Bíblica Britânica e Estrangeira. Trabalhou como copastor de Robert Kalley de 1864 a 1872. Depois, deixou o Brasil, mas em 1879 voltou "como propagandista da ala batista dos 'Irmãos de Plymouth'". Estava em Lisboa, Portugal, quando faleceu, em 17 de julho de 1886.

Em 1889, os missionários James Watson Morris e Lucien Kinsolving, do Seminário Teológico de Virgínia, em Alexandria, foram enviados para o Brasil pela Sociedade Missionária da Igreja Americana. Eles escolheram o Estado do Rio Grande do Sul como sede da missão. Em 1890, começaram cultos episcopais regulares e fundaram uma escola em Porto Alegre. Os presbiterianos lhes entregaram uma congregação em Rio Grande em agosto de 1891, e logo iniciaram seu jornal, o Estandarte Cristão.

Em 1893, os episcopais receberam a primeira visita do bispo Jorge W. Peterkin, da Virgínia Ocidental, escolhido para a superintendência do trabalho no Brasil. Na ocasião, publicaram a declaração dos princípios de sua fé. Assim, a Igreja Episcopal foi consolidada em solo brasileiro.

CAPÍTULO 12
NOVOS VENTOS DE AVIVAMENTO

"Busque o Espírito de Deus por si mesmo. Se for chamado, terá de responder a isso. Obedeça a Deus sem questionar. Ele cuidará dos detalhes." **Maria Woodworth Etter**

O século 19 foi sacudido por ondas de moveres soberanos do Espírito Santo. Em seus últimos anos, havia uma nova expectativa de um grande avivamento por vir, especialmente nos Estados Unidos, após a Guerra Civil fratricida que manchou sua História. Entre as igrejas, havia a memória do que Deus já fizera e se ouvia a respeito de algum mover de Deus regional, mas nada que balançasse os alicerces mundiais.

Foi nesse contexto que surgiram homens e mulheres cheios de uma fome indescritível de Deus. Esse fenômeno nunca é local, pelo contrário, é sempre em escala global. Na Inglaterra e em Gales, Deus levantara uma geração de líderes a clamar por um genuíno derramamento do Espírito Santo.

Pessoas como Smith Wigglesworth, João G. Lake, William J. Seymour e Carlos F. Parham, os líderes do avivamento pentecostal, eram contemporâneos e trocavam entre si impressões sobre o agir do Espírito Santo. Ainda no século 19, dois desses grandes "generais" de Deus marcaram sua geração: João Alexandre Dowie e Maria Woodworth Etter, a "irmã Etter".

João Alexandre Dowie

Dowie nasceu em 25 de maio de 1847 em Edimburgo, na Escócia, filho de um alfaiate e pregador. Em 1860, a família se mudou para Adelaide, na Austrália, onde estabeleceu um próspero negócio com calçados. O pai de Dowie era presidente de uma associação pró-abstinência de bebidas alcoólicas, e ele era um ativo membro. Em 1868, aos 21 anos, decidiu retornar à Escócia para estudar Teologia. Voltou à Austrália para ser ordenado pastor, assumindo uma igreja congregacional em 1872. Em 1876, ele se casou com sua prima, Jane Dowie, com quem teve três filhos.

Após renunciar ao pastorado da igreja que liderava, Dowie tornou-se um evangelista independente em 1879, e passou a conduzir reuniões de fé em um teatro. Em Melbourne, no início dos anos 1880, ele atraía multidões. Em 1888, mudou-se com a família para San Francisco, nos Estados Unidos, conduzindo cruzadas de fé e cura através do Estado da Califórnia. Em Chicago estabeleceu o Tabernáculo de Sião, onde liderava regularmente reuniões com grandes multidões. Dowie passou a publicar semanalmente um jornal, Folhas de Cura, através do qual ensinava os princípios de fé e de cura divina.

O Tabernáculo de Sião avançou muito, mudando-se para o Chicago's Auditorium Building, que acomodava uma multidão ainda maior. O ministério de Dowie avançou para se tornar influente em todo o país, e mesmo em outras nações. Em Chicago, seu escritório ocupava um edifício de sete andares. Fundou uma escola, o Zion Junior School, uma universidade e uma editora. Em 1900, adquiriu uma grande área de terra a 60 quilômetros de Chicago e fundou a Cidade de Sião, onde era proibido fumar, consumir qualquer bebida alcóolica, ingerir carne de porco ou usar qualquer tipo de remédio.

Alexander Dowie acreditava que Deus estava restaurando a sua Igreja, renovando os dons espirituais e a função apostólica no Corpo de Cristo. Ele pregava a fé em Deus e uma inteira consagração como expressão de santidade na vida do crente. No jornal Folhas de Cura de 14 de setembro de 1894 está registrado um dos muitos testemunhos extraordinários. Uma senhora, Ida W. Lowrie, que teve o seio amputado em função de uma enfermidade, dera à luz um bebê saudável, a quem amamentava pelo seio reconstruído pelo milagre divino. No mesmo jornal, em 31 de agosto de 1894, foi publicada a foto com o testemunho de um menino paralítico que fora instantaneamente curado. Muitos de seus seguidores se envolveram de perto com o nascente movimento pentecostal do início do século 20.

A imprensa estadunidense perseguia João Alexandre Dowie de maneira implacável. Até que ponto as afirmações e acusações eram verdadeiras, não se sabe ao certo. Dowie e seus investimentos experimentaram a bancarrota no fim de sua vida. Em meio a muitas controvérsias, má administração financeira e pressão pública, Dowie morreu aos 59 anos, em março de 1907.

Maria Woodworth-Etter

Maria Buelah Woodworth-Etter nasceu em New Lisbon, no Estado de Ohio, em 22 de julho de 1844, e experimentou uma conversão pessoal com a idade de 13 anos, resultado do terceiro despertamento espiritual ocorrido nos Estados Unidos. Ela afirmava ter ouvido a voz de Jesus, chamando-a a ir pelas estradas e arredores e reunir as ovelhas perdidas. Em 1863, ela se casou com Horace Woodworth, com quem teve seis filhos, dos quais cinco morreram na infância. Mais tarde, eles se divorciaram por infidelidade conjugal do marido, e algum tempo depois, Maria se casou com Samuel Etter, que faleceu em 1914.

Irmã Etter inicialmente congregava com os Discípulos de Cristo, e depois de seu casamento, decidiu iniciar um ministério evangelístico itinerante, mas foi proibida de pregar pelos líderes de sua igreja por ser mulher. Passou, então, a se reunir com um grupo de irmãos *quakers*, onde recebeu o batismo no Espírito Santo enquanto orava por unção para o ministério.

Somente depois dessa experiência ela começou a pregar. Por um breve período, esteve com a Igreja dos Irmãos, um grupo de restauração, e depois se uniu à Igreja de Deus, fundada por João Winebrenner.

Após o desespero da morte de seus filhos, a irmã Etter começou a estudar as Escrituras sobre o assunto dos milagres e da cura divina, e iniciou um incipiente ministério, pregando em pequenas igrejas

> **A ESPIRITUALIDADE EVANGÉLICA**
>
> A voz de Jesus se fez ouvir desde o início, quando falou a toda gente e de várias maneiras: convocou os primeiros discípulos, perdoou a mulher pecadora, ordenou Lazaro a sair do túmulo, perguntou a Maria Madalena por que ela chorava, expôs as Escrituras aos discípulos de Emaús. Sua voz atravessou os séculos e chegou até nós. A voz de Jesus é inconfundível. É voz como de muitas águas, conhecida de suas ovelhas, que a ouvem e seguem com segurança por saberem que quem falou não foi homem algum, mas Jesus, a própria Palavra encarnada.

do interior do país. Não era comum, àquela época, aceitarem mulheres nos púlpitos. Assim, os convites, em muitos casos, vinham de igrejas que estavam fechando as portas, quase mortas espiritualmente.

Durante a primeira metade de seu ministério, de acordo com seu próprio testemunho na autobiografia *Diary of Signs and Wonders* (*Diário de sinais e maravilhas*), ela compartilhou experiências extraordinárias, corroboradas por jornais locais. Seu ministério, então, passou a ser reconhecido, e muitos repórteres vinham de vários lugares para acompanhar suas campanhas.

Ela e sua equipe conheciam o impacto e o poder da oração. Assim, antes de suas campanhas começarem, um grupo era enviado junto com a irmã Etter e se punha a interceder ardorosamente por aquele lugar e a comandar a liberação de contrição e quebrantamento. As pessoas que moravam num raio de muitos quilômetros começavam a se sentir compungidas em suas casas. Muitas choravam e passavam a confessar os seus pecados.

Registro fotográfico de Maria Woodworth-Etter, a irmã Etter.

Quando a noite chegava para a primeira noite de reuniões, algumas pessoas surgiam nessas igrejas decadentes. No segundo dia, os locais de reunião já não comportavam tanta gente, e no terceiro, era necessário ir para o ar livre por causa da multidão presente. Muitos dos que frequentavam seus cultos depois reportavam experiências de um "arrebatamento de espírito" por algum tempo.

Em lugares onde a frieza e a apatia caracterizavam a cidade, irmã Etter pedia por sinais. Ela conta que, em certa cidade, orou para que Deus sacudisse toda a cidade. Um pequeno abalo sísmico ocorreu, e toda a cidade foi despertada para o Evangelho. Milhares de pessoas foram salvas por intermédio de seu ministério, e outras muitas receberam cura divina. Cegos viam, surdos ouviam e paralíticos eram restabelecidos, além da cura de muitas doenças. "Outro testemunho é de um homem que havia quebrado três costelas. Ele quase não era capaz de se colocar de pé por causa da imensa dor que sentia. Ao impor as mãos sobre ele, o mesmo se curvou, mas, após a oração da fé, os ossos que estavam para dentro voltaram ao seu lugar."[48]

Assim, a irmã Etter foi uma pioneira nas manifestações pentecostais e no uso dos dons espirituais. Ela começou a orar por enfermos em 1885, e em 1912, juntou-se ao iniciado movimento pentecostal, de quem era bem conhecida, passando a frequentemente pregar em seus círculos. Em 1918, ela fundou a Lakeview Church, na cidade de Indianápolis, no Estado de Indiana. Maria Woodworth-Etter partiu para o Senhor em 1924.

Enquanto na Grã-Bretanha havia muitos grupos a clamar por um novo avivamento, o derramamento do Espírito no País de Gales começava. Do outro lado do Atlântico, nos Estados Unidos, muitos líderes suspiravam pelo mesmo mover do Espírito Santo. Havia no país uma sede enorme por algo novo, e pessoas como João Alexandre Dowie e Maria Woodworth Etter representam uma fração dos inúmeros líderes locais que estavam a clamar por uma nova chuva vinda dos céus.

Louvamos a Deus por essas testemunhas que aguardavam em Jerusalém até que do alto fossem revestidas de poder. Às portas do século 20, um novo e poderoso avivamento aguardava para ser derramado sobre a Igreja em escala mundial.

---
48 ETTER, 1916, p. 63.

CAPÍTULO 13
O AVIVAMENTO NO PAÍS DE GALES

"Vi-me ajoelhado e com os braços sobre o assento à minha frente, e as lágrimas a me correr pela face. Exclamei: 'Quebranta-me! Quebranta-me!'" **Evan Roberts**

Sem dúvida, o maior precursor do impactante movimento pentecostal que eclodiria a partir da Rua Azusa, em Los Angeles, em 1906, foi o avivamento no País de Gales. Desde o princípio, havia um forte sentimento de que era necessário um avivamento, pois a frieza e a apatia espiritual era o que caracterizava aquela nação. Toda a experiência religiosa, bem como as instituições, precisava ser sacudida por algo genuíno vindo de Deus. Em contraste com aquela situação, Deus começou a levantar uma intensa intercessão por uma ação divina genuína e poderosa.

As origens de avivamento

Cerca de 40 mil cristãos em várias partes do País de Gales se comprometeram perante Deus a favor da sua pátria. "Todo derramamento do Espírito é precedido por intercessão sincera, acompanhada de quebrantamento de coração e de humilhação diante de Deus."[49] Os pastores e seus rebanhos nas igrejas de Gales se achavam profundamente tocados pela grande diferença entre o registro da Igreja primitiva no livro de Atos e a condição espiritual dos cristãos galeses naqueles dias. "Os profundos despertamentos espirituais, seja de países inteiros ou regionais, começam com gente desesperada como Ana em I Samuel 1:1-27."

......
49   STEWART, 1958, p. 22.

Deus só responde as orações de cristãos que se sentem com o coração quebrantado ante o gelo mortal das igrejas ou estão desesperados quanto ao próprio estado espiritual. "Conquanto seja verdade que, quando chega o despertamento, surja uma inexplicável alegria e grande glória, não é esse o caso dos dias preparativos. Na fase de busca, não há cânticos, mas gemidos; nada de risos, mas apenas lágrimas e clamor intenso."[50]

Alguns anos antes do avivamento, F.B. Mayer foi chamado para participar de uma convenção em Keswick, e falou sobre a necessidades de um avivamento, solicitando voluntários de oração em prol desse objetivo. Evan Roberts aceitou o desafio. Disse que já orava continuamente por 13 anos com esse propósito. Mais tarde, sentindo o chamado para pregar o Evangelho, ingressou numa escola preparatória de Newcastle Emlyn para se preparar para os exames no Travecca College, fundado pela condessa de Huntington nos tempos do avivamento metodista do século 18, na Inglaterra.

É impossível traçar o início desse despertamento no coração dos indivíduos ou nas igrejas. Todavia, o primeiro sinal conhecido apareceu em Scranton, na Pensilvânia, onde um pastor galês foi quebrantado diante de Deus por ver que não estava sendo um verdadeiro profeta do tipo da Igreja primitiva. Ele teve uma gloriosa experiência da plenitude do Espírito, e sua pregação tornou-se poderosa. Sentiu-se logo responsabilizado pelo próprio País de Gales. Renunciou ao pastorado em Scranton, nos Estados Unidos, e retornou para sua pátria. Ele não mais pregava para enlevar seus ouvintes, mas para ver resultados: a salvação de almas e o despertamento do povo de Deus.

Todos criam na sinceridade do pregador, mas muitos se mostravam radicalmente hostis. A pregação daquele homem teve início em 1903, ocupando púlpitos de várias cidades vizinhas que começaram a realizar reuniões de santidade. Logo aquele grupo de jovens ministros se deu conta de que algo maravilhoso iria acontecer no meio deles.

Num pequeno povoado chamado New Quay, o reverendo Joseph Jenkins estava insatisfeito com a sua vida espiritual e buscava uma experiência

---
50 Id., p. 23.

mais profunda com Cristo. O livro *Com Cristo na escola da oração*, de André Murray, influenciou muito a vida de Jenkins nessa época. Ele ficou abalado ao notar a vida espiritual relaxada dos jovens de sua igreja e falou seriamente a eles sobre a obediência ao Espírito Santo.

Numa reunião de oração de domingo de manhã para os solteiros, o pastor pediu que alguns dessem seu testemunho de sua experiência com Cristo. Uma jovem de aproximadamente 15 anos chamada Flora Evans se levantou e, com voz trêmula, disse: "Amo a Jesus Cristo de todo o meu coração." Ela repetiu várias vezes as mesmas palavras. Era tudo o que tinha para dizer. Mas aquelas palavras de um coração jovem cheio de amor por Cristo acendeu um fogo cujas chamas alcançaram vários lugares: Blaenanerch, Newcastle Emlyn, Capel, Drindod e Twrhwin. Foi o início das visíveis manifestações do Espírito Santo que tocariam milhares de pessoas.

Em novembro de 1904, em Rhos, Gales do Norte, as igrejas convidaram o pregador R.B. Jones para dirigir uma campanha evangelística. Um ano antes, aquele homem experimentou o enchimento do Espírito que transformou inteiramente o seu ministério. A partir de então, passou a pregar com grande ardor. Deus fez uma obra maravilhosa em Rhos. Desde o início, os cristãos foram quebrantados diante de Deus e removeram os empecilhos de suas vidas, rendendo-se inteiramente a Cristo e recebendo o Espírito. Com quatro semanas de reuniões, um jornal reportou: "Todo o distrito está sob o domínio de uma força espiritual tão extraordinária que não há sinal algum de diminuir seu poder."

Das 10h às 18h, prosseguiam as reuniões. Nas ruas, nos trens e nos bares se sentia aquele estranho poder. Em tom reverente e grave, todos conversaram sobre o avivamento. À noite, depois das reuniões, havia grandes procissões que

> **A ESPIRITUALIDADE EVANGÉLICA**
> Jesus falou o que era importante ouvir, como, por exemplo, o mandamento do amor: "Se me amais, guardareis os meus mandamentos [...] Aquele que tem os meus mandamentos e os guarda, esse é o que me ama; e aquele que me ama será amado de meu Pai, e eu o amarei, e me manifestarei a ele [...] Se alguém me ama, guardará a minha palavra, e meu Pai o amará, e viremos para ele, e faremos nele morada" (Jo 14:15,21,23).

marchavam pela cidade, cantando hinos. Entre os instrumentos que Deus estivera preparando, estava um mineiro jovem de instrução média que se tornaria "a voz notável de sua geração". Muitos pregadores eram usados grandemente por Deus, mas Evan Roberts seria o mais conhecido.

Evan Roberts nasceu a 8 de junho de 1878 na pequena cidade de Loughor, numa casa chamada "a casa da ilha". Ainda com pouca idade, começou a trabalhar numa mina. Por ter forte desejo de pregar, ingressou na escola preparatória de Newcastle Emlyn aos 26 anos. Deus o visitava nas vigílias da noite, e nessas ocasiões especiais, tremia cada membro de seu corpo, a ponto de sacudir a cama. Certa noite, seu irmão Dan o despertou e perguntou se ele estava doente. Roberts se recusou a contar as experiências à família porque, segundo ele, eram coisas indescritíveis. Quando entrou na escola, tinha medo de perder aquelas preciosas experiências com o Senhor.

Naqueles dias, estava sendo realizada uma convenção em Blaenanerch, cerca de 12 quilômetros distante de sua escola, com o evangelista Seth Joshua. No dia 29 de setembro de 1904, Evan Roberts e outros jovens assistiram à reunião, às 7h. Ao fim do evento, o reverendo Joshua, sentindo a frieza do ambiente, dirigiu uma oração a Deus: "Quebranta-nos, oh, Senhor!" "Não era o senhor Joshua quem enfatizava as palavras [...] mas o próprio Espírito Santo", disse Evan Roberts posteriormente.

Na reunião das 9h, Evan Roberts passou por uma experiência que, pouco depois, resultaria em 100 mil conversões por todo o seu país. Ele descreveu desta maneira:

> Vi-me ajoelhado e com os braços sobre o assento à minha frente, as lágrimas a me correr pela face. Exclamei: "Quebranta-me! Quebranta-me!" Era Deus provando o seu amor, e eu não vendo nada em mim que o merecesse. Um suor desceu pelo meu rosto e lágrimas brotaram rapidamente, até que pensei que o sangue também brotava. Logo a senhora Davis se aproximou para enxugar meu suor. Enquanto eu sentia tudo isso, o auditório cantava a pleno coração: "Estou indo, estou indo, Senhor, para ti." Daí um grande e poderoso encargo veio sobre mim pela salvação das almas perdidas.

Aquela foi uma reunião que Evan Roberts jamais esqueceria, e nem o povo de Gales. Voltou para a escola um novo homem. Certa noite, depois de descer pelo jardim em comunhão com Deus, voltou a seu dormitório com um brilho em seu rosto.

— O que aconteceu com você, Evan?", perguntou o jovem Sidney.

A resposta foi:

— Oh, Sidney, tenho maravilhosas novidades para você. Numa visão, vi todo o país de Gales elevado até o céu. Vamos ter o mais poderoso avivamento que Gales já viu, e o Espírito Santo está vindo já. Agora, precisamos estar prontos. Precisamos ter um pequeno grupo e sair pregando por todo o país.

Evan Roberts em fotografia antiga.

O avivamento em plena ação

Certo domingo, na igreja em Newcastle Emlyn, Deus chamou Evan Roberts para voltar para casa e trabalhar com os jovens de Loughor. Seu tutor o encorajou a não ir, mas ele obedeceu à ordem divina. Não foi fácil explicar para a família a razão por que voltara. Dirigiu-se imediatamente para seu pastor e pediu permissão para realizar reuniões para jovens, e logo no mesmo dia, 31 de outubro, iniciaram-se "as mais poderosas reuniões no País de Gales, de 31 de outubro até 12 de novembro".

No dia 2 de novembro, Evan Roberts falou sobre "Os quatro grandes princípios", as quatro coisas necessárias para receber um derramamento do Espírito Santo. Elas se tornaram a parte mais importante de sua mensagem no início do avivamento.

> Primeiro: há em sua vida passada algum pecado que ainda não foi confessado a Deus? Então, joelhos em terra imediatamente! É preciso abandonar o passado e ser purificado. Segundo: há em sua vida alguma coisa duvidosa? Algo que você não pode decidir se é bom ou mau? Fora com isso! Não deve haver nuvem ou sombra alguma entre você e Deus. Terceiro: faça aquilo que o Espírito Santo está levando você a fazer. Sim, obediência pronta, implícita, sem questionar o Espírito. Quarto: confesse publicamente que Cristo é o seu Salvador. Há forte diferença entre profissão de fé e confissão. (Evan Roberts)

Logo após essas reuniões, ele começou a viajar de cidade em cidade, cumprindo sua visão. Foi acompanhado por vários jovens, incluindo seu irmão, Dan, e algumas moças que estavam nas reuniões. Às vezes, o avivamento começava antes da chegada deles; outras vezes, acompanhava as visitas; e outras, os seguia. "Por toda parte se sentia que Deus estava presente." As reuniões podiam se prolongar até a madrugada. Ocasionalmente, Roberts não pregava, mas ficava assentado no meio da congregação enquanto Deus agia poderosamente.

Relata-se o testemunho de um policial dirigindo o tráfego que estava cantando e louvando ao Senhor enquanto trabalhava. Dois homens da Inglaterra vinham a Gales para assistir ao avivamento. Chegaram a Cardiff e perguntaram ao policial onde era o local do avivamento. O policial esfregou seu peito e respondeu: "É aqui."

As igrejas ficavam repletas, e havia reuniões de dia e de noite. Oração, testemunho e cântico ocupavam o primeiro lugar. Havia pouca pregação.

Artistas se converteram, bêbados, ladrões e jogadores também. Milhares de pessoas foram restauradas a uma vida transformada.

> Foram muitos os casos de homens que, entrando em bares, pediam bebidas, mas saíam de lá sem as tocar. Famosos jogadores de futebol se converteram e se juntaram às reuniões ao ar livre para dar testemunho das maravilhas que o Senhor fizera por eles. Muitos times se dissolveram à medida que os jogadores se convertiam e os estádios ficavam vazios.

Não havia coros especiais nem regentes, hinários ou órgãos, mas era maravilhoso ouvir os cânticos. Oswald Smith relatou: "Tudo era cântico." Cristo era exaltado em tudo, e o tema era "o avivamento do Calvário". "Quebrante a Igreja e salve o mundo" foi a frase-chave do avivamento, originada na oração de Seth Joshua: "Quebranta-nos!"

Certo ministro, ao se encontrar com um inveterado beberrão que havia sido poderosamente salvo, disse-lhe que o reavivamento era apenas um fogo de palha. Replicou o pecador salvo: "Ah, se é assim, então o carpinteiro de Nazaré pode fazê-lo continuar queimando por toda a eternidade."

Não havia propaganda, mas, depois de começar, as notícias se espalharam por todos os lugares pelo testemunho pessoal de quem experimentava o avivamento. Muitos vinham de longe para presenciar o que Deus estava fazendo e voltavam avivados para seus lares ou campos. Dificilmente se achava uma cidade em Gales que não tivesse sido afetada.

Os jornais publicaram as notícias do avivamento, e muitos se converteram só por meio da leitura delas. Eis algumas reportagens de diferentes cidades:

- Bertillery: "O resultado da semana especial de reuniões foi de 1,5 mil conversões."
- Holyhead: "Nesta importante cidade registraram-se quinhentas conversões."
- Haford: "As reuniões de oração nas minas subterrâneas de Trevor são dirigidas pelo senhor W. Rogers, um conhecido futebolista convertido."

- Abertillery: "A obra avança. Grandes coisas têm acontecido no salão do Exército de Salvação, e cultos são realizados noite após noite praticamente em cada igreja da vizinhança. Temos agora 2,5 mil conversões."

As barreiras denominacionais foram derrubadas. "Todos adoravam juntos o seu majestoso Salvador e Senhor." Terríveis confissões de pecado eram ouvidas por todos os lados. O reverendo Reece Howells e sua esposa foram exemplos de evangelistas que receberam o fogo e o levaram ao campo missionário. Um pregador escandinavo foi transformado durante o avivamento e levou aquela experiência ao seu país, onde havia, em 1963, pelo menos cem igrejas florescentes como resultado direto de seu ministério.

Aquele foi um avivamento para jovens. Evan Roberts tinha apenas 26 anos, e Maria, sua irmã que tomou parte ativa no avivamento, tinha apenas 16. As irmãs cantoras tinham 18 e 22 anos. Dan Roberts e Sidney Evans, cerca de 20 anos. Milhares de jovens, uma vez convertidos, tornaram-se pescadores de homens, e as igrejas se encheram de jovens. Até crianças realizavam suas reuniões de oração e louvor. Nas minas sob a terra, os trabalhadores realizavam cultos e estudos bíblicos antes de começar o dia de trabalho.

"O avivamento se financiou e anunciou por si. Não havia cartazes, salões alugados nem salário pago a ninguém." Em cinco semanas, 20 mil se registraram. Em 90 dias, houve 185 mil conversões, segundo S. Campbell Morgan. Evan Roberts mesmo levou cerca de 152 mil pessoas a Cristo. Ele pediu 100 mil, mas "aquele que é poderoso para fazer infinitamente mais do que tudo quanto pedimos, conforme o seu poder que opera em nós" (Ef 2:5) lhe deu muito mais.

> **A ESPIRITUALIDADE EVANGÉLICA**
> "Se guardardes os meus mandamentos, permanecereis no meu amor; do mesmo modo que eu tenho guardado os mandamentos de meu Pai, e permaneço no seu amor" (Jo 15:10). De que mandamento Jesus estaria falando? Dos Dez Mandamentos que Moisés entregou aos judeus? De certa forma, sim; no entanto, muito mais que isso. Disse Jesus: "O meu mandamento é este: amais-vos uns aos outros como eu vos amei" (Jo 15:12).

Quando Evan Roberts se esgotou, depois de cerca de um ano e meio, nunca se recuperou totalmente. Durante 45 anos, viveu a vida de modo recluso. Nunca voltou ao púlpito, e isso é um mistério. Todavia, continuava a escrever sobre assuntos religiosos, compor cânticos e conduzir um "poderoso ministério de oração". Alguns líderes pentecostais acreditam que a aproximação de Roberts com Jessie Pen Lewis e sua mensagem introspectiva, induzindo à autoanálise, foi o que causou o fim do avivamento e do ministério de Evan Roberts. No entanto, nada conclusivo se sabe sobre isso.

Durante alguns anos antes de sua morte, Roberts realizou estudos bíblicos no velho correio na cidade de Gorseinon, perto de sua casa. Faleceu em 1951, com 72 anos. O culto fúnebre foi realizado em sua igreja nativa, em Loughor. Estava superlotada de visitas de lugares distantes. Cinquenta ministros estiveram presentes.

Alguns achavam que o avivamento iria começar de novo. Nos dias da Segunda Guerra Mundial, um pregador perguntou para Evan se ele achava que uma pessoa surgiria para liderar outro avivamento. Evans respondeu com outra pergunta: "Quem estaria pronto a pagar o alto preço?"

CAPÍTULO 14
O PODEROSO AVIVAMENTO PENTECOSTAL

"... tão repentinamente quanto no dia de Pentecostes, o Espírito Santo desceu sobre mim e me encheu literalmente. Eu gritei e louvei a Deus, e imediatamente comecei a pregar numa outra língua..." **H.A. Post**

O pentecostalismo pode ser considerado uma quarta forma de cristianismo, ao lado do catolicismo romano, da Igreja Ortodoxa Grega e do protestantismo histórico. É também composto de muitas denominações. O pentecostalismo pertence àquela corrente dentro do Cristianismo que coloca a experiência pessoal com o Espírito Santo num nível alto entre as marcas de um cristão.

Nos primeiros tempos do protestantismo, João Wesley era o vulto mais importante nesse entendimento. Em verdade, Wesley, cujo coração foi "estranhamente aquecido", era quem enfatizava "o testemunho do Espírito" interior e ensinava que a santificação era uma segunda obra da graça distinta, seguindo-se à justificação. Por essa razão, Wesley pode bem ser chamado "bisavô" do pentecostalismo. Dos primeiros metodistas, a corrente continua diretamente através do movimento Holiness (Santidade) do século 19.

Em acampamentos e em convenções sobre a vida mais abundante, os mestres da doutrina de santidade proclamavam a "segunda bênção de santificação com a purificação de todo pecado", e às vezes a chamavam "batismo com o Espírito Santo".

Carlos F. Parham e o berço do pentecostalismo

Um evento-chave no nascimento do pentecostalismo nos Estados Unidos ocorreu na Escola Bíblica Betel em Topeka, Estado do Kansas, fundada em 1900. Na noite de 1º de janeiro, um jovem pastor metodista, Charles F. Parhan (1873-1929), e um pequeno grupo de alunos da escola bíblica estavam reunidos em oração, pedindo fervorosamente o batismo com o Espírito Santo com as mesmas manifestações que foram concedidas aos 120 discípulos no Cenáculo.

Uma jovem, Agnes Ozman, pediu a Parhan que impusesse as mãos sobre ela e invocasse a efusão do Espírito Santo. Parece que o pastor teve receio de fazer tal coisa no início, mas, por fim, cedeu. "Naquele momento", contou a jovem, "senti-me como que arrastada por um rio e como se um fogo ardesse em todo o meu ser, enquanto palavras estranhas de uma língua que não tinha estudado me vinham espontaneamente aos lábios e me encheram a alma de uma alegria indescritível."[51]

No dia seguinte, outros estudantes e o próprio pastor experimentaram o mesmo. Desde aquele tempo, para a maioria dos pentecostais, o supremo sinal do batismo com o Espírito Santo tem sido o dom de falar em línguas (ou glossolalia).

William J. Seymour

O sucessor de Parham foi William J. Seymour (1870-1922), homem conhecido por sua santidade e piedade. Antes era um garçom, membro de uma equipe chamada Evening Light Saints (Santos da Luz Noturna), cujo alvo era viver uma vida de santidade. Seymour foi convidado por alguns batistas de Los Angeles, na Califórnia, para falar-lhes numa casa. Várias pessoas que tinham "fome e sede da justiça" passaram a reunir-se ali todas as noites para orar.

No dia 9 de abril de 1906, o Espírito desceu sobre o grupo, e alguns tiveram experiência igual àquela registrada no capítulo 2 do livro de Atos dos Apóstolos. O batismo com Espírito era acompanhado pelo dom de

---

51   FALVO, 1975, p. 31.

línguas. Com a notícia, vieram pessoas de todos os lugares. Toda a cidade foi despertada; pecadores foram salvos e doentes, curados. Foi necessário outro prédio, por isso mudaram para um edifício na Rua Azusa, antes um templo metodista. De 1906 a 1909, a Missão do Evangelho da Fé Apostólica, situada naquele endereço, tornou-se conhecida como o centro mundial do avivamento pentecostal.

Durante três anos, houve reuniões dia e noite. Centenas de milhares de pessoas frequentavam os cultos. Vinham de todas as partes do mundo para visitar aquele lugar, experimentando pessoalmente o Pentecostes, e voltavam para suas casas levando a mensagem de Cristo Salvador, Médico do Corpo, Batizador no Espírito e o Rei que em breve virá.

William J. Seymour, que deu início ao avivamento espiritual da Rua Azusa, na Califórnia.

Bartleman (1981) descreve alguns dos acontecimentos registrados por testemunhas da época. Um ministro Batista de Pasadena, Califórnia, o reverendo H.A. Post, deu o seguinte testemunho:

> Em meados de junho, fui levado aos cultos da Rua Azusa. Fiquei convencido de que Deus estava realmente agindo. No segundo dia, enquanto estava no altar, o Senhor disse de maneira clara à minha consciência interior e com uma voz nítida nos meus ouvidos: "Recebe o Espírito Santo." Como uma pessoa faminta receberia o alimento, eu recebi ansiosamente o dom do meu Senhor.

Mais tarde [...] perto do término de um sermão, tão repentinamente como no dia de Pentecostes, o Espírito Santo desceu sobre mim e me encheu literalmente. Eu gritei e louvei a Deus, e imediatamente comecei a pregar numa outra língua [...] Estou certo de que em nenhuma outra época da minha vida fui tão submetido a Deus e livre de tudo mais.

Um leigo metodista disse:

As cenas que se desenrolaram aqui são aquelas pelas quais as igrejas de Los Angeles têm orado durante 25 anos. Eu era dirigente de um grupo de oração na Primeira Igreja Metodista. Oramos para que o Pentecostes viesse sobre a cidade de Los Angeles. Queríamos que ele tivesse início em nossa igreja, mas Deus assim não fez. Dou graças a Deus que ele não se iniciou em nenhuma igreja desta cidade, mas numa *estrebaria*, para que todos nós pudéssemos assistir e tomar parte.

A.W. Orwing descreveu as reuniões desta forma:

Uma coisa que me surpreendeu foi a presença de tantas pessoas das diferentes igrejas. Alguns eram pastores, outros, evangelistas e ainda outros, missionários estrangeiros. Pessoas de muitas nacionalidades estavam presentes. Às vezes, muitas delas que não eram convertidas, viam-se tomadas de profunda convicção de pecado sob o testemunho abrasador de um dos de sua própria nacionalidade, e imediatamente se voltavam para o Senhor. Ocasionalmente, algum estrangeiro ouvia um testemunho ou uma exortação na própria língua por uma pessoa que não conhecia o idioma de forma alguma, e ficava convencido de que era um chamamento de Deus para que se arrependesse dos seus pecados.

Os acontecimentos na rua Azusa provocaram duas reações opostas. Por um lado, a mensagem foi alegremente aceita; por outro, fortemente rejeitada. O resultado foi a formação de numerosas denominações pentecostais no mundo inteiro.

Entre as maiores denominações pentecostais dos Estados Unidos estão a Assembleia de Deus — a maior, com sede em Hot Springs, Arkansas; a Igreja Internacional do Evangelho Quadrangular, com sede em Los

Angeles; a Igreja de Deus em Cristo, maior denominação de população negra; a Igreja de Deus, com sede em Cleveland, Tennessee; e a Igreja Pentecostal Santificada, sediada nos Estados da Carolina do Norte e do Sul e no Estado da Geórgia.

Na Europa, o pentecostalismo é mais forte na Escandinávia, e na Itália ele tem mais adesão do que em todos os outros grupos protestantes em conjunto. Na Ásia, o pentecostalismo está crescendo na Rússia e na Indonésia. "O pentecostalismo pode ser considerado o maior movimento religioso de massas do século 20. Ninguém sabe ao certo quantos milhões de fiéis se acham espalhados pelo mundo inteiro."[52]

A mais impressionante influência pentecostal se acha na África e na América Latina, especialmente no Brasil e no Chile. O crescimento é tão forte nesses continentes que, "pelo ano de 2000, o número de cristãos pentecostais na África e na América Latina já seria próximo ao do total do resto do mundo".[53]

A doutrina pentecostal

Para os pentecostais, Cristo desempenha quatro papéis: Salvador, o que batiza no Espírito Santo, o que cura e o Rei que em breve virá. Uma das doutrinas mais importantes que distinguem os pentecostais dos demais grupos cristãos é o dom de línguas como sinal físico inicial do batismo com o Espírito Santo, embora alguns pioneiros não tenham insistido nisso. Trata-se da habilidade dada por Deus de falar em outras línguas para a edificação pessoal. Quanto às doutrinas cristãs principais, o pentecostalismo é ortodoxo em sua crença.

Há uma exceção: as igrejas que possuem uma doutrina unitária sobre Deus

> **A ESPIRITUALIDADE EVANGÉLICA**
>
> Guardar o mandamento de amar a Deus sobre todas as coisas já é por demais custoso; imagine então o mandamento de Cristo! Amar a Deus pode ser desafiador, mas amar o próximo como a nós mesmos é quase impossível. Outra vez, quem chama a amar também nos capacita a fazê-lo. Amamos a Deus e ao próximo tão somente por meio de Jesus Cristo.

.....
52 EERDMANS, 1977, p. 336.
53 EERDMANS, 1977, p. 619.

e batizam unicamente no nome de Jesus. A Igreja Pentecostal Unida é o maior desses grupos, e cerca de 25% dos pentecostais nos Estados Unidos são unitários. Os pentecostais não têm uma opinião homogênea sobre o batismo com o Espírito Santo ser uma segunda ou terceira obra da graça. Os pioneiros consideravam a santificação como a "segunda bênção" ou obra da graça, e o batismo com Espírito Santo, a terceira.

Depois de 1910, muitos passaram a afirmar que a doutrina segundo a qual a santificação é parte da experiência da conversão e, portanto, o batismo com Espírito Santo é a segunda obra da graça. Cerca de 50% dos pentecostais da América do Norte creem dessa maneira. Muitas igrejas pentecostais praticam a cerimônia do lava-pés, considerando-a tão importante quanto o batismo nas águas e a Ceia do Senhor. Seu estilo de culto é baseado em I Coríntios 12:14. Em geral, há um pastor ou líder à frente. Os dons espirituais são considerados como a norma, e os cristãos têm liberdade para exercê-los sob as linhas determinadas por Paulo. A adoração é sempre intensa e cheia de vida.

Nas igrejas mais antigas, os cultos não diferem muito daqueles de muitas igrejas protestantes. A crença na possibilidade de possessão demoníaca é geral, assim como a prática do exorcismo. Os pentecostais dão ênfase à volta iminente de Cristo no arrebatamento da Igreja, seguida da Grande Tribulação e da segunda vinda de Cristo em glória para estabelecer seu reino milenar na terra.

Outros importantes líderes pentecostais

João G. Lake

Além dos nomes já mencionados dos pioneiros pentecostais, muitas outras pessoas foram levantadas por Deus. João G. Lake é um desses poderosos em obras e testemunho. Seu ministério reportou a cura de mais de 100 mil pessoas, muitas delas com confirmação médica, através da fé no nome de Jesus Cristo. Sua vida é um claro e poderoso exemplo de fé em ação. Lake cria que cada crente pode viver essa mesma vida de fé e experimentar a plenitude do Espírito Santo.

Ele nasceu em 1870 em Ontário, no Canadá, de uma família de dezessete irmãos, oito dos quais morreram ainda na infância. Lake afirmava que tinha sido uma criança muito doente, e que, aos 16 anos, entregou sua vida a Jesus em uma igreja metodista. A partir dali, começou a buscar a Deus por uma cura física de seu corpo.

Na idade adulta, casou-se com Jennie Stevens, em 1893. Dois anos depois, ela foi diagnosticada com problemas no coração, agravados por uma séria tuberculose, doença considerada incurável à época. Seu estado piorou até o ponto de os médicos desistirem de qualquer possibilidade de cura. Em desespero, Lake tomou sua Bíblia e a lançou contra a lareira. Ao cair ao chão, seus olhos foram atraídos para o versículo 38 do capítulo 10 de Atos, que diz: "Deus ungiu a Jesus com o Espírito e com poder curando todos os oprimidos do diabo; porque Deus era com Ele."

Nesse momento, ele creu que sua esposa poderia ser curada e que aquela condição era causada pelo Diabo. Pediu desesperadamente pela oração de João Alexandre Dowe, e sua esposa foi curada instantaneamente. O testemunho tornou-se conhecido nacionalmente, com muitos jornalistas buscando evidências daquele milagre de Deus.

Em 1907, Lake ainda trabalhava secularmente, mas quando seus clientes o procuravam, ele falava de Cristo e perguntava sobre suas necessidades pessoais. Invariavelmente, as visitas dos clientes terminavam com uma oração de fé por alguma intervenção divina. Diante dessa experiência pessoal tão marcante, associado com Dowe, Lake começou seu frutífero ministério com poder e grande autoridade.

Outro evento na mesma época foi sua experiência com o batismo no Espírito Santo, o que o colocou na galeria daqueles primeiros pentecostais do movimento clássico inicial. Após um breve período ministrando em tendas para um crescente número de pessoas, Deus o direcionou a viajar para Joanesburgo, na África do Sul, e ali pregar o Evangelho. Lake obedeceu a Deus e foi com a família, permanecendo por cinco exaustivos anos.

Além de milhares de pessoas salvas e curadas, o resultado daquele árduo tempo na África do Sul foi a plantação de 625 igrejas no país. Na sequência, de volta aos Estados Unidos, João G. Lake desenvolveu um poderoso ministério em Spokane, Estado de Washington, e, em seguida, em Portland, no Oregon. Em 16 de setembro de 1935, depois de décadas de poderoso testemunho do poder de Deus e do Evangelho, Lake partiu para encontrar-se com Deus. Ele tinha 65 anos.

Smith Wigglesworth

Considerado um pai espiritual para muitos do movimento pentecostal, Wigglesworth foi um homem santo com poderoso e profundo ministério na área da fé e cura divina. Ele influenciou a sua geração, assim como muitos que vieram depois dele no movimento pentecostal, e mesmo além dele. Sua integridade pessoal e suas incríveis experiências com o poder de Deus o tornaram modelo de ministério até os dias atuais.

Smith Wigglesworth nasceu em Menston, Yorkshire, na Inglaterra, em 8 de junho de 1859, e viveu sua infância numa família de poucas posses. Aos 6 anos, já tinha de auxiliar o pai na lavoura. Ainda pequeno, foi levado a aprender as primeiras letras com sua mãe por intermédio de uma velha Bíblia. Sua avó era uma crente piedosa que o levava sempre consigo à igreja. Aos 13 anos, sua família mudou-se para a cidade de Bradford, onde ele começou a participar ativamente da Igreja Metodista Wesleyana.

Quando Smith Wigglesworth completou 17 anos, aprendeu a profissão de encanador. Em 1882, casou-se com Mary Jane Featherstone, metodista como ele e proveniente de uma rica família. Ela decidira viver uma vida mais intensa espiritualmente, por isso uniu-se ao Exército de Salvação, que, na época, era um referencial de avivamento espiritual. Foi Mary Jane quem realmente alfabetizou e ensinou Wigglesworth a ler a Bíblia, que se tornou a única fonte de leitura do avivalista.

Em 1907, um acontecimento especial mudou a história daquele homem. Ele foi batizado no Espírito Santo e, a partir daquele momento, testemunhava que sua vida fora transformada. A partir de então, desejava pregar a mesma fé que recebera. Ele entendeu que enfermidades eram consequência das obras do Diabo, e poderiam ser curadas pelo poder de Deus.

Smith Wigglesworth deixou uma extensa obra sobre suas experiências de fé no poder de Deus. No livro *A união do Espírito*, o autor reúne suas mensagens de fé. Na obra *Atreva-se a crer*, ensina o leitor a crer em Deus de forma que, por sua fé, possa impactar e transformar outras pessoas. Seus princípios são, ao mesmo tempo, vivos, práticos e simples. Ele ensinava que é necessário ler a Bíblia até receber revelação, tendo a mente renovada, e estar atento à voz de Deus para obedecê-lo. Smith Wigglesworth faleceu em Wakefield, Inglaterra, no dia 12 de março de 1947, depois de se tornar um marcante referencial de vida e de fé simples no poder de Deus que impactou sua geração.

As razões do rápido crescimento do pentecostalismo

Entre as razões para o desenvolvimento acelerado do movimento pentecostal podem ser citados:

- O entusiasmo na experiência do batismo com o Espírito Santo, que torna os crentes apaixonados e vibrantes.
- A atração de seu estilo de adoração, no qual todos têm a liberdade de participação.
- A ausência de uma casta clerical ou forte hierarquia sacerdotal.
- O espírito evangelístico e a insistência de que todos devem compartilhar sua fé com outras pessoas.
- Muitos pentecostais têm enfatizado a cura divina.
- Em maior parte, as igrejas pentecostais no Terceiro Mundo são livres das formas e estruturas estadunidenses e europeias.

O desenvolvimento significativo no pentecostalismo se consolidou na aceitação dos pentecostais pelo Conselho Mundial de Igrejas. O dr. Duplessis tem sido o principal embaixador pelo pentecostalismo nesses círculos. Houve uma mudança de atitude de uma postura anti-intelectual para um real interesse no treinamento teológico. Muitos pentecostais passaram a estudar em seminários teológicos tradicionais.

Também os católicos pentecostais, através da Renovação Carismática, têm elevado o nível intelectual por meio de seus eruditos, como o cardeal

Suenens, na Bélgica, e numerosos bispos. Vale ainda registrar a mudança quanto ao interesse na área social e na política com o despertamento de uma preocupação crescente nessas áreas, especialmente na África e na América Latina.

[...] o pentecostalismo serve de desafio às formas puramente intelectuais do Cristianismo, nas quais parece faltar a experiência vívida da presença de Deus. Num tempo em que muitas igrejas estão declinando em números, o pentecostalismo é testemunha do poder do Evangelho para transformar muitas vidas hoje. (EERDMANS, 1982, p. 445)

Para concluir, basta dizer que, desde 1900, o movimento pentecostal tem avançado rapidamente em muitas partes do mundo e que os sinais indicam que o crescimento vai continuar no século 21.

Os pentecostais no Brasil

Os pentecostais entraram no Brasil na virada do século 19. A primeira denominação pentecostal a se arraigar no país foi a Congregação Cristã, seguida das Assembleias de Deus. Na sequência, vieram a Igreja de Deus e a Igreja do Evangelho Quadrangular.

Congregação Cristã no Brasil

Luís Francicon fundou a primeira Congregação Cristã no Brasil. Ele nasceu na Itália e migrou para os Estados Unidos

---

A ESPIRITUALIDADE EVANGÉLICA

Os padrões divinos ultrapassam em muito nossa pobre compreensão humana. Deus não pensa nem comporta segundo o nosso entendimento. Ele age de modo imprevisível e surpreendente. Seu modo de operar é maravilhoso: "Ninguém tem amor maior do que este, de dar alguém a sua vida pelos seus amigos. Vós sereis meus amigos, se fizerdes o que eu vos mando" (Jo 15:13-14). Esta é a primeira vez que Jesus Cristo se dirige aos discípulos, chamando-os de amigos. Ser amigo de Jesus é ser amigo de Deus. Como entender a possibilidade de tal relação de amizade quando, por nossa própria natureza pecaminosa, somos seres inconstantes, vulneráveis e não confiáveis? Como merecer tamanha dádiva? A única possibilidade de essa amizade acontecer é a partir do ato misericordioso de Jesus Cristo, que nos escolhe graciosamente. Essa escolha é feita de forma deliberada pelo próprio Jesus, que nos diz: "Não me escolhestes vós a mim, mas eu vos escolhi a vós outros" (Jo 15:16).

em 1890. Estabeleceu-se em Chicago, onde se filiou à Igreja Presbiteriana italiana. Foi batizado por imersão em 1903, influenciado pelo pastor batista W.H. Durham, um daqueles que foi batizado com Espírito Santo e falou em línguas no avivamento pentecostal na Rua Azusa em Los Angeles, Califórnia, em 1906.

Franciscon buscou essa bênção, e afirma ter recebido o dom de línguas no dia 25 de agosto de 1907. Ele proclamou sua fé entre italianos de várias cidades nos Estados Unidos, e em 4 de setembro de 1909, partiu para Buenos Aires em companhia de Giacomo Lombardi e Lúcia Menna. Em 8 de março de 1910, Franciscon, acompanhado por Lombardi, partiu para São Paulo, no Brasil. Dois dias após sua chegada, eles se encontraram com um italiano ateu chamado Vicenzo Pievani, morador de Santo Antônio da Platina, no Paraná. Pregaram o Evangelho para ele e, depois de dois dias, Pievani voltou para sua casa.

No dia 18 de abril, Lombardi regressou para Buenos Aires e Franciscon partiu para Santo Antônio da Platina, hospedando-se na casa de Pievani. Poucos dias depois, onze pessoas foram batizadas por imersão (incluindo o casal Pievani) e "confirmadas com sinais do Altíssimo", segundo Franciscon. Assim foram iniciadas as atividades da Congregação Cristã no Brasil. Houve pesada perseguição, mas não conseguiu destruir a obra. Guiado por Deus, Franciscon permaneceu na cidade, pronto para entregar sua vida a fim de salvar os recém-convertidos.

Em 20 de junho, Franciscon partiu para São Paulo, e imediatamente "uma porta se abriu e vinte pessoas aceitaram a fé", entre presbiterianos, batistas, metodistas e católicos. Alguns foram curados e outros falaram em línguas. Em fins de setembro de 1910, Franciscon foi para o canal do Panamá, deixando a conservação dos frutos e a continuação da obra nas mãos do Senhor.

E a obra cresceu: segundo relatório do ano de 1940, "o número de casas de oração da nossa irmandade no Brasil era de 305; do ano de 1935 a 1940, obedeceram ao mandamento de Nosso Senhor Jesus Cristo 17.761 almas. A ele seja dada toda honra e glória".[54]

---
54   REILY, 1984, p. 382.

Em termos de doutrina, a Congregação Cristã no Brasil não pode ser qualificada como uma seita, mas, infelizmente, por causa do comportamento sectário praticado, muitos a consideram assim. No geral, praticam a mais rigorosa exclusividade, considerando todos os demais crentes como "ímpios" que precisam se converter.

Constituem um dos grupos mais rigorosos, e seu estilo impede qualquer atualização na prática e na liturgia. Entre seus hábitos estão a oração de joelhos, saudação com o ósculo santo, não entregar o dízimo e o uso do véu entre as mulheres para orar. Por conta disso, acabam por excluir todos os demais crentes de qualquer comunhão com suas igrejas.

Assembleia de Deus

Dois nomes são ligados à implantação das Assembleias de Deus no Brasil: Daniel Berg (1885-1963) e Gunnar Vingren (1879-1933). Os dois nasceram na Suécia e foram batizados por imersão em sua pátria nativa. Berg migrou para os Estados Unidos em 1902, e Vingren, em 1903. Depois, Berg visitou seus familiares na Suécia, e lá ouviu algo sobre o batismo com o Espírito Santo através de um pastor que foi seu amigo na infância.

Daniel Berg e Gunnar Vingren, pioneiros da Assembleia de Deus no Brasil.

Logo se tornou membro da igreja batista de Charles Parham em Topeka, Kansas, onde a doutrina do batismo com o Espírito Santo estava sendo ensinada. Nesse tempo, surgiu nele o ardente desejo de recebê-lo. Depois de assumir seu primeiro pastorado, assistiu a uma conferência pentecostal em Chicago, cidade onde o avivamento estava conquistando terreno. Ali, em 1909, recebeu o batismo com o Espírito Santo e falou em línguas, segundo seu próprio testemunho.

Berg e Vingren se encontraram e tornaram amigos. Descobriram que tinham a mesma visão, e que Deus os estava chamando para a obra missionária no estrangeiro. Não sabiam, entretanto, para onde ir. Voltando para sua igreja batista, Vingren foi demitido por ter recebido o batismo no Espírito Santo. A seguir, assumiu um pastorado em South Bend, em Indiana, próximo a Chicago.

Passado algum tempo, Daniel Berg visitou Gunnar Vingren em South Bend. Lá, numa reunião de oração, uma mensagem profética falou ao coração de Berg e Vingren para que partissem a "pregar o Evangelho e as bênçãos do avivamento pentecostal". O lugar indicado por Deus foi uma terra chamada Pará. Assim, depois da reunião, consultaram um mapa e descobriram que o Pará é um Estado do Norte do Brasil. A chamada divina foi confirmada em períodos de oração nos dias que se seguiram.

Gunnar Vingren e Daniel Berg logo se despediram da igreja em Chicago, que levantou uma oferta para auxiliá-los na viagem. Ao ser contada, a quantia era exata para a passagem até Nova York. Os dois partiram não sabendo como adquirir o dinheiro para chegar ao Pará, no Brasil. O custo da viagem seria de 90 dólares, em valores da época. Chegaram à grande cidade sem conhecer ninguém e sem nenhum dinheiro.

Caminhavam por uma das ruas de Nova York quando encontraram um negociante que conhecia apenas Vingren. Na noite anterior, enquanto estava em oração, o tal negociante sentiu a convicção de que deveria enviar certa importância a ele. Pela manhã, colocou a quantia em um envelope para mandá-lo pelo correio, mas, logo a seguir, encontrou-se com os dois enviados do Senhor. Contou-lhes o que Deus lhe fizera sentir e entregou o envelope. Quando Vingren o abriu, quase não podia acreditar: havia 90 dólares, exatamente o custo da viagem até o Pará. (CONDE, 1960, p. 15-16)

No dia 5 de novembro de 1910, a bordo do navio Clement, partiram de Nova York para o Brasil. Em 19 de novembro de 1910, desembarcaram na cidade de Belém do Pará, para onde o Senhor os enviara. Por conselho de alguns passageiros com quem viajaram, hospedaram-se num modesto hotel. Nele, em uma das mesas, Vingren achou um jornal que tinha o endereço do pastor Justus Nelson. Procuraram esse pastor, e ele, por sua vez, acompanhou os dois à Primeira Igreja Batista da cidade e os apresentou ao responsável pelos trabalhos da igreja, Raimundo Nobre.

Passaram a morar por alguns dias nas dependências da igreja, até que o primo de Raimundo Nobre, Adriano Nobre, que falava inglês e morava nas ilhas, os convidou a acompanhá-lo. Iniciaram, então, um período de estudo focado para aprender a língua. Quando voltaram a Belém, já podiam falar o português. Ali trabalharam e ministraram na Igreja Batista. Berg trabalhava como fundidor. Em seus testemunhos e pregações, falavam da salvação e do batismo com o Espírito Santo. Alguns membros da igreja creram nessas palavras, e no início da madrugada de 2 de junho de 1911, Celina Albuquerque foi batizada com o Espírito Santo e falou em línguas. Era a primeira brasileira a receber tal bênção. Surgiu uma forte dissensão na igreja, e o resultado foi que aqueles que aceitaram a doutrina do batismo no Espírito Santo foram expulsos.

Dias após o acontecimento, em 18 de junho de 1911, a primeira igreja das Assembleias de Deus foi formada, contando com dezessete membros. O local estava situado na Rua Siqueira Mendes, 67, em Belém, onde Celina Albuquerque fora batizada com o Espírito. O grupo foi aquele que saiu da Igreja Batista, juntamente com os dois missionários, Gunnar Vingren e Daniel Berg. Assim, o pentecostalismo foi inaugurado no Brasil.

Igreja de Deus no Brasil

A Igreja de Deus é uma das denominações pentecostais clássicas, presente em 185 países, sendo a mais antiga denominação pentecostal. Seu início está registrado como sendo em 19 de agosto 1886 no Tennessee,

Estados Unidos, quando começaram a se reunir como igreja independente. Em 1896, os evangelistas William Martin, Joe M. Trpton e Milton McNabb trouxeram ao grupo a mensagem da inteira santificação. O fato único nas reuniões era que algumas pessoas começaram a falar em línguas quando experimentaram a "experiência de santificação".

Em função da grande controvérsia causada, o grupo passou a se reunir na casa de William F. Bryant, que assumiu a liderança dos irmãos, congregando sob o nome Camp Creek Holiness Church. Ambrose Jessup Tomlinson foi o responsável por dar ao movimento um caráter nacional nos Estados Unidos, e o nome Igreja de Deus foi adotado oficialmente em 1907.

A denominação foi organizada no Brasil em 1955. A igreja plantada pela missionária americana Caroline Mathilda Paulsen foi adotada oficialmente pela organização nos Estados Unidos, passando a se chamar Igreja de Deus no Brasil. Em função de sua estrutura centralizada, entretanto, jamais experimentou o tipo de crescimento que as Assembleias de Deus demonstraram no País. Mundialmente, a Igreja de Deus contava 7 milhões de membros em 2020.

Igreja do Evangelho Quadrangular

A Igreja Quadrangular foi fundada em 1923 em Los Angeles, nos Estados Unidos, por Aimee Semple McPherson (1890-1944) e estima-se que tinha 8 milhões de membros e 60 mil igrejas em 144 países em 2020. Aimée nasceu em Salford, no Canadá, estando envolvida desde cedo com a obra de Deus através de sua mãe, que servia no Exército de Salvação. O pai era metodista.

Aimee se casou com Robert Semple, de quem tornou-se viúva após ambos contraírem malária numa viagem evangelística para a China. Em 1912, ela se casou com Harold Stewart McPherson e começou a conduzir campanhas evangelísticas de cura depois de ela mesmo ter sido curada miraculosamente. Em Los Angeles, no Philharmonic Auditorium, milhares de pessoas passaram a assistir suas cruzadas, que ganharam projeção nacional nos Estados Unidos. Em 1923, foi inaugurado o Angelus Temple para 5,3 mil pessoas, com vários cultos.

Os quatro aspectos da mensagem de Cristo — salvação, batismo no Espírito Santo, cura e retorno de Jesus como Rei — definem a sua mensagem "quadrangular". Após a morte de Aimee Semple McPherson, seu filho, Rodolfo, passou a liderar a denominação, que cresceu de quatrocentas congregações para mais de 10 mil, formando, em 1948, a Fraternidade Pentecostal da América do Norte.

Em 15 de novembro de 1951, foi fundada no Brasil, em São João da Boa Vista, São Paulo, pelo missionário americano Haroldo Edwin Williams, auxiliado pelo pastor Jesus Hermírio Vasquez Ramos, do Peru. Em 1952, foram a São Paulo para dirigir campanhas evangelísticas que passaram a ser conduzidas em tendas. À medida que "viajavam", essas tendas acabavam por plantar novos núcleos da Igreja em cidades como Americana, Limeira, Vitória e Curitiba.

Com muito dinamismo, a Igreja do Evangelho Quadrangular se espalhou pelo Brasil após a década de 1960, sob a liderança do pastor Jorge Russel Faulkner. No fim da década de 1990, a Igreja possuía 5.530 locais de reunião, com 1,6 milhão de membros no país.

A fundadora da Igreja Quadrangular, Aimee Semple McPherson, em foto de 1927.

CAPÍTULO 15
TENDÊNCIAS PERIGOSAS NAS TEOLOGIAS DOS SÉCULOS 19 E 20

"Todo cristão verdadeiro é comunista." **Frei Betto**

No decorrer dos séculos 19 e 20, várias filosofias e teologias têm ameaçado o Cristianismo, tais como o romantismo, o liberalismo, a neo-ortodoxia e, nas últimas décadas do século 20, a teologia da libertação. O cristianismo ortodoxo predominou até 1800, e antes de descrever as teologias mencionadas acima, um breve sumário do significado do que seja ortodoxia se faz oportuno.

O que é ortodoxia? Vale destacar as verdades básicas do cristianismo ortodoxo mencionadas por Paulo em I Coríntios 15:1-4:

> Irmãos, venho lembrar-vos do evangelho que vos anunciei, o qual recebestes e no qual ainda perseverais; por ele também sois salvos, se retiverdes a palavra tal como vo-la preguei, a menos que tenhais crido em vão. Antes de tudo vos entreguei o que também recebi; que Cristo morreu pelos nossos pecados, segundo as Escrituras e que foi sepultado, e ressuscitou ao terceiro dia segundo as Escrituras.

A expressão "segundo as Escrituras" é mencionada duas vezes neste trecho. A Bíblia é a Palavra de Deus, e descreve como o homem pecador pode ser reconciliado com Deus. Isso confere ao Cristianismo supremacia sobre todas as outras religiões. A expiação de Cristo, segundo a qual "ele morreu por nossos pecados", cumpriu uma satisfação vicária. "Todos nós andávamos desgarrados como ovelhas; cada um se desviara pelo caminho, mas o Senhor fez cair sobre eles a iniquidade de nós todos" (Is 53:6).

A ressurreição de Cristo é outro postulado fundamental. "... e ele ressuscitou ao terceiro dia." Cristo ressuscitou corporalmente e "se apresentou vivo, com muitas provas incontestáveis, aparecendo-lhes durante quarenta dias e falando das coisas concernentes ao reino de Deus" (At 1:3). "A ressurreição é a doutrina apologética mais poderosa do Cristianismo e a mensagem missionária do livro de Atos. Não pode ser dissociada do Cristianismo primitivo." (MURCH, 1963, p. 26)

A certeza da salvação sela a mensagem mais pura e ortodoxa da Igreja: "Pelo qual também sois salvos se o retiverdes tal como vo-lo tenho anunciado." A salvação depende de um evento na História ocorrido há 2 mil anos — a morte e a ressurreição de Cristo. Quando a pessoa se arrepende (mudança de mente) e converte (volta-se para Cristo), confessa seus pecados (admite seu estado) e se entrega incondicionalmente (crê no Senhor Jesus), Deus concede a ela o testemunho do Espírito Santo de que foi salva. Como Paulo afirma em Romanos 8:16, "o Espírito testifica com o nosso espírito que somos filhos de Deus". São principalmente essas doutrinas básicas do Cristianismo ortodoxo que as teologias que se seguem têm afrontado de todas as formas.

> **A ESPIRITUALIDADE EVANGÉLICA**
> Que privilégio sermos escolhidos por Jesus, escolhidos para sermos amigos, escolhidos para usufruir de sua presença, escolhidos também para uma missão, a missão de frutificar o amor. "E vos nomeei para que vades e deis fruto, e o vosso fruto permaneça" (Jo 15:16). Então, na sequência, ele nos entrega seu mandamento de amor ao próximo."Isto vos mando: que vos ameis uns aos outros" (Jo 15:17).

O liberalismo teológico

Surgiu no século 19, nas universidades da Europa, e atingiu seu auge por volta da eclosão da Primeira Guerra Mundial, em 1914. Foi transmitida à América do Norte pelos estudantes estadunidenses das universidades alemãs e escocesas. Hoje, a teologia liberal pode ser encontrada na maioria das principais denominações.

Tem origem e raiz no naturalismo científico. Nega todos os elementos sobrenaturais do Cristianismo, como o nascimento de Jesus de uma virgem, a ressurreição de Cristo, os milagres e assim por diante. Seguiu um período de filosofia racionalista, como a de Davi Hume, Immanuel Kant, Jorge W.F. Hegel e Schleiermacher. A filosofia de Kant é considerada primordial.

O termo "liberal" originou-se de uma palavra latina, *liber*, que significa "livre". Sugere liberdade de pensamento, de palavra e de ação. Insiste em ser livre de todo constrangimento intelectual e assume o direito de duvidar de todas as autoridades alegáveis e examinar suas credenciais.

Há variação entre os liberais, mas seus princípios gerais são os mesmos. Todos aplicam o naturalismo evolucionário ao Cristianismo. Segundo eles, o ser humano é inerentemente bom e perfeito. Pecado é simplesmente uma terminologia. Para o liberal, a Bíblia é o registro histórico do desenvolvimento da consciência religiosa de um povo, ou seja, não é a Palavra de Deus nem é divinamente inspirada.

O liberal não aceita a revelação bíblica sobre Jesus de que ele é o Filho de Deus, o Salvador e objeto de nossa adoração. Para o liberalismo teológico, Jesus é só um exemplo, um profeta, um mestre, um pioneiro moral. A morte expiatória de Cristo é considerada como mera forma de pensamento daquela geração na qual a verdade do amor de Deus se manifestou. A forma de expressar a verdade, então, mudaria com o tempo.

Portanto, de acordo com a concepção liberal, a interpretação da cruz de Cristo expressada no Novo Testamento não é final. Os milagres, segundo o liberalismo, são mitos, e não acontecimentos verdadeiros. O sobrenatural não existe. O Evangelho é só um senso de fraternidade, compreensão mútua e melhoramento moral progressivo, e não o meio de reconciliação com Deus nem a redenção da alma do pecado.

A Igreja, afirma o liberal, é uma organização para o aprimoramento humano. Não é o Corpo de Cristo, do qual ele é o Cabeça. O liberal acredita que, por meio de educação e ação, apoiadas pela Igreja, uma nova ordem social ideal será criada. Tais ideias eram proclamadas pelos professores de escolas bíblicas e seminários teológicos, imprensas religiosas e seculares, denominações e pregadores. A igreja-mãe do liberalismo agressivo nos Estados Unidos foi os Discípulos de Cristo, de base unitária.

Harry Emerson Fosdick, pastor da Igreja Riverside, em Nova York, tornou-se um líder popular das ideias liberais. Numa carta dirigida a uma professora de escola dominical, ele afirma: "É certo que não creio no nascimento de Cristo de uma virgem nem na doutrina antiquada da expiação; e não conheço nenhum ministro inteligente que acredite nelas."[55]

A revista The Christian Century (O Século Cristão), cujo redator era Charles Clayton Morrison, tornou-se órgão oficial para a propaganda do liberalismo. A Igreja Metodista Episcopal serve de exemplo da estratégia usada pelas denominações. Eis aqui o programa:

1. Colocar um racionalista em todas as cadeiras da Bíblia nos colégios e igrejas.
2. Liberalizar a imprensa dessa denominação.
3. Liberalizar os rituais e as celebrações da igreja.
4. Liberalizar o curso aprovado para o treinamento de seus pastores e líderes.[56]

O movimento foi considerado um sucesso extraordinário. Os liberais conseguiram tomar controle da denominação em uma geração. Em contrapartida, praticamente a mataram. Grandes igrejas que tradicionalmente possuíam milhares de membros, na segunda década do terceiro milênio têm seus templos vazios sendo alugados para coreanos, latinos, brasileiros, nigerianos e haitianos. O liberalismo foi uma desgraça completa para qualquer igreja aonde chegou.

Neo-ortodoxia pós-Primeira Guerra Mundial

Em grande parte, a teologia chamada "neo-ortodoxa" foi resultado de um estado mental produzido pela Primeira Guerra Mundial e seus terríveis efeitos posteriores. As pessoas se impressionaram com a imensa tragédia da vida. O pecado e maldade se tornaram realidade. Perdeu-se a

.....
55   MURCH, 1963, p. 42.
56   Ibidem, p. 33.

confiança no otimismo do século 19, na vitória da competência, da razão e do esforço humano. A "beleza humana" do liberalismo foi cruamente negada e exposta pelo banho de sangue ocorrido durante a guerra, que expôs, do modo mais chocante, a queda, a degradação e a corrupção do gênero humano. Em outras palavras, a Primeira Guerra Mundial expôs o equívoco da teologia liberal.

Karl Barth (1886-1968) é o pioneiro e o mais influente teólogo neo--ortodoxo. Nasceu em Basileia, na Suíça, e foi instruído na teologia liberal da Alemanha. Durante algum tempo, escreveu para uma revista alemã. Em 1911, tornou-se pastor de uma pequena igreja reformada no Noroeste da Suíça, onde serviu por 12 anos. Ali, perto da Alemanha, observou os horrores da Primeira Guerra Mundial. Reconheceu que sua teologia liberal era inadequada para as necessidades de seus paroquianos. Sua primeira obra que chamou a atenção do mundo foi seu *Comentário sobre a epístola aos Romanos*, publicado em 1918 e 1922.

Segundo a teologia neo-ortodoxa de Barth, a Palavra de Deus chega às pessoas por meio da Bíblia, mas não é limitada à Bíblia. Ele declarou que é preciso dar ouvidos àquilo que Deus tem para dizer aos homens, em vez de dar ouvidos àquilo que os homens dizem a respeito da Bíblia. Em sua opinião, a Bíblia não era um livro divino, mas humano, sujeito à crítica como qualquer outro. Em si, não seria uma revelação objetiva, histórica e inspirada por Deus. Torna-se inspirada para a pessoa no momento em que o Espírito Santo usa uma passagem para levá-la a um encontro com Deus.

Barth deu ênfase à soberania de Deus — ele é "totalmente outro", um ser santo e sempre transcendente. Deu ênfase ao estado finito do homem e sua pecaminosidade. Para ele, o homem e suas obras estão sob a condenação de Deus, e a Palavra que Deus fala aos homens chegou a nós por sua direta e soberana ação através de Jesus Cristo, sua cruz e sua ressurreição.

De 1921 a 1935, Barth lecionou em diversas instituições teológicas alemãs. De 1935 a 1962, ministrou na Universidade da Basileia. Em 1932, começou sua obra sobre Teologia Dogmática, a qual ocupou sua mente até sua morte, em 1968.

Billy Graham e Karl Barth

Antes de uma cruzada evangelística realizada na Suíça, Barth e Graham passaram um dia juntos. Barth afirmou ao evangelista estadunidense que, de acordo com seu pensamento, não há esperança para o mundo, a não ser a volta de Cristo. Barth expressou sua total falta de entusiasmo pelos apelos finais de Graham, quando convidaria os pecadores a aceitar Cristo. Insistiu que Graham deveria terminar suas reuniões simplesmente com um "amém divino".

Barth acreditava que todos os homens já são eleitos (salvos em Cristo), e só precisam ouvir essas Boa Nova. Enfatizou também a sua crença de que a fé é uma resposta à chamada de Deus, e não uma escolha entre duas decisões horizontais. Dizia que o inimigo principal do Evangelho não era o comunismo, mas uma vida cristã fraca e uma pregação vazia.

A influência da teologia de Barth sobre a vida da Igreja na Suíça não foi boa. Provocou o estudo da Palavra em busca da mensagem segundo o viés de sua teologia pouco bíblica. Antes de Barth, estudos bíblicos eram considerados como atividades dos pietistas de espírito atrasado. Depois dele, em uma congregação, ainda que fosse liberal, era considerado anormal faltar a uma reunião bíblica. Sua crença de que as pessoas já são eleitas para a salvação serviu de enorme obstáculo à evangelização.

Emil Brunner (1889-1966) foi outro importante teólogo neo-ortodoxo do século 20. Originário de Zurique, era itinerante, associado a Barth. Diferia dele ao aceitar alguma revelação natural de Deus e em sua crença menos histórica do nascimento virginal de Cristo.

Rudolf Bultmann (1884-1976) provavelmente tem influenciado mais negativamente a teologia do século 20 do que qualquer outro teólogo. Bultmann herdou do liberalismo a crença da prioridade da experiência e da ética sobre a doutrina. Isso grandemente influenciou sua interpretação do Novo Testamento em termos da fé e experiência, ao invés de fatos históricos.

Para ele, não havia o Jesus da História, mas o Cristo da fé e da experiência atual. Em seu livro *A história da tradição sinóptica* (1921), em que tece críticas à Teologia tradicional, chegou a conclusões céticas sobre a veracidade dos Evangelhos como sendo apenas relatórios históricos. Na obra *Jesus e a Palavra*, escreveu: "Não podemos saber quase nada sobre a vida e a personalidade de Jesus."

Tornou-se famoso por seu sistema de *demitologização* do Novo Testamento, de 1941. Afirmou que o plano da salvação apresentado no Novo Testamento é apenas um "mito", e precisa ser reinterpretado para os dias atuais. Ele faz diferença entre a realidade histórica e a "verdade não histórica" recebida pela fé. A vida e a crucificação de Jesus são históricas e única exceção. A ressurreição não é histórica. Isso provocou um debate inútil que continua até hoje.

Para Bultmann, a vida e a morte de Jesus "não são importantes" para o cristão. Na sua opinião, a morte de Jesus não era um sacrifício ou expiação, mas o julgamento emancipado de Deus sobre todo o egoísmo humano. Em sua tentativa de reinterpretar o Evangelho, fazendo-o relevante para os dias atuais, Bultmann apenas reproduziu uma "outra mensagem" que não passa de uma filosofia existencialista não bíblica.

Se, nos séculos seguintes aos apóstolos, a Igreja teve de lidar com heresias que comprometiam os fundamentos da fé, na primeira metade do século 20 precisou tolerar teólogos que objetivamente talvez nem cressem mais em Deus ou no sobrenatural.

Paul Tillich (1886-1965) era alemão de nascimento. Foi capelão no exército alemão durante a Primeira Guerra Mundial. Serviu sucessivamente no corpo docente de cinco universidades da Alemanha. Depois do surgimento do nazismo, refugiou-se nos Estados Unidos, onde se tornou professor durante muitos anos no Union Theological Seminary de Nova York.

> **A ESPIRITUALIDADE EVANGÉLICA**
> Até aqui, tudo soa maravilhoso e muito cômodo ao descobrir-se filho escolhido por Jesus Cristo para estar com ele numa relação de amigos sem ter de pagar nenhum preço de esforço da carne. Não é uma relação de risco, pois ele nos amou muito mais. Assim, amar a Jesus Cristo não é tão difícil assim. Facilmente dizemos: "Jesus, eu te amo." Mas esse amor tem implicação séria, primeiro para com Jesus, mas também para com o próximo, que nem sempre é nosso amigo favorito. Amar por meio de Jesus Cristo rompe a barreira do egoísmo dominante no qual existimos e nos movemos. Amar em Jesus tira de nós o controle, pois amamos a partir dele mesmo, que nos leva até o outro, independentemente de quem seja.

Paul Tillich foi um dos expoentes da neo-ortodoxia teológica.

O alvo principal de Tillich era relacionar o cristianismo ao pensamento secular. É isso que ele tentou fazer em sua *Teologia Sistemática* de 1951, 1957 e 1963, a qual pretende oferecer "respostas teológicas às perguntas seculares". O seu Deus era o "ulterior fundamento do ser". Tillich não gostava de dizer que Deus existe porque achava que atribuir a existência seria colocá-lo ao lado de outros objetos comuns.

A única maneira de estabelecer encontros com o "ulterior", segundo Tillich, era através da experiência. "Seu método era começar com a 'experiência da santidade' e avançar para 'a ideia de Deus'. Deus torna-se quase um sentimento de santidade..."[57] A crença de Tillich quanto a encarnação, expiação e a ressurreição era antiortodoxa. Para ele, esses eventos estão sendo constantemente repetidos na vida daqueles que buscam a "sã autêntica experiência" — não são exclusividade de Jesus.

G.T.A. Robinson (1919), bispo de Woolwich, em seu livro *Honestto God* (*Honestidade de Deus*), de 1963, sustentou e popularizou as ideias de Tillich. Nenhum dos dois acreditava num Deus pessoal ou em uma

---
57   EERDMANS, 1983, p. 604.

revelação pessoal da parte do Criador. O Cristo de ambos não era o Jesus da História e da Bíblia.

É uma surpresa completa o grau de decomposição de certas denominações e como homens como esses ganharam a atenção da Igreja. Em nada contribuíram para o avanço da fé. Pelo contrário, por onde suas teorias ganharam adeptos, deixaram um rastro de morte e de decadência moral e espiritual. Infelizmente, suas doutrinas influenciaram muitas pessoas e trouxeram para o seio da Igreja filosofias seculares incompatíveis com o *kerigma* puro e apostólico do Novo Testamento. Por isso, a mensagem de Paulo a nós continua viva: "Ainda que nós mesmos [os apóstolos] ou um anjo vindo do céu vos anuncie evangelho que vá além do que vos temos anunciado, seja anátema" (Gl 1:8).

Teologia da libertação

A pior desgraça que poderia acontecer à Igreja seria alguém transformar o marxismo materialista de Marx e Engels em algum tipo de teologia. Pois foi precisamente isso que aconteceu através da destrutiva e inacreditável teologia da libertação. Por onde esse ensino ganhou raízes, só deixou um lastro de miséria espiritual, decadência e morte. Igrejas inteiras simplesmente morreram por causa dessa suposta "teologia". Seria mais adequado chamá-la de heresia de lunáticos espirituais.

O que é a teologia da libertação? É um conjunto de ideias pouco bíblicas supostamente em favor dos oprimidos. Na verdade, a teologia da libertação é uma filosofia política. Segundo ela, o "povo de Deus" em qualquer lugar são os pobres e oprimidos de alguma forma. Os "profetas enviados por Deus" são os revolucionários que combatem qualquer forma de governo opressor, e Satanás é visto na figura dos representantes do sistema capitalista burguês. De toda forma possível, deve-se lutar para abolir a ideia convencional e bíblica de família, propriedade privada e Estado.

Na verdade, é mais uma ética do que teologia porque a Teologia sempre faz parte de um intercâmbio entre as Escrituras e a filosofia da época. No entanto, na teologia da libertação, a Bíblia quase não tem espaço. A voz da comunidade toma o lugar dela. O Evangelho, portanto, deve ser contextualizado para se relacionar à cultura secular, divorciado da revelação.

Por exemplo, Gutierrez de Lima, no Peru, acha que a Bíblia só se torna relevante se ou quando fala sobre "questões derivadas do mundo e das tentativas de mudá-lo". Ele enxerga a narração bíblica do Êxodo como uma libertação política. A salvação, para ele, quer dizer "lutar contra a miséria e a exploração", e envolve "todos os homens e o homem total". O Cristianismo é concebido em termos de intermediação, e não da fé. "A teologia da libertação é mais preocupada com a obediência cristã em situações concretas do que com a crença correta" (Andrew Kirk). O marxismo dessa teologia vê a evolução em termos de libertação econômica, social e política — uma libertação de todas as formas de opressão.

A teologia da libertação se desenvolveu inicialmente entre os protestantes, e não entre os católicos, como alguns pensam. Nos anos 1950 e 1960, surgiram a Associação Cristã de Acadêmicos (ACA) e a Igreja e Sociedade na América Latina (ISAL). Foi nesse meio, antes do Concílio Vaticano II e da reunião dos bispos da CELAM, em Medelín (1968), que os conceitos da teologia da libertação surgiram e depois se infiltraram.

O professor Richard Shaull teve forte influência sobre os teólogos da América Latina. Teologicamente, passou por várias fases. Começou quase evangélico na Colômbia, e depois se tornou neo-ortodoxo. Nessa época, exerceu grande influência sobre José Miguez Bonino e outros. Em seguida, passou por uma fase muito mais radical, onde influenciou jovens teólogos em grande escala. Saiu fugido do Brasil durante o movimento militar de 1964.

Shaull escreveu um livro com "algumas linhas mestras" de sua teologia, as quais seriam apresentadas ao Conselho Mundial de Igrejas. O livro foi publicado em 1967, intitulado *As transformações profundas à luz de uma teologia evangélica*. Nele, Shaull insistia que, na realidade latino-americana, especificamente no Brasil, não havia outra posição para o cristão a não ser tomar parte ativa numa revolução armada para derrubar o governo. Isso significaria pegar em armas, estabelecer uma guerrilha e se lançar na luta armada para libertar o "povo de Deus oprimido" e quaisquer que fossem outros grupos dentro da revolução, ao lado dos marxistas. Chegou ao ponto de dizer que, mesmo que não se saiba como terminará essa revolução, é necessário que os evangélicos participem dela de corpo e alma porque não era possível se conformar com o *status quo*.

No livro *Teologia da libertação*, Richard Sturz fornece alguns elementos que teriam contribuído para o surgimento dessa "teologia":

> A realidade socioeconômica [... e] teológica norte-atlântica, especialmente a das décadas de 1960 e 1970. Essa teologia que passou por rápidas mudanças nessas décadas foi exportada para o Brasil e trouxe naturalmente consigo as influências que contribuíram bastante para o nascimento da teologia da libertação [...] O marxismo no Brasil, como em toda a América Latina, é endêmico. Em qualquer universidade, até em escolas do Ensino Médio, encontram-se as pressuposições e o pré-conhecimento marxista [...] a abertura para isso foi criada na Igreja Católica Romana pelo Concílio Vaticano II.

No Concílio Vaticano II (1962-1965) abriu-se a porta para a teologia da libertação. Logo em seguida, surge a reunião dos bispos da CELAM em Medelín, em 1968. Foram adotados certos conceitos pouco esperados dos bispos católicos latino-americanos. A dita "opção pelos pobres", junto com as implicações da situação política da região, criou certo mal-estar entre Igreja e Estado, colocando os dois lados em posições bem mais radicais. Quando se chega à reunião de Puebla, 11 anos depois, o papa colocou um freio.

Embora os teólogos da libertação não admitam, Puebla foi uma negação de Medelín, como comprovam os documentos da reunião. Desde então, o papa João Paulo II fez declarações e grande pressão contra o alastramento do marxismo no seio da Igreja Católica na América Latina.

Sob outra perspectiva, a teologia da libertação levou muitas pessoas a se converter nas igrejas evangélicas em busca de um retorno à real espiritualidade. Era um movimento de resistência às missas em que os padres pregavam revolta política a cada semana em suas homilias dominicais. Acredita-se que, durante as décadas de 1980, 1990 e 2000 no Brasil, cerca de 1,2 milhão de pessoas por ano deixaram a Igreja Católica para se converter em alguma igreja evangélica.

Dois seminários contribuíram fortemente para a disseminação da teologia da libertação nos círculos protestantes: o Metodista de Buenos Aires e o Seminário Bíblico da América Latina de San José, Costa Rica.

São esses alguns pontos básicos fundamentais na discussão entre o evangelicalismo e a teologia da libertação. Em uma entrevista, Luiz Palau, o conhecido evangelista argentino, destacou três questões fundamentais à luz da teologia da libertação.

- Quanto ao pecado, ela diz que está nas instituições e estruturas, e não no homem. O Evangelho, porém, afirma que o pecado procede do coração do homem caído por natureza.
- Sobre a redenção, segundo os teólogos da libertação, pode ser encontrada na revolução e na mudança das estruturas políticas. Assim, o pecado que oprime será eliminado e haverá uma sociedade livre e feliz. Já o Evangelho afirma que a redenção vem pela obra consumada de Cristo na cruz.
- A ideia básica da teologia da libertação no que concerne à regeneração é que o novo homem surgirá automaticamente quando o pecado for removido das instituições e estruturas. O Evangelho, por sua vez, declara que a regeneração é por meio da fé em Jesus Cristo, e a transformação individual e interior eventualmente resultará em mudança de instituições, da sociedade e das estruturas políticas.

Alguns teólogos de destaque na teologia da libertação:

- Richard Shaull na América do Norte.
- Gustavo Gutierrez no Peru.
- Rubem Alves, Carlos Mesters e Leonardo Boff no Brasil.
- Juan Luiz Segundo no Uruguai.
- Jose Miguez Bonino na Argentina.
- José Porfirio Miranda e Jon Sobrino no México.

A teologia da libertação foi muito divulgada em muitos círculos, mas é hoje uma ideia ultrapassada que não vai muito longe nos meios intelectuais. A queda do muro de Berlim, a derrocada em massa do comunismo nos países do Leste Europeu e o fim da antiga União Soviética expôs os abusos dos regimes comunistas. Os líderes de algumas denominações protestantes que deram forte apoio no início se dividiram em suas atitudes para com ela. Na Costa Rica, considerado um dos países mais afetados, calcula-se que não mais de trinta das 2 mil igrejas evangélicas tenham sido influenciadas pela teologia da libertação.

Quanto à Igreja Católica Romana, apesar de vários líderes e escritores serem a favor da teologia da libertação, o Vaticano a combateu ativamente durante o pontificado de João Paulo II, que vinha da Polônia, um país que sofreu as agruras do regime comunista. O papa conhecia os horrores desse regime brutal e se opôs veementemente. Como exemplo, no ano de 1986, Leonardo Boff, escritor e frei da ordem franciscana, foi chamado a Roma para ser interrogado. Foi liberado para continuar seus escritos, mas sob o controle do Vaticano.

Infelizmente para os católicos, as sequelas continuam, com bispos militantes da esquerda que substituíram a revolução objetiva pelo marxismo cultural em suposta defesa das minorias de todos os tipos. Essa militância política continua no seio da Igreja e se assenhora dessas mesmas minorias para justificar sua existência e seu propósito.

Nos anos finais do século 20, a teologia da libertação no meio evangélico-protestante também perdeu a disputa para um vivo e marcante avivamento de espiritualidade e dos carismas. Denominações

---

A ESPIRITUALIDADE EVANGÉLICA

Jesus Cristo ora ao Pai por nós, seus amigos, na chamada oração sacerdotal. Nela descobrimos quão importantes somos para Jesus, que nos fez amigos e se tornou um conosco para sempre. Ele pede ao Pai que a nossa unidade seja estabelecida no modelo divino da relação do Pai e do Filho para que sejamos um com o outro também. "Pai santo, guarda-os em teu nome, o nome que me deste, para que sejam um, assim como nós [...] Para que todos sejam um, como tu, ó Pai, o és em mim, e eu em ti. Que eles sejam um em nós para que o mundo creia" (Jo 17:11,21-22).

como a Igreja Metodista, que fora muito influenciada, passou a experimentar grande renovação por uma autêntica mensagem carismática. O mesmo se pode dizer acerca dos diversos ramos do protestantismo histórico no Brasil e na América Latina, além dos pentecostais e neopentecostais. A teologia da libertação é, portanto, passado histórico.

As tendências perigosas nas teologias e filosofias continuarão a surgir e cair. Todavia, a Igreja de Cristo e a Palavra de Deus permanecerão para sempre.

CAPÍTULO 16
O CATOLICISMO ROMANO DO SÉCULO 20

"Não há evangelização verdadeira enquanto não se anunciar o nome, a vida, as promessas, o reino, o ministério de Jesus de Nazaré, filho de Deus." **Papa João Paulo II**

Os papas católicos dos séculos 20 e 21

Leão XIII (1878-1903)
Joaquim Pecci, de Carpineto, na Itália, foi um papa estadista. Suas maiores lutas foram as relações do catolicismo com o reino da Itália, a Terceira República Francesa e o Império Alemão sob Bismark. Sob seu pontificado, os conflitos entre o papado e o governo imperial alemão cessaram. A longa luta na França fracassou, e a perseguição contra os católicos franceses continuou. Na Itália, a tensão entre a Igreja e o Estado continuava porque Leão desejava a restauração dos Estados da Igreja, aqueles territórios perdidos anteriormente.

A mais memorável proclamação de Leão XIII foi sua encíclica *Rerum Novarum*, em 1891. Foi dado a ele o título de "papa do trabalhador". Despertou profundo interesse católico quanto às questões de justiça social. Leão insistiu na formação de uma rede, sob liderança clerical católica, de associações com finalidade social, beneficente, econômica e política. Este modelo de "ação católica" se tornou importante fonte de força e influência no século 20.

Gravura do fim do século 19 representando o papa Pio XIII.

Leão amava a cultura, e deu aos estudiosos acesso aos tesouros dos museus do Vaticano. Declarou que a teologia de Tomás de Aquino era a base de instrução teológica da Igreja Católica Romana e promoveu uma reedição de suas obras. Sob seu pontificado, a Igreja romana buscou se contextualizar segundo os princípios cristãos. Como evidência de amizade com a ciência, dois homens se destacaram: Gregor Johann Mendel (1822-1884), monge agostiniano e abade, e Louis Pasteur (1822-1895). Mendel é conhecido por suas leis de hereditariedade. Estabeleceu os fundamentos da ciência genética. Louis Pasteur, católico fiel e famoso microbiologista e químico, fez crescer o conhecimento sobre os microrganismos, estimulou a vacinação e criou sistemas de pasteurização e de esterilização de equipamentos médicos. O Instituto de Pasteur foi fundado em 1898 para combater a hidrofobia.

Pio X (1903-1914)

José Sarto, de Riese Treviso, na Itália, foi considerado o "papa camponês". Pio X foi notável por sua oposição ao modernismo, à crítica histórica moderna e à alta crítica da Bíblia. Em 1907, condenou o modernismo por um decreto, *Lamentabile* e uma encíclica, *Pascendi dominici gregis*. Medidas rigorosas foram tomadas para sua repressão.

Foi forçado a se envolver nas relações entre Igreja e o Estado na França. A maioria dos católicos franceses não se entusiasmavam com a república, e as relações se agravaram. Em 1901, as ordens religiosas que não se sujeitaram ao Estado foram proibidas de se dedicar ao ensino. Em 1903, vários mosteiros e conventos, bem como suas propriedades, foram confiscados. Foram rompidas todas as relações diplomáticas entre Roma e a França em 1904, e no ano seguinte, a República Francesa decretou a separação entre a Igreja e o Estado, cortando todo auxílio governamental a católicos e a protestantes. Só em 1920 a Igreja veio a ser novamente legalizada na França.

Pio X esforçou-se para melhorar a liturgia da Igreja, avivou o uso do canto gregoriano e revisou o breviário de oração. Era um defensor da veneração à Virgem Maria. Preparou um novo texto para o catecismo e, aos domingos, ele mesmo dava aula ao povo romano. Sua morte, a 20 de agosto de 1914, comoveu o mundo católico. Ele foi considerado o único papa digno de canonização depois de séculos — o último fora Pio V (1566-1572). "Um homem profundamente piedoso, seu exemplo trouxe nova esperança a muitos católicos perplexos pelas dificuldades do mundo moderno."[58]

Bento XV (1914-1922)

Tiago della Chiesa, de Gênova, foi o papa do período da Primeira Guerra Mundial. Os três documentos clássicos do seu pontificado são *Ad Beatissimi*, de 1º de novembro de 1914, sua encíclica inaugural; uma nota diplomática aos países em guerra, de 1º de agosto de 1917, em defesa da paz; e a carta *Pacem Dei Munus*, de 23 de maio de 1919. Foi um defensor das ciências e das artes e fundador da Universidade do Sagrado Coração, em Milão (1920). Promoveu diversos trabalhos de restauração e melhoria nos palácios no Vaticano.

O pontificado de Bento XV merece ser elogiado especificamente por sua obra de caridade feita aos beligerantes envolvidos na guerra, sem levar em conta suas nacionalidades e religiões. O principal instrumento desse trabalho foi o Bureau dos Prisioneiros de Guerra, instalado no Vaticano em dezembro de

---

58 EERDMANS, 1977, p. 509.

1914 como meio de comunicação e assistência aos prisioneiros e suas famílias. Houve, depois, uma série de cartas de condolências a bispos e povos de vários países envolvidos na guerra, acompanhadas de esmolas sem precedentes. Em seu papado, houve um notável progresso do catolicismo romano.

Durante a guerra, as esmolas seguiram principalmente para os países derrotados pela ocupação alemã, depois para a Rússia e aos povos famintos da Europa Central. No decurso da guerra, o próprio Bento XV ofereceu em donativos de seu próprio bolso 5,5 milhões de libras, bem como outros 30 milhões colhidos nas igrejas católicas. (HUGHES, 1962, p. 259-260)

Pio XI (1922-1939)

Ambrósio Damião Aquiles Ratti, de Désio, era um homem culto e enfrentou tempos muito difíceis. O Tratado de Latrão (1929) resolveu finalmente a velha "questão romana", reconhecendo e aceitando a perda dos Estados Pontifícios em troca de grandes somas de dinheiro. Em lugar dos antigos territórios, recebeu o domínio exclusivo da cidade do Vaticano.

Na tentativa de consolidar suas novas conquistas, a Igreja Católica Romana fez acordo com vários governos, como com a Itália fascista, em 1929, e a Alemanha nazista, em 1933, mas todos de curta duração — não demorou para que a Itália e a Alemanha quebrassem os compromissos firmados. Pio XI replicou com duas encíclicas. Quando Mussolini proibiu a existência da organização laica Ação Católica, o papa denunciou tal ação do Estado na encíclica *Non Abbiamo Bisogno* (29 de junho de 1931). Finalmente, Mussolini cedeu e permitiu a continuação do movimento sob rigorosas restrições.

O regime nazista colocou restrições cada vez maiores sobre a obra católica na Alemanha, bem como contra suas

> **A ESPIRITUALIDADE EVANGÉLICA**
> Descobrimos nossa chamada ao amor, não um amor qualquer, não o que possuímos nem tampouco o de outrem, pois nenhum amor basta, a não ser aquele amor encarnado e crucificado na pessoa do Filho de Deus, Jesus Cristo — o amor outorgado que nos possibilita amar a Deus primeiro e, em seguida, o próximo como a nós mesmos. "Eu neles, e tu em mim, para que eles sejam perfeitos em unidade, e para que o mundo conheça que tu me enviaste a mim, e que os tens amado a eles como me tens amado a mim" (Jo 17:23).

organizações, a imprensa e as escolas católicas com o objetivo de exterminá-las. Os líderes católicos apelaram a Roma. Com o auxílio do secretário de Estado do Vaticano, Eugênio Cardinal Pacelli — mais tarde, Pio XII —, o papa redigiu a encíclica *Mit Brennender Sorge* com ansiedade profunda, em 14 de março de 1937. Levada secretamente para a Alemanha, foi lida nos púlpitos de todas as igrejas católicas no Domingo de Ramos, antes de cair nas mãos dos nazistas. A encíclica protestava contra a opressão nazista, condenava os excessos de suas doutrinas políticas e aconselhava os católicos a resistir. O papa os advertia a lutar contra a perversão das doutrinas cristãs e a permanecerem fiéis a Cristo, à sua Igreja e a Roma.

A Revolução Russa, em 1917, sob os bolchevistas liderados por Lênin, foi a primeira revolução comunista, levando esse país a se tornar o centro do comunismo mundial. A subsequente perseguição do regime soviético contra os cristãos de todas as denominações perturbou profundamente o papa e a Igreja Católica Romana. Em 18 de março de 1937, o papa Pio XI emitiu a encíclica *Divini Redemptoris*, na qual condenava os "erros do comunismo". Expressou seus sentimentos para com o povo russo e ofereceu as doutrinas católicas como alternativa ao novo ateísmo marxista.

Pio XII (1939-1958)

Eugênio Pacelli, de Roma, foi chamado "o papa da guerra". Foi ordenado sacerdote em 1899, nomeado arcebispo em 1917 e serviu como núncio em Munique e em Berlim, onde se destacou como diplomata, "levando a bom termo as concordatas com a Rússia e a com a Baviera". Tornou-se cardeal em 1929, e depois assumiu o cargo de secretário de Estado de Pio XI. Foi eleito papa em 2 de março de 1939 por unanimidade, com a presença de todos os cardeais depois de apenas um dia de conclave. Foi a primeira vez na História que todos os cardeais conseguiram se reunir em Roma.

Pio XII odiava o regime nazista e o comunismo, mas considerava o comunismo ainda pior. Excomungou os católicos envolvidos em atividades comunistas e denunciou a perseguição daquele regime contra os cristãos. Declarou como dogma a doutrina da assunção da Virgem Maria em 1º de novembro de 1950: "Nós definimos e declaramos como dogma revelado por

Deus que a imaculada Mãe de Deus, a sempre virgem Maria, tendo completado o curso da vida terrena, foi elevada em corpo e alma para glória no céu."[59]

O papa Pio XI é especialmente lembrado por causa de seu incansável esforço em prol da paz do mundo. Nos sete meses de seu pontificado antes de eclodir a Segunda Guerra Mundial, fez seis apelos aos povos do mundo, e durante os primeiros 16 meses da guerra, não menos de trinta apelos foram feitos. Tais apelos

> [...] não eram meras efusões de emoção humanitária. Eram produto de uma grande inteligência verdadeiramente realista e fundidos no molde de grande tradição jurídica. Juntos, constituem a maior advertência para que a civilização ocidental tornasse a voltar para as ideias da lei em que se sublimou. (HUGHES, 1962, p. 266)

Por ocasião da morte de Pio XII, Dwight D. Eisenhower, então presidente dos Estados Unidos, proferiu o seguinte elogio:

> O mundo empobreceu com a morte de Pio XII. Sua vida foi inteiramente dedicada a Deus e à humanidade. Foi um baluarte contra a tirania, amigo e benfeitor dos oprimidos, cuja mão caridosa sempre esteve pronta para ajudar as infelizes vítimas da guerra. Sustentou concretamente a causa de uma paz justa entre as nações, e, homem de profunda visão que foi, acompanhou perfeitamente um mundo em rápida evolução, jamais, porém, perdendo de vista o eterno destino da humanidade. (HUGHES, 1962, p. 289)

João XXIII (1958-1963)

Ângelo Giuseppe Roncalli foi o mais carismático e popular entre os papas modernos até João Paulo II. Filho de camponeses italianos, estudou nos seminários em Bérgamo e Roma e foi ordenado em 1904. Serviu na Primeira Guerra Mundial como capelão militar. Foi núncio papal na Bulgária (1925-1934), na Turquia (1934-1944) e na França (1944-1953). Tornou-se cardeal de Veneza em 1953 e foi eleito papa em 28 de outubro de 1958, aos 76 anos. Escolheu o nome João XXIII em honra ao pai e, provavelmente, em oposição ao antipapa de mesmo nome eleito pelo Concílio de Pisa (1410-1419).

---
59 BETTENSON, 1961, p. 320.

João XXIII promulgou oito encíclicas. Entre elas, duas se destacam:

- *Mater et Magistra* (1961), em que insiste na cooperação entre indivíduos e grupos sociais como o princípio básico de ordem social. Pela primeira vez, destacou o dever das nações desenvolvidas de ajudar as nações do Terceiro Mundo.
- *Pacem in Terris* (*Paz na terra*), na qual enfatiza que a paz é resultado do respeito e da ordem que Deus estabeleceu. Ele mesmo resumiu a encíclica na seguinte maneira: "A encíclica divide-se em cinco partes diferentes: as relações dos indivíduos entre si; dos indivíduos com os poderes públicos; das comunidades políticas entre si; dos indivíduos e comunidade políticas com a comunidade mundial; e, finalmente, a quinta parte contém normas pastorais de imediata evidência." Quanto às relações entre as comunidades políticas, afirma que:

> [...] as comunidades políticas, em seu relacionamento mútuo, estão sujeitas a direitos e deveres. Por isso, suas relações devem se basear na verdade, na justiça, na solidariedade operante e na liberdade. Aquela mesma lei moral que disciplina o relacionamento particular dos seres humanos, importa que também esteja nas relações recíprocas das nações [...] A justiça, a razão e o senso da dignidade humana insistentemente exigem, portanto, que se ponha termo à descabida corrida armamentista. (p. 34, 40)

Retrato do papa João XXIII na Igreja Karlskirche em Viena, na Áustria.

Na quinta parte, entre outras obrigações, é destacado o dever dos fiéis católicos de participar ativamente da vida pública e a necessidade de "estar de posse da competência científica, do preparo técnico e da idoneidade profissional para penetrar e influenciar as estruturas da nossa civilização moderna". O alvo de João XXIII era colocar em dia a Igreja Católica Romana. O auge de seu trabalho foi o Concílio Vaticano II (1962-1965), que ele mesmo convocou com o objetivo de melhorar a obra pastoral da Igreja.

Os tributos à morte do papa João XXIII, que faleceu de câncer em 3 de junho de 1963, refletem sua influência benéfica para o bem da humanidade. Pela primeira vez na História, um arcebispo anglicano de Canterbury mandou hastear sua bandeira pessoal no mastro a meia haste para render tributo à morte de um papa. O mesmo tipo de tributo rendeu-se na Abadia de Winchester, e, por ordem da rainha, em todos os edifícios do governo em Londres.[60]

Paulo VI (1963-1978)

João Batista Montini nasceu em Concísio, perto de Bréscia, na Itália, em 26 de setembro de 1897. Seu pai era advogado. Estudou no Colégio dos Jesuítas, no Liceu Amaldo e no Seminário de Bréscia. Foi ordenado sacerdote em 20 de maio de 1920. Depois estudou em Roma, no colégio Lombardo, na Academia Eclesiástica e algumas disciplinas na Universidade Gregoriana. Formou-se em Direito Canônico em 1924. Serviu como secretário de Estado, primeiro como auxiliar, depois como efetivo. Montini trabalhou junto aos estudantes universitários de 1924 a 1932, tornando-se assistente nacional da Federação das Universidades Católicas Italianas (FUCI).

Em 1937, foi nomeado substituto para Assuntos Eclesiásticos Ordinários. De 1945 a 1954, serviu como colaborador direto de Pio XII, e em 1954, tornou-se arcebispo de Milão. Em junho de 1963, Montini foi eleito papa e escolheu o nome Paulo VI. O último papa antes dele a usar esse nome foi Camilo Burghese, Paulo V, que faleceu em 1621.

.....
60 O ESTADO DE SÃO PAULO, 5 de junho de 1963.

O alvo de Paulo VI era seguir a linha do seu predecessor, João XXIII, concluindo o Concílio Vaticano II e encaminhando a boa execução das prescrições. Sua encíclica *Populorum Progressio*, de 1967, marcou outra etapa da Igreja no desenvolvimento do pensamento social. Paulo VI foi um papa muito ativo. Fez muitas viagens na Itália e ao exterior. Foi o primeiro papa a viajar para fora da Itália em 150 anos, e o primeiro a viajar de avião.

Sua viagem à Terra Santa, de 4 a 6 de janeiro de 1964, chamou a atenção do mundo. O principal motivo da jornada foi tentar sarar a brecha de nove séculos entre a Igreja Ortodoxa e a Igreja Católica Romana. Foi a única viagem que Paulo VI mencionou em seu testamento, dando "uma saudação especial de bênção". Outras viagens importantes de Paulo VI foram:

- Índia, 1964.
- Estados Unidos, na ONU, 1965.
- Portugal, 1967.
- Turquia, 1967.
- Colômbia, 1968.
- Suíça, 1969.
- Uganda, 1969.
- Austrália, 1970.
- Filipinas, 1970.

Na última viagem, Paulo VI foi vítima de um atentado executado por um louco disfarçado de padre, em Manila. O papa o perdoou, salvando-o da pena de morte. Quanto ao ecumenismo, em seu testamento disse: "Continue-se a obra de nos aproximarmos dos irmãos separados com muita compreensão, muita paciência e grande amor, mas sem nos afastarmos da verdadeira doutrina católica."[61]

Paulo VI faleceu a 6 de agosto de 1979, aos 81 anos, de edema pulmonar, e foi sepultado na cripta da Basílica de São Pedro.

---

61 PINTONELLO, 1986, p. 251.

João Paulo I (1978)

Albino Luciani de Canale d'Agordo nasceu nas montanhas da província de Belluno, também na Itália. Era de família humilde. Seu pai era um simples operário de ideias socialistas e anticlericais. A mãe era uma católica devota. A pobreza, porém, não impediu que Albino Luciani fosse bem instruído. Após o curso primário, estudou no Seminário de Feltri e no de Roma. Foi ordenado sacerdote em 1935 em Belluno, nomeado patriarca de Veneza em 1969 e, em 1973, recebeu o título de cardeal.

A escolha de um papa após a morte de Paulo VI enfrentou dois problemas: o antagonismo entre as correntes tradicionalista e progressista, e a questão da nacionalidade. Era bem possível que o sucessor não fosse italiano porque, devido à visão universal de Paulo VI, os estrangeiros se tornaram a grande maioria do Colégio de Cardeais.

Em 25 de agosto de 1978, 111 cardeais entraram em conclave. Desse número, somente 27 eram italianos. Mesmo assim, em pouco mais de 26 horas, elegeram papa o cardeal italiano Albino Luciani, que, de acordo com a sondagem, não figurava entre os papáveis. Em seguida, o novo papa escolheu o nome João Paulo I para continuar a obra de Paulo VI e seguir o caminho marcado pelo grande coração de João XXIII, segundo suas próprias palavras.

A investidura de João Paulo I se deu no dia 3 de setembro de 1978, no domingo da festa comemorativa de São Gregório Magno. Mais de 200 mil pessoas assistiram às cerimônias na Praça de São Pedro. O papa não foi coroado. Rejeitou o uso da tiara como o seu predecessor, Paulo VI, havia iniciado. Não usou a cadeira gestatória (uma espécie de trono levado aos ombros), mas entrou na praça a pé, sob aplausos dos fiéis. Recusou que os prelados lhe beijassem os pés, como na antiga liturgia, permitindo que somente lhe osculassem o anel de pastor e pedindo que não o chamassem mais de Sua Santidade. João Paulo I era homem de saúde fraca. Foi internado oito vezes e fez quatro cirurgias. Foi achado morto em sua cama na manhã do dia 29 de setembro de 1978. Os médicos afirmaram que a causa da morte foi um ataque do coração nas últimas horas do dia anterior. João Paulo I viveu apenas 33 dias após sua eleição.

João Paulo II (1978-2005)

Em 16 de outubro, dezenove dias após a morte de Joao Paulo I, os cardeais anunciaram a eleição do novo papa, o cardeal Karol Wojtyla, polonês, que assumiu o nome João Paulo II. Os cardeais quebraram uma tradição de 455 anos ao eleger um papa não italiano pela primeira vez desde o fim pontificado do holandês Adriano VI (1522-1523). Além disso, a eleição de um papa "equidistante da esquerda e da direita terrenas", que não apoiava o comunismo nem a teologia da libertação, foi considerada uma verdadeira vitória.

Wojtyla era de família humilde, filho de operário, e ele mesmo foi operário antes de seguir a carreira eclesiástica. Nasceu na cidade de Wadowice, na Alta Silésia, perto de Cracóvia. Sua mãe faleceu quando ele tinha apenas 9 anos, e a responsabilidade de educá-lo recaiu sobre o pai. Foi um homem de sólida formação cultural. Fez o curso primário em sua cidade natal. De 1931 a 1938, estudou no Liceu de Wadowice, onde completou os cursos humanísticos. Frequentou durante um ano e meio a Faculdade de Letras e Filosofia na cidade de Cracóvia, mas, vindo a guerra, foi necessário interromper os estudos. Decidiu ser padre aos 23 anos. Foi ordenado sacerdote em 1º de novembro de 1946.

Em Roma, fez um curso de pós-graduação teológica na Pontifícia Universidade Angelicum. Fez o doutorado em Teologia na Universidade de Cracóvia e, na mesma época, aprofundou-se nos idiomas. Em 1958, tornou-se bispo auxiliar de Cracóvia; em 1964, arcebispo da mesma diocese; em 1967, foi nomeado cardeal.

João Paulo II foi um papa de mente fértil. Entre 16 de outubro de 1978 e 30 de julho de 1979, ele realizou uma proeza: elaborou 462 discursos e outros textos

> **A ESPIRITUALIDADE EVANGÉLICA**
> Jesus concluiu a oração sacerdotal com as seguintes palavras: "E a vida eterna é esta: que te conheçam, a ti só, por único Deus verdadeiro, e a Jesus Cristo, a quem enviaste [...] E eu lhes fiz conhecer o teu nome, e lho farei conhecer mais, para que o amor com que me tens amado esteja neles, e eu neles esteja" (Jo 17:3,26). A vida espiritual consiste em conhecer a Deus como Deus único e verdadeiro, e a Jesus Cristo como seu Filho amado, toda ela nutrida no amor divino, fonte singular da fé.

escritos, uma média de dois por dia. Além de visitar várias paróquias da Diocese de Roma e viajar na Itália, realizou muitas viagens ao exterior. Sua viagem à Polônia, de 16 a 23 de junho de 1983, trouxe ânimo, coragem e esperança para um país que passava por uma grave crise política. Disse o papa após descer do avião no aeroporto Okecie, em Varsóvia: "Considero dever meu estar com meus compatriotas neste sublime e difícil momento."[62] A Polônia foi o primeiro país comunista a ser visitado por um papa.

Numa época de relaxamento dos princípios morais, João Paulo II se destacou como "líder moral". Condenava as relações sexuais fora do casamento, o aborto, o divórcio, os contraceptivos e a prática da homossexualidade. Ele afirmava que o Cristianismo é composto de princípios fixos, e não de uma fé que deve se adaptar às circunstâncias modernas, como ensinam os teólogos modernistas.

Em 13 de maio de 1981, o papa sofreu um atentado na Praça de São Pedro, executado por um terrorista turco, e quase perdeu a vida. O terrorista foi preso, julgado e condenado à prisão perpétua. Ainda na prisão, o papa o perdoou. João Paulo II estabeleceu controle sobre as inovações litúrgicas e teológicas, bem como sobre o envolvimento político dos padres. Opôs-se firmemente à teologia da libertação. Embora não se pensasse em um retorno à Igreja Tridentina, pré-Vaticano II, houve, em seu pontificado, uma volta ao tradicionalismo. João Paulo II faleceu a 2 de abril de 2005 na cidade do Vaticano.

Bento XVI (1927-?)

Também conhecido como "papa emérito", Joseph Aloisius Ratzinger serviu como papa católico de 2005 até sua abdicação, em 2013. Foi ordenado padre em 1951, e ganhou reconhecimento como um notório teólogo. Depois de longo período ensinando em várias universidades, foi nomeado arcebispo de Munique, na Alemanha, e depois cardeal, em 1977, pelo papa Paulo VI.

Em 1981, tornou-se prefeito da Congregação para a Doutrina e Fé, função importante ligada à defesa da fé ortodoxa dentro da Cúria Romana, supervisionando a doutrina e combatendo erros teológicos dentro da

.....
62 TIME, 27 de junho de 1983, p. 9.

Igreja. Joseph Ratzinger passou a viver no Vaticano a partir de 1981 e se tornou figura importante nos destinos da Igreja. Foi uma das pessoas mais próximas de João Paulo II.

Inicialmente um teólogo liberal, acabou por adotar uma posição mais conservadora depois de 1968. Ao tornar-se papa, conduziu a Igreja aos valores cristãos fundamentais, contra a secularização do mundo e da sociedade. Ele acredita que o relativismo, ao negar a verdade objetiva e as verdades morais, tornou-se o maior problema da atualidade. Durante seu papado, tentou inutilmente reformar a Cúria Romana, a estrutura burocrática e administrativa do Vaticano, acusada de muitos abusos e de corrupção.

Vários meios de comunicação creditaram sua renúncia, em 11 de fevereiro de 2013, à sua idade avançada e ao fracasso em lidar com as reformas na Igreja. Além de lutar em vão pela reforma na Cúria, Bento XVI também enfrentou enormes pressões envolvendo os escândalos de pedofilia e abusos sexuais em muitas arquidioceses católicas.

Além disso, a Igreja Católica enfrenta, em diversos países — e na América Latina em especial —, um rápido processo de perda de membros para igrejas evangélicas e pentecostais. Ele foi o primeiro papa a abdicar de suas funções desde Gregório XII, em 1415, e a partir de março de 2013, passou a viver recluso no monastério Mater Ecclesiae, no Vaticano.

Francisco (2013-?)

Nascido em 1936 em Buenos Aires, na Argentina, Jorge Mario Bergólio foi o primeiro jesuíta e o primeiro clérigo originário das Américas a ser eleito papa. Foi ordenado padre em 1969, e de 1973 a 1979, tornou-se superior da Ordem dos Jesuítas na Argentina. Em 1998, foi feito arcebispo de Buenos Aires e nomeado cardeal em 2001 pelo papa João Paulo II. Foi eleito papa no conclave de cardeais de 13 de março de 2013, assumindo o nome Francisco, em homenagem a São Francisco de Assis.

Jorge Mario Bergólio, o papa Francisco, saúda fiéis na Praça de São Pedro, no Vaticano.

O papa Francisco tem sido visto como uma figura carismática e comunicativa e, ao mesmo tempo, simples. Desde o primeiro dia de seu papado, tem buscado mais proximidade com o povo e demonstrado ser mais acessível para com os meios de comunicação. Ele tem sido, sem dúvida, um papa muito popular.

Algum tempo depois de eleito, requisitou um helicóptero e foi a Caserta, no sul da Itália, visitar o amigo e pastor pentecostal Giovanni Traettino. No evento, com pastores protestantes e pentecostais, Francisco pediu perdão pela atitude pouco cristã dos católicos contra os evangélicos.

Na sequência das tentativas inúteis de Bento XVI em reformar a Cúria Romana, Francisco nomeou uma equipe de cardeais para dar sequência à renovação da Cúria. Seu pontificado tem sido pressionado também por inúmeras denúncias de abusos sexuais perpetrados e ocultados dentro da Igreja Católica em várias partes do mundo.

O Concílio Vaticano II

O Concílio Vaticano II foi o 21º Concílio Ecumênico, segundo a Igreja Católica Romana, e durou de 11 de outubro de 1962 a 7 de dezembro de 1965. Em 1958, quando o papa João XXIII assumiu o pontificado, as possibilidades do futuro da Igreja Católica Romana não pareciam encorajadoras. A metade do mundo jazia sob o comunismo. A América Latina, com seu problema crônico de pobreza, analfabetismo e a falta de um clero comprometido com a Sé, era solo preparado para a conquista dos marxistas. Na África, o nacionalismo era um impedimento às missões e ao Cristianismo, muitas vezes visto como uma religião que apoiava o colonialismo. Na Europa Ocidental, somente cerca de 30% dos batizados eram comungantes, e um número menor ainda frequentava regularmente a Igreja. Na América do Norte, o sacerdócio não estava aumentando na proporção da população.

João XXIII estava insatisfeito com o estado da Igreja. De repente, disse a seu secretário de Estado, Domêncio Cardinal Tordini, cardeal da Cúria: "Nossa alma foi iluminada por uma grande ideia que sentimos naquele instante e recebemos com indescritível confiança no Divino Mestre. Uma palavra solene e obrigatória surgiu em nossos lábios: um concílio!" João XXIII revelou sua decisão aos cardeais em 25 de janeiro de 1959. Houve um silêncio impressionante. Estavam tão surpresos que não puderam responder na hora. Alguns dias depois, disseram que estavam dispostos a começar, auxiliados por centenas de bispos, teólogos e eruditos.

A realização de outro concílio ecumênico era uma iniciativa inesperada. No Concílio Vaticano I, o papa, falando *ex cathedra* sobre sua própria pessoa, tornou-se infalível, e isso aparentemente fazia desnecessário outro concílio ecumênico. Portanto, ninguém estava esperando receber tal notícia. Todavia, soou bem aos ouvidos dos católicos no mundo inteiro.

Entre as finalidades do concílio estavam o propósito de melhorar a obra pastoral da Igreja e a união dos cristãos. O papa João XXIII anunciou formalmente, em seu discurso de abertura, seus objetivos. Ele nunca usou o termo "protestante" ou "ortodoxo", mas sempre a expressão "os irmãos separados" que estão ligados aos católicos no Corpo místico de Cristo.

Seria um concílio doutrinário. "Trata-se de completar a doutrina" dizia o papa, "o que o Concílio Vaticano se propunha a enunciar, mas que, sendo interrompido por obstáculos exteriores, como sabeis, não pôde definir senão sua primeira parte [...] Temos de completar a exposição dessa doutrina para explicar o pensamento de Cristo sobre sua Igreja..."[63]

Tratava-se de buscar uma renovação espiritual dentro da Igreja, uma nova Reforma; procurar caminhos e meios pelos quais a Igreja poderia

---

63 *Compêndio do Vaticano II*, p. 16.

tornar-se vital na era contemporânea sem alterar as velhas doutrinas ou criar novas. Para atingir os objetivos, o Vaticano solicitou sugestões de todos os participantes e de centenas de teólogos e leigos. Um total de 8.972 propostas chegou a Roma.

Dez comissões e duas secretarias trabalharam durante dois anos examinando essas propostas para determinar o que deveria ser considerado pelo concílio. Baseado no trabalho deles, uma comissão central escolheu 68 propostas para serem consideradas. O dia 11 de outubro de 1962 será lembrado como um grande dia na História da Igreja Católica Romana.

A recepção foi na Basílica de São Pedro. Foram mais de 2,6 mil patriarcas, cardeais, arcebispos, bispos, abades e superiores de ordens religiosas. Convidados das igrejas protestantes e ortodoxos também estavam presentes como observadores oficiais.

Os 16 documentos do Concílio são:

1. A constituição dogmática *Lumen Gentium*, sobre a Igreja.
2. A constituição dogmática *Dei Verbum*, sobre a revelação divina.
3. A constituição pastoral *Gaudium Et Spes*, sobre a Igreja no mundo de hoje.
4. A constituição *Sacrosanctum Concilium*, sobre a liturgia.
5. O decreto *Unitatis Redintegratio*, sobre o ecumenismo.
6. O decreto *Orientalium Ecclesiarum*, sobre as igrejas orientais católicas.
7. O decreto *Ad Gentes*, sobre a atividade missionária da Igreja.
8. O decreto *Christus Dominus*, sobre os bispos da Igreja.
9. O decreto *Presbyterorum Ordinis*, sobre o ministério e a vida dos presbíteros.
10. O decreto *Perfectae Caritatis*, sobre a atualidade dos religiosos.
11. O decreto *Optatam Totius*, sobre a formação sacerdotal.
12. O decreto *Apostolicam Actuositatem*, sobre o apostolado dos leigos.
13. O decreto *Inter Mirifica*, sobre os meios de comunicação;
14. A declaração *Gravissimum Educationis*, sobre a Educação Cristã.
15. A declaração *Dignitatis*, sobre a liberdade religiosa.
16. A declaração *Nostra Aetate*, sobre as relações da Igreja Católica com as religiões não cristãs.[64]

---

64 *Compêndio do Vaticano II*, p. 17-19.

Não houve pronunciamentos "infalíveis". Todavia, no sentido amplo, o objetivo do concílio foi alcançado. Um dos resultados marcantes foi a liberação do uso das línguas nacionais na missa, em lugar do latim, o que finalmente fez possível a participação compreensível nas celebrações católicas. As Sagradas Escrituras foram finalmente abertas à leitura livre dos fiéis.

Em vez de condenar as sociedades bíblicas, a Igreja Romana passaria a cooperar com elas até nas traduções — a Bíblia de Jerusalém é exemplo desse esforço. Haveria também uma nova relação entre católicos e protestantes, que não mais seriam considerados hereges, mas "irmãos separados", membros do mesmo Corpo místico de Cristo. Haveria, finalmente, genuíno diálogo ecumênico e intercomunhão na adoração. O movimento carismático tem contribuído para isso. O decreto sobre ecumenismo no concílio afirma que, "quanto mais unidas estiverem em comunhão estreita com o Pai, o Verbo e o Espírito Santo, tanto mais íntima e facilmente conseguirão aumentar a mútua fraternidade".[65]

A Igreja Católica Romana da América Latina no século 20

Houve três formas de catolicismo romano na América Latina no século 20: o tradicional, o esquerdista e o evangélico-carismático. O catolicismo romano estava longe de ser unido. Após o Vaticano II, a Igreja Católica Romana na América Latina mudou radicalmente, e mais ainda após a Conferência Geral do Episcopado Latino-Americano (CELAM). A atitude antievangélica quase desapareceu em países como o Brasil. Várias conferências da CELAM foram realizadas. A primeira ocorreu no Rio de Janeiro, em 1955.

O fruto principal dessa convenção foi oficializar o nascimento de uma Conferência de bispos. A segunda, em Medelín, na Colômbia, em 1968, foi marcante por dar grande impulso ao movimento da teologia da libertação. Havia divisão em relação a essas mudanças, que se tornaram mais visíveis ainda na reunião seguinte da CELAM, em Puebla, México, no ano de 1979. O tema foi "O presente e o futuro da evangelização na América Latina". Foi inaugurada pelo papa João Paulo II, que demonstrou sua firme oposição contra a teologia da libertação:

---
65 Compêndio do Vaticano II, art. 781, p. 319.

"Deverá, pois, tomar como ponto de partida as conclusões de Medelín com tudo o que tem de positivo, mas sem ignorar as incorretas interpretações por vezes feitas, e que exigem sereno discernimento, oportuna crítica e claras tomadas de posição." (p. 16)

"Não há evangelização verdadeira enquanto não se anunciar o nome, a vida, as promessas, o Reino e o ministério de Jesus de Nazaré, filho de Deus." (p.17)

"... e como pastores, tendes a viva consciência de que vosso dever principal é o de ser mestre da Verdade. Não de uma verdade humana e racional, mas da Verdade que vem de Deus, que traz consigo o princípio da autêntica libertação do homem: 'Conhecereis a verdade e a verdade vos libertará (Jo 8:32). Essa verdade que é a única a oferecer uma base sólida para uma *práxis* adequada [...] Essa concepção de Cristo como político, revolucionário, como o subversivo de Nazaré não se coaduna com a catequese da Igreja..." (p. 19)

"É um erro afirmar que a libertação política, econômica e social coincide com a salvação de Jesus Cristo" (p. 23).

Durante todo o seu pontificado, João Paulo II lutou contra as tendências da teologia da libertação entre os bispos latino-americanos. A grande maioria dos católicos na América Latina está fora do controle do catolicismo oficial, e o paganismo é um problema constante. Por toda a América hispânica há um número crescente que está abandonando o catolicismo para voltar às práticas de suas velhas religiões pagãs. No Brasil, o catolicismo tem sofrido enormes perdas de fiéis por conversões em massa nas igrejas evangélicas. É previsto que, em algum momento entre 2030 e 2050, o Brasil não possua mais uma maioria católica romana.

A ESPIRITUALIDADE EVANGÉLICA

Jesus Cristo veio ao mundo com a missão explícita de resgatar a humanidade do pecado. O Verbo de Deus foi apresentado por João Batista como o Cordeiro de Deus que tira o pecado do mundo. Em sua encarnação, Jesus Cristo assumiu a nossa humanidade com o objetivo redentor de aniquilar toda acusação que pesava contra nós e pagar a nossa pendência perante Deus. Tanto é verdade que, ao longo do Evangelho, Jesus Cristo sempre fez menção à sua morte, mesmo que fosse incompreendido, criticado e até repreendido, ao que ele respondeu em consolação aos discípulos: "Não se perturbe o coração de vocês; creiam em Deus, creiam também em mim" (Jo 14:1).

CAPÍTULO 17
AS MISSÕES PROTESTANTES NO SÉCULO 20

"Ali, para onde quer que eu fosse, contemplava as profundas necessidades do povo como que clamando pela minha ajuda." **Bob Pierce**

Antes de examinar as missões no século 20, há três fatores históricos importantes que devem ser recordados. Primeiro: o movimento missionário do século 19 teve sua origem no Ocidente à mesma época da Revolução Industrial. Segundo: o avanço missionário era sempre associado ao imperialismo político, econômico e cultural. Terceiro: os missionários do século 19 levavam consigo não somente o Evangelho, mas também os valores típicos do Ocidente, e muitas vezes buscavam impor esses valores aos povos evangelizados.

No século 20, as missões deveriam estar livres desse componente colonizador, e esse tem sido um esforço constante por parte dos missionários. Foram três os principais movimentos missionários no início do século 20, todos surgindo predominantemente da América do Norte:

- As missões de fé.
- As escolas bíblicas e universidades cristãs.
- O movimento estudantil voluntário.

As missões de fé estavam entre as maiores do mundo. Uma delas, a Cruzada Estudantil e Profissional Para Cristo, com mais de 16 mil membros, estava presente em mais de 150 países na década de 1980. Outra missão de fé muito importante tem sido a Associação Wycliffe para a Tradução da Bíblia (Wycliffe Bible Translators), uma das maiores sociedades missionárias do mundo. Possui até hoje muitos membros, e esteve ativa, trabalhando entre inúmeras tribos de diversos países. Foi fundada em 1934 por William Cameron Townsend (1896-1982).

O objetivo da Wycliffe tem sido suprir pelo menos uma parte da Bíblia a toda pessoa em sua própria língua de uma forma compreensível. Segundo a Agência Wycliffe, existem 5.445 línguas conhecidas no mundo, e 3.186 delas não tinham uma tradução da Bíblia até a década de 1980. Mais de 300 milhões de pessoas falam essas línguas.

Os tradutores da Wycliffe têm traduzido a Bíblia toda para inúmeros idiomas, e partes da Bíblia para outras muitas. Trata-se de uma obra pioneira que oferece as Escrituras aos povos usando aproximação linguística. Serve todo o mundo e confia em Deus diante do impossível.

Outra missão de fé, a Novas Tribos, fundada em 1942, contava com 1,3 mil missionários por volta da década de 1980. Essa missão é dedicada à obra pioneira de alcançar as tribos indígenas.

Por fim, a Sociedade Missionária Oriental também é uma missão de fé fundada no Japão por Charles E. Cowman em 1901. No ano seguinte, Ernerst A. Kilbourne e sua esposa chegaram ao Japão. Bem cedo, Cowman e Kilbourne estabeleceram o alvo para seu trabalho, que permanece até hoje: o estabelecimento de seminários bíblicos para o treinamento de pastores, evangelistas e professores da Bíblia. Kilbourne escreveu o seguinte: "Nosso objetivo é instruir nossos alunos para que possam ser cheios da Palavra de Deus e do Espírito Santo, preparados para sair como evangelistas inflamados para seu próprio povo."

A missão treinava pessoas para a evangelização, mas desejava também estabelecer igrejas nacionais que se tornassem autônomas e dessem ênfase especial à doutrina da santificação, enchimento do Espírito, subsequente à regeneração, segundo os ensinos de João Wesley.

A maioria das inovações nas missões do século 20 foi introduzida pelas missões de fé, incluindo rádio, cursos bíblicos por correspondência, gravações, evangelização por saturação e educação teológica por extensão. No fim do século, a internet passou a constituir uma das maiores e mais importantes plataformas de alcance evangelístico.

Outro movimento missionário foi constituído das escolas bíblicas e universidades cristãs. As primeiras escolas bíblicas foram as de Nyack, em Nova York (1882); de Moody, em Chicago (1886); de Toronto, no Canadá (1894); e de Providence, em Rhode Island (1900). Há atualmente dezenas de universidades cristãs que são membros da American Association of Bible Colleges (Associação Americana de Universidades Bíblicas). Essas escolas enfatizam missões nacionais e estrangeiras, e até hoje enviam centenas de missionários a diversos países.

Cerca de 5,5 mil pessoas formadas pelo Instituto Bíblico Moody se dedicaram a servir em 108 países. Mais de 2 mil estavam ativas até a década de 1980. Isto significa que, ao fim do século passado, um em cada dezesseis missionários americanos era formado no Moody. Cento e cinco estudantes daquela organização partiram para o campo missionário em 1977.

Prédio do Instituto Bíblico Moody, em Chicago (EUA).

O terceiro modo de fazer missões no século 20 foi o Student Volunteer Movement (SVM, sigla em inglês para Movimento Estudantil Voluntário). Começou em 1886, sob a inspiração de Dwight L. Moody, nas conferências de Monte Hermon, em Massachusetts. Foi oficialmente organizado em

1886, com João R. Mott como presidente e Roberto Wilder como secretário itinerante. O lema escolhido foi "A evangelização do mundo na geração atual". De quatro em quatro anos, foram realizadas convenções missionárias.

O movimento chegou ao auge em 1920, quando 6,9 mil delegados, representando 950 universidades, participaram da convenção, realizada em Des Moines, Iowa, nos Estados Unidos. No ano seguinte, 637 membros do SVM foram para o campo missionário estrangeiro. Depois disso, a força da SVM começou a diminuir, o lema foi esquecido e havia mais interesse nos deveres sociais do que no evangelismo. A última convenção de importância foi realizada em Indianápolis, em 1936. Menos de quinhentos delegados frequentaram a convenção de 1940, que foi a última. A contribuição do SVM às missões no primeiro terço do século 20 era enorme. Em cinquenta anos, ela enviou 20,5 mil estudantes como missionários para o estrangeiro. Mais de 13 mil deles eram da América do Norte. Infelizmente, a chama se apagou.

Ao mesmo tempo que os Estados Unidos alcançaram o *status* de potência mundial, tornou-se também a sede principal do movimento missionário protestante. Por volta do ano de 1937, 70% de todos os missionários no mundo — e uma porcentagem mais alta ainda dos fundos para a obra missionária — vinham da América do Norte.

No entanto, a atividade da obra missionária dos países em desenvolvimento (classificados no período da Guerra Fria como países do Terceiro Mundo) começou a avançar muito no fim do século 20. Por volta do ano de 1975, mais de 3 mil missionários dos países em desenvolvimento (em maior parte da Ásia) estavam trabalhando em terras estrangeiras. Várias agências e igrejas da Ásia tinham planos de enviar 10 mil missionários no ano 2000.

O Brasil também finalmente despontou como a segunda maior força missionária do mundo, estando atrás apenas dos Estados Unidos. Ao fim da década de 1990, havia missionários brasileiros virtualmente no mundo inteiro. Trata-se de uma força crescente. O país é hoje, no século 21, reconhecido como o maior e mais novo celeiro para missões mundiais.

Nas últimas décadas do século 20, o Cristianismo se espalhou mais extensivamente e mais rápido do que em qualquer outra época da História. Em termos numéricos, o maior crescimento ocorreu em países da

África e da América Latina. Todavia, segundo as estatísticas de 1978, só aproximadamente 28% da população do mundo era cristã, sendo mais da metade desse grupo formada por católicos. A porcentagem está diminuindo devagar, à medida que o tempo avança.

A África é o único continente onde o crescimento da Igreja está acompanhando o crescimento da população. Segundo a agência Pulse, em 5 de setembro de 1986 havia no continente africano uma população total de aproximadamente 450 milhões de pessoas. Calcula-se que 200 milhões delas eram cristãos professos. Isso inclui católicos, protestantes e igrejas independentes. Entretanto, segundo o teólogo africano Tite Tienous, secretário executivo da World Evangelical Fellowship Theological Comission (Comissão Teológica da Fraternidade Evangélica), "o crescimento numérico no cristianismo africano é muito mais rápido do que a profundidade espiritual e a maturidade".[66]

O Pacto de Lausanne afirmava que uma nova era missionária havia nascido e que uma crescente camaradagem entre as igrejas iria se desenvolver. O caráter universal da Igreja de Cristo seria mais claramente identificado. Isso, de fato, tem acontecido na aurora do século 21. Em 2020, a África possuía sozinha 1 bilhão de habitantes, e desses, quase a metade era composta por jovens e crianças, o que oferecia um desafio enorme para a evangelização. O Cristianismo tem se alastrado de modo rápido, mas desigual, e o norte do continente, ocupado por países muçulmanos fechados ao Evangelho, continua sendo a maior questão para o século 21.

O papel do missionário tem mudado. Kane diz: "Ele começou como mestre. Então, foi transformado, assumindo o papel de companheiro. Agora ele é o servo, não só do Senhor, mas também da Igreja nacional." De acordo com Erdmans (1977, p. 640), "o maior desafio que confrontava a Igreja nas últimas décadas do século 20

> **A ESPIRITUALIDADE EVANGÉLICA**
> A cruz, por mais severa e punitiva que veio a ser, tornou-se o palco da encenação do show a que a humanidade assistiu da crucificação de Jesus como Cordeiro de Deus, que em silêncio foi levado ao matadouro. Ali foi coroado por Pilatos como "Jesus Nazareno, o Rei dos judeus".

----
66 The Church Around the World (A igreja ao Redor do Mundo), outubro de 1986.

era aplicar o Cristianismo à vida prática num mundo atormentado pela pobreza, injustiça social, discriminação racial e opressão, dominado pelo secularismo e materialismo".

Em toda parte do mundo, a distribuição das Escrituras aumentou por meio de organizações como a Cruzada Mundial de Literatura, Cruzada Estudantil e Profissional para Cristo, sociedades bíblicas, sociedades missionárias, entre outras. O trabalho missionário se desenvolveu rapidamente da segunda metade do século 20 até as primeiras décadas do século 21.

Em 1992, foi organizada a Sociedade Americana de Missiologia, com interesse no desenvolvimento de estratégias missionárias mais eficazes. Em 1990, a sociedade possuía setecentos membros. Pessoas como Donald McGavran, Ralph Winter e Peter Wagner contribuíram muito para a missiologia através de seus estudos e suas estratégias pioneiras para plantação e crescimento da Igreja.

No entanto, o desafio urbano hoje é muito grande. Mais concentração sobre a obra missionária nas grandes cidades tornou-se uma urgência. Segundo o panfleto *A Igreja ao redor do mundo*, de julho de 1986, o cristianismo está perdendo a batalha para ganhar as cidades do mundo. Em 1900, calculava-se em 69% a população urbana cristã no mundo. Em 1986, apenas 46%. "Todas as organizações cristãs combinadas no mundo enviaram 250 mil missionários para o estrangeiro, mas, comparativamente, poucos deles trabalhavam nos centros urbanos."

Algumas novas estratégias em missões

Outra estratégia missionária do século 20 foi a da Visão Mundial, com Bob Pierce como um dos destaques. Quando era vice-presidente da organização Mocidade para Cristo, fez duas viagens à China para realizar conferências para jovens. A primeira foi em 1947, e a outra, logo em seguida. "Lá, para onde quer que eu fosse, contemplava as profundas necessidades do povo como que clamando pela minha ajuda."

Assim, foi desafiado a se dedicar totalmente ao alívio da dor e do sofrimento da humanidade. Planejou outra viagem à China, mas a ascensão dos comunistas ao poder o impediu. Assim, em 1950 fez sua primeira visita à Coreia, onde o sofrimento de crianças necessitadas, causado pela guerra devastadora, levou-o a fundar a Visão Mundial Internacional, uma organização que inicialmente se dedicava ao alívio das mulheres e crianças refugiadas, mas cujo ministério, desde o início, estendeu-se para onde houvesse algum tipo de necessidade humana.

Poucos anos após o início de seu ministério mundial, a história de Bob Pierce se transformou numa lenda sagrada através de todo o Extremo Oriente. Seu ministério, porém, não se limitou àquela região. Durante quase uma década, ele manteve a honra de ser um dos "dez homens mais viajados do mundo, e aonde quer que fosse, era recebido como um presente dos céus.

De volta aos Estados Unidos, viajou de costa a costa, despertando os cristãos americanos para as necessidades do mundo desprivilegiado, levantando centenas de milhões de dólares para ajudar orfanatos, hospitais e ministérios evangélicos. Através de sua influência, a organização foi grandemente usada para aliviar o sofrimento mundial.

A Missão Portas Abertas é outra agência de estratégia singular em missões do século 20, e o nome do Irmão André, um leigo holandês, não pode ser dissociado de missões. Ele foi conhecido como o "contrabandista de Deus", título dado a um livro escrito a seu respeito. Seu ministério sempre foi uma obra de fé, e seu campo de trabalho se estendia da Europa Oriental até o Extremo Oriente, assim como a outros lugares onde não havia liberdade cristã por causa dos regimes comunistas. Seu principal anseio era pôr a Bíblia nas mãos dos cristãos famintos pela Palavra de Deus que viviam nos países da chamada "Cortina de Ferro".

Sua filosofia se encontrava em Atos 5:20: "Antes importa obedecer a Deus do que aos homens." A coragem do Irmão André pode ser ilustrada por uma proeza que realizou em 1968. No dia exato em que os russos ocuparam a Tchecoslováquia, ele se dirigiu à fronteira com sua caminhonete cheia de Bíblias e folhetos. Por causa da confusão, os soldados da patrulha o deixaram passar sem vistoriar seus documentos ou seu veículo. Ele encontrou duas divisões do exército russo na viagem a Praga sem ser detido.

Ao chegar à cidade, o Irmão André falou numa igreja onde o povo comovido ficou agradecido por sua presença. Depois, junto com um grupo de cristãos tchecos, distribuiu folhetos e a Bíblia nas ruas até esgotar todo o suprimento que tinha levado sem sequer um ser molestado. Irmão André voltou à Holanda sem ser preso.

A Operação Pérola, realizada por Portas Abertas em 1981, é o mais famoso contrabando de Bíblias já realizado. Foi executado com precisão militar por um ex-fuzileiro naval.

> Mais de 200 toneladas de Bíblias embaladas em recipientes à prova d'água foram embarcadas dos Estados Unidos para Hong Kong, e de lá transportadas de balsa para o porto da cidade de Swatow, no sudoeste da China comunista, ao custo de cerca de 6 milhões de dólares. Houve momentos de angústia, quando a tripulação julgou que seu plano tivesse sido descoberto, mas as Bíblias foram descarregadas sem incidentes, e só quatro horas depois da balsa ter partido, as autoridades chegaram à praia. Centenas de crentes chineses (calculados em 20 mil) que prestaram ajuda à operação foram presos, mas acredita-se que muito mais da metade das Bíblias acabaram nas mãos dos cristãos chineses, a quem tinham sido enviadas. (TUCKER, 1986, p. 547)

Em 1978, havia pelo menos 65 estações radiofônicas missionárias. Entre elas se destacam a HCJB (A voz dos Andes), do Equador, lançada no Natal de 1931; a Far East Broadcasting Company (Companhia de Radiodifusão do Extremo Oriente), fundada em 1945, com sede em Manila, nas Filipinas; a estação Elwa, na Libéria, da Missão Interior do Sudão; e a HIKX, da Missão Evangélica Aliança, com base na Coreia. Outra estação muito conhecida é a Rádio Transmundial (Trans World Radio), em Monte Carlo, Suazilândia, Chipre, Sri Lanka, Guam e Bonnaire. Cursos por correspondência acompanhavam os programas de rádio, e milhares têm feito esses cursos.

A Educação Teológica por Extensão (ETE), começou na Guatemala em 1960, com os presbiterianos guatemaltecos, e se estabeleceu em vários países da América Latina, incluindo o Brasil.

Quando o século 20 se aproximava do fim, os fatos eram evidentes quanto a missões. Num mundo pluralístico pós-moderno, tornava-se mais difícil insistir que a fé cristã é a única religião verdadeira. Portanto, o missionário do futuro precisará de mais coragem moral do que em qualquer outra época da História. Com mais e mais igrejas nos países emergentes alcançando maturidade, será necessário para as sociedades missionárias decidir qual sua relação com essas igrejas. "Há três possibilidades: paralelismo, camaradagem e fusão [...] Seja qual for o plano adotado, é absolutamente imperativo que os líderes nacionais façam parte da tomada de decisões..."[67]

Jovens com uma Missão (Jocum)

Jovens com uma Missão é resultado de uma inspiração dada por Deus, em 1956, a Loren Cunningham, estudante de 20 anos do Instituto de Teologia das Assembleias de Deus, nos Estados Unidos. Em uma viagem às Bahamas, ele recebeu uma visão de que abriria uma organização para compartilhar o Evangelho com todos os países. A Jocum foi estabelecida em 1960 por ele e sua esposa, Darlene.

Trata-se de uma agência na qual seus membros vivem pela fé e desenvolvem um trabalho para-eclesiástico. Os missionários da Jocum recebem da agência apenas o treinamento e a plataforma de apoio e suporte, tendo total liberdade de estabelecer seu trabalho específico. Por exemplo, vemos missionários da organização trabalhando com grupos de teatro em centros urbanos, da mesma forma que podem fazer missões com tribos de índios. A variação de projetos da Jocum é enorme, e tem colaborado de modo efetivo com o evangelismo mundial e no apoio às igrejas.

No Brasil, a missão foi fundada em 1975 pelo casal Jim e Pamela Stier na cidade de Contagem, no Estado de Minas Gerais. Ao romper do terceiro milênio, possui 53 escritórios e centros de treinamento missionário em todas as regiões. Jovens com uma Missão enfatiza também a mobilização do Corpo de Cristo para o anúncio das Boas Novas de Cristo. Seus missionários são jovens solteiros, famílias, aposentados, universitários recém-formados e pós-graduados, pessoas procedentes de mais de uma centena de países

.....
67 KANE, 1978, p. 409-410.

e denominações evangélicas diferentes, novos crentes, pastores e líderes de igrejas com muitos anos de experiência.

No início do século 21, a Jocum possui quase 18 mil missionários, sendo 1,3 mil brasileiros — trabalhando em regime de tempo integral em mais de 1,2 mil centros de atividades missionárias permanentes em 180 países. Por ano, quase 25 mil pessoas fazem os treinamentos de curto prazo em suas escolas de preparação para líderes.

Os independentes

É preciso destacar ainda que tem havido um esforço missionário enorme por parte de igrejas e movimentos independentes. A igreja não se vê mais dependente das antigas agências missionárias para cumprir seu papel pioneiro de levar o Evangelho às nações. Especialmente na América Latina, percebe-se um grande movimento de plantação de igrejas sem precedentes na História.

Literalmente, milhares de igrejas vêm sendo plantadas, a maior parte delas em nações onde é permitido pregar o Evangelho. Missionários e pioneiros têm sido enviados ao mundo todo pela Igreja atual sem passar pelo controle das agências. Devemos celebrar esse fato como um excelente sinal de despertamento espiritual e de responsabilidade na evangelização do mundo.

Mártires do século 20

O século 20 começou com uma carnificina. Não há outro massacre na História da Igreja que tenha tirado a vida de mais missionários protestantes do que a Revolta dos Boxers de 1900, na China. O triunfo da imperatriz Cixi e do partido reacionário resultou num conflito direto entre os chineses e os governos estrangeiros. O crescimento de ideias e influências estrangeiras no império vinham causando enorme desconforto, até culminar em uma elaborada conspiração para matar ou expulsar toda "semente estrangeira" do país.

Estátua da imperatriz Cixi, que governava a China durante a Revolta dos Boxers.

Os missionários foram as principais vítimas: 189 foram assassinados, dos quais 79 eram da Missão para o Interior da China e 36 da Aliança Cristã e Missionária. Milhares de cristãos chineses também foram martirizados, entre eles Chang Sem, um evangelista itinerante na Manchúria muito bem-sucedido. Ao morrer, ele deu um poderoso testemunho que levou seus executores a tremer. Seu corpo foi queimado para evitar que ressuscitasse dentre os mortos, como Cristo.

John e Betty Stam, da Missão para o Interior da China, foram mortos em 1934. Em dezembro, foram atacados em sua própria casa por soldados comunistas e forçados a

> [...] uma marcha terrível até outra cidade. Foi um período angustiante, tanto física quanto mentalmente. Não só a vida deles corria risco, mas ouviam também os guardas discutindo planos para matar sua filhinha a fim de evitar o trabalho de levá-la com eles. A vida da pequena Helen foi poupada, mas essa felicidade não coube a John e Betty. Ao chegarem ao seu destino, tiraram a roupas de cima deles e os fizeram andar pelas ruas expostos ao ridículo público, enquanto os líderes guerrilheiros comunistas insistiam com o povo para que fosse em massa assistir à execução. (TUCKER, 1986, p. 458)

Trinta horas após o martírio, um evangelista chinês achou a filhinha abandonada numa casa e a levou num cesto de arroz para a casa de outra família missionária.

A Alemanha Nazista de Adolf Hitler também foi perseguidora implacável contra a Igreja de Cristo. O mais conhecido mártir do nazismo é Dietrich Bonhoeffer. Ele nasceu em Breslau, Alemanha, em 4 de fevereiro de 1906. Na idade adulta, decidiu servir no ministério pastoral da Igreja Evangélica Luterana, e doutorou-se em Teologia pela Universidade de Berlim, estudando também em Nova York, nos Estados Unidos, por um ano. Em 1931, retornou ao seu país natal.

Bonhoeffer foi um dos irmãos que tiveram a iniciativa de propor e assinar a Declaração de Bremen com vários outros pastores luteranos e reformados com quem formou, em 1934, a Brekennende Kirche — Igreja Confessante —, que condenava e se opunha frontalmente ao nazismo, até então apenas uma das forças políticas emergentes na Alemanha.

Com a ascensão de Adolf Hitler ao poder e, mais especificamente, depois do início da Segunda Guerra Mundial, o movimento foi posto na ilegalidade e severamente perseguido pela Gestapo, a polícia política do regime nazista. Em abril de 1943, Bonhoeffer foi preso por ajudar judeus a fugir para a Suíça. Em 9 de abril de 1945, três semanas antes de ser libertado pelos aliados, foi enforcado junto com seu irmão Klaus e seus cunhados Hans e Rüdiger Schleicher.

A ESPIRITUALIDADE EVANGÉLICA
No escândalo da cruz, Jesus Cristo foi abandonado por todos aqueles que lhe eram queridos — seus discípulos amados e até mesmo o próprio Pai celestial. Ao virar as costas a Jesus, seus seguidores perderam a referência da vida, precipitando-se num desespero descomunal que os fez fugir ao abismo da insegurança. Deus crucificado era uma realidade por demais absurda de ser compreendida, muito menos aceita. O melhor a fazer era fugir para bem longe, lançar-se ao esquecimento na tentativa de virar a página que estampava a vergonha da cruz, de um Jesus sofredor como Rei destituído de sua majestade. Mas tinha sido assim, sozinho, na agonia da solidão, que ele encarou o horror iminente de sua morte. Ninguém ficou ao seu lado. Cada qual preferiu dormir o sono da indiferença, como se o sofrimento de Jesus Cristo não lhes dissesse respeito. Nenhum amigo o ajudou a carregar a pesada cruz, nem mesmo o bravo Simão Pedro, que não estava ali quando outro Simão, o de Cirene, tomou sobre si a cruz de Cristo e a carregou por algum tempo sem qualquer reclamação.

No início da década de 1960 do século passado, Hector McMillian, pai de seis filhos, da Unevangelized Fields Missions, foi martirizado no Quilômetro Oito, nas proximidades de Stanleyville, no Zaire (atual República Democrática do Congo), pelos simbas, em 1964. Hector foi metralhado por um rebelde logo após o ataque. Na evacuação dos sobreviventes, devido ao espaço limitado nos caminhões, os mercenários do governo levaram só os vivos. O corpo de Hector foi deixado onde estava. Sua esposa, Ione, voltou ao Zaire em 1966 para ministrar ao povo que havia martirizado seu marido.

Jay Tucker, lavrador do Estado de Arkansas, nos Estados Unidos, trabalhou no Congo com sua esposa sob a direção das Assembleias de Deus. No início de novembro de 1964, foi preso pelos simbas, e três semanas mais tarde, morto de maneira brutal.

Na quase escuridão, alguém atirou uma garrafa no rosto do missionário. Com um som surdo, a garrafa se quebrou. O sangue cobria sua face enquanto o golpeavam com paus e a coronha dos rifles, revezando-se para espancar o missionário. A partir do pescoço, eles desciam vagarosamente pelas costas, golpeando novamente cada vez que a vítima se contorcia. (TUCKER *apud* HOMER e DOWDY, 1965, p. 464)

Paul Carlson, da Evangelical Covenant Church of America, servia no interior da África quando foi martirizado. Entre os missionários mortos na revolta dos simbas, em 1964 e 1965, o martírio de Carlson foi um dos mais noticiados. Os Carlson chegaram ao Congo em 1963 como missionários médicos, e trabalharam no posto de Wasolo, na província de Ubangi, por quase dois anos. Paul foi morto a tiros em Stanleyville em novembro de 1964, depois de três meses de prisão e tortura física e mental.

Os cinco mártires da tribo auca, no Equador

A tribo auca, das selvas do rio Amazonas, no Equador, era conhecida como uma das mais ferozes da América do Sul. A primeira tentativa de alcançá-la com o Evangelho foi denominada Operação Auca. Não era um projeto nem uma sociedade missionária, e sim um plano de fé preparado por membros de três missões diferentes.[68]

Os cinco missionários envolvidos eram jovens, todos casados e pais, exceto Pete Pleming. Nate Saint era piloto da Missão Asas de Socorro e o mais experiente entre os cinco. Rogério Youderin era da Gospel Missionary Union e Jim Elliot, Pete Pleming e Ed McCully, da organização Christian Missions in Many Lands.

Em setembro de 1955, Nate Saint voou sobre o território auca e viu um povoado. Foi assim que, em outubro, nasceu a Operação Auca. Durante os meses que se seguiram, os jovens fizeram planos. Estabeleceram uma base de operação numa praia estreita no Rio Curaray, a qual chamaram Palm Beach. Confiantes no sucesso da missão, construíram uma casa numa árvore e providenciaram contato por rádio com Marjorie Saint, esposa de Nate, que estava em Shell Mera. Ali esperaram o aparecimento de membros da tribo.

Durante três dias, nada aconteceu, mas, na manhã de sexta-feira, 6 de janeiro, apareceram três aucas, um homem e duas mulheres. Eles passaram o dia em Palm Beach e depois desapareceram nas selvas. Os missionários esperaram com paciência pela volta dos aucas, desejosos que mais membros da tribo respondessem aos gestos amistosos do primeiro encontro.

Infelizmente, quando os aucas retornaram, na tarde de 8 de janeiro de 1956, mataram os cinco missionários. Imediatamente, oficiais do governo e missionários organizaram uma equipe de busca sob a liderança de Frank Drown. Informações dão conta de que foram retirados do rio quatro corpos em adiantado estado de decomposição. Alguns tinham ainda lanças de madeira de palmeira presas em suas roupas. Pelos pertences pessoais, identificaram Jim, Pete, Roger e Nate. O corpo de Ed McCully tinha sido aparentemente levado pela correnteza.

As tristes notícias foram relatadas às cinco viúvas reunidas em Shell Mera, mas a fé daquelas mulheres não foi abalada. A morte dos maridos não apagou o desejo de alcançar os aucas com o Evangelho. Quatro delas

---

68 TUCKER *apud* HEFLEY, 1981, p. 341.

continuaram a obra missionária no Equador. Rachel Saint, irmã de Nate, continuava o estudo da língua auca, e os pilotos da missão Asas de Socorro não pararam de enviar presentes para os membros da tribo.

Aos poucos, alguns dos aucas começaram a se aventurar fora de sua tribo. Em setembro de 1958, três mulheres aucas apareceram na aldeia quíchua, no Rio Curaray. Uma logo voltou para a tribo, deixando Mintaka e Mankamu. Betty Elliot as visitou e, pouco tempo depois, as levou para sua casa em Shandia. Um dia, as mulheres convidaram Betty e sua filha para voltar junto com elas para sua aldeia. Por fim, Betty, Valorie e Rachel Saint foram morar com as aucas, onde permaneceram por quase um ano. Assim, a tribo foi evangelizada por mulheres.

Em poucos anos, a maior parte da tribo se converteu. Dois dos aucas, Kimo Yaeti e Komi Gikita, acompanhados por Rachel Saint, participaram do Congresso Mundial sobre Evangelismo realizado em Berlim, na Alemanha, de 25 de outubro a 4 de novembro de 1966. Atualmente há uma igreja florescente na aldeia onde outrora havia só trevas. Não foi em vão o esforço dos cinco jovens mártires.

Os mártires do Vietnã

A maior perda de vidas de uma vez foi durante um ataque dos vietcongues ao posto missionário de ajuda aos leprosos em Ban Methuot no dia 30 de janeiro de 1968. Cinco missionários norte-americanos e uma criança de quatro anos foram mortos. Betty Olsen, Hank Blood e Mike Benge, oficial americano, foram levados cativos e forçados a uma marcha terrível pelas florestas de 12 a 14 horas por dia. Foram alimentados por "magras rações de arroz".

Blood, pai de três filhos e tradutor da Agência Wycliffe no Vietnã durante oito anos, foi o primeiro a morrer após cerca de cinco meses e meio de "pura agonia". Betty e Mike continuaram a marcha até setembro. "O cabelo deles ficou grisalho. Perderam as unhas, e os pelos do corpo deixaram de crescer. Os dentes se soltaram e as gengivas sangravam."[69]

---
69   TUCKER, 1977, p. 468.

Eram sinais específicos da desnutrição. As pernas de Betty começaram a inchar, dificultando as caminhadas, principalmente no passo exigido pelos guardas. Quando caiu, eles a espancaram. Ela suplicou aos captores que continuassem e permitissem que ficasse para morrer na selva, mas eles ignoraram seu pedido.

Seus últimos dias foram terríveis. Sofrendo de disenteria, que provocava forte diarreia, ela ficou tão fraca que não podia sair da rede, e "jazia deitada em suas fezes". Mike tratou dela o melhor que podia, mas sua saúde piorava cada vez mais. Ela chegou ao 35º aniversário gemendo numa rede imunda, e dois dias depois, morreu. Até o fim, porém, Betty manteve uma atitude de amor para com seus inimigos.

Depois da morte da missionária, Mike foi levado a um acampamento onde sofreu constantes espancamentos, ficando quase um ano na solitária. Finalmente, foi transferido para Hanói, onde foi mantido na solitária durante a maior parte do tempo. Só foi libertado em janeiro de 1973, após quase cinco anos de cativeiro.

O martírio de Chet Bitterman

Chet Bitterman era da Associação Wycliffe para a Tradução da Bíblia e do Instituto Linguístico de Verão. Foi raptado por terroristas colombianos em 19 de janeiro de 1981 e mantido preso por 48 dias. Todas as súplicas e tentativas de negociar com os terroristas foram em vão. Em 7 de março, foi morto com um tiro no coração, e seu corpo abandonado num ônibus numa rua de Bogotá.[70]

Houve comoção entre os colombianos. Desde o presidente até as camadas populares, todos demonstraram profunda solidariedade para com os membros da Missão Wycliffe. Mais de duzentas pessoas voluntariamente ofereceram a vida para tomar o lugar de Chet. Mesmo depois do acontecido, nenhum dos membros da Wycliffe na Colômbia pediu licença para ir embora do país.

.....
70 TUCKER, 1977, p. 472.

Os mártires do Islã

À entrada do terceiro milênio, muitos conflitos continuam surgindo no Oriente Médio. Com a guerra do Iraque e a Primavera Árabe, que sacudiu todas as ditaduras islâmicas do Norte da África no início do século 21, especialmente com o surgimento de organizações terroristas como o Estado Islâmico e a Al Qaeda, milhares de cristãos têm sido martirizados. No Irã, a Igreja subterrânea sofre nas mãos do Estado.

A guerra civil na Síria foi especialmente sangrenta para os crentes em Cristo. A realidade é que incontáveis desconhecidos, famílias, homens e mulheres de Deus, foram chacinados num verdadeiro banho de sangue sem precedentes na região toda.

Há muitos outros mártires que merecem registro. Todos os seus nomes estão registrados no "Memorial de Deus". Na ressurreição, uma grande multidão que veio dos séculos 20 e 21 estará ao lado dos milhares de mártires dos outros séculos para juntos receberem seu galardão.

Outros esforços missionários importantes

Charles E. Cowman foi o fundador da Sociedade Missionária Oriental. Nasceu em 13 de março de 1868 numa fazenda do Estado de Illinois. Casou-se aos 21 anos com Lettie Burd, em 8 de junho de 1889. Em uma convenção missionária em que A.B. Simpson pregou, os Cowmans ofereceram a vida a Deus para a obra missionária. Na mesma reunião, Charles colocou seu relógio e o salário de um mês na coleta. Em seguida, reconhecendo sua falta de conhecimento da Bíblia, trabalhou durante seis anos como telegrafista no turno das 17h até a meia-noite enquanto estudava no Instituto Bíblico Moody pela manhã.

Em 1900, Deus convocou Charles para ir ao Japão como missionário. Já radicados no país, os Cowman organizaram a Great Village Campaign, uma grande cruzada de literatura cristã para cada lar no Japão. Por volta de 1911, o plano para a evangelização do país havia sido aperfeiçoado. Deus deu a eles um projeto pelo qual um pequeno grupo de pessoas poderia alcançar todos os lares de todo o Império Japonês em poucos anos com equipes de um missionário e cinco japoneses.

A ideia era começar em uma província, visitar todos os lares, deixar uma porção das Escrituras e um folheto que explicava o caminho da salvação. Evangelistas os seguiriam alguns dias depois. O governo forneceu os mapas que dividiam o país em áreas de 5 milhas quadradas. Cada casa foi indicada nas estradas e nos caminhos. O próprio Charles organizou e supervisionou a cruzada. Fornecia as escalas para o trabalho e recebia os relatórios. Também foi responsável pela escola bíblica, cujo número de alunos aumentava cada vez mais.

A obra ardia no coração do casal, e em 1916, dez jovens ofereceram a vida a Deus para levar a cabo a visão de Cowman. Desembarcaram em Yokohama em 1917, seguidos do casal. Em 3 de novembro de 1917, os Cowmans embarcaram de volta para os Estados Unidos, e aquela foi a última viagem para Charles. A grande cruzada estava quase terminando. Oficialmente, foi concluída em junho de 1918. Em seis anos e meio, 10,3 milhões de lares no Japão haviam recebido a mensagem do Evangelho por meio da literatura cristã distribuída. Mais de 7 mil japoneses experimentaram a salvação em Cristo. Se não custou tanto em dinheiro, a vida de Charles Cowman foi o maior preço.

Em 25 de setembro de 1924, às 12h30, Charles Cowman entrou na glória. Quase 100 anos depois, a vida dele ainda fala. É como o Mestre diz: "Quem quiser, pois, salvar a sua vida, perdê-la-á; e quem quiser perder a vida por causa de mim e do Evangelho salvá-la-á" (Mc 8:35). Lettie achou um bilhete com as palavras: "Continue com minha tarefa não acabada."

A Escola Bíblica Memorial de Cowman foi oficialmente aberta em Xangai, na China, em outubro de 1925, e a grande cruzada foi iniciada em 1º de maio de 1931, continuando até a Segunda Guerra Mundial. Em 1920, aos 58 anos, Lettie Cowman tornou-se presidente da Sociedade Missionária Oriental, função que ocupou até 1949.

> **A ESPIRITUALIDADE EVANGÉLICA**
>
> Os discípulos já tinham ouvido a respeito da cruz. Naquela ocasião, exortavam Jesus a ter pena de si mesmo. Os discípulos não haviam entendido ainda o sentido de sua missão. Aquela cruz não era dele, era a cruz de todos nós, que ele humildemente tomou sobre si. "Levando ele mesmo em seu corpo os nossos pecados sobre o madeiro para que, mortos para os pecados, pudéssemos viver para a justiça, e pelas suas feridas fostes sarados" (IPe 2:24).

As obras escritas por Lettie Cowman incluem *Mananciais no deserto*, de 1924, seu livro mais famoso, e que tem sido publicado em diversos idiomas. Lettie passou para seu lar celestial em 17 de abril de 1960, no dia da Páscoa.

William Cameron Townsend e a Missão Wycliffe

William Cameron Townsend nasceu em 9 de julho de 1896 num subúrbio da Califórnia. Seus pais eram crentes fiéis da Igreja Presbiteriana, e sua influência sobre Townsend foi profunda. Em 1914, terminou o ensino médio na Compton High School. Tinha muita pressa em seguir para o campo missionário, por isso não completou o curso universitário que havia começado na Faculdade Ocidental, presbiteriana.

Em 1917, partiu de Los Angeles para a Guatemala, onde se ocuparia na venda de Bíblias na língua espanhola sob os auspícios da Casa da Bíblia de Los Angeles. Percorrendo aldeia após aldeia, Townsend começou a perceber que o Evangelho em espanhol não estava sendo compreendido pela maior parte do povo, e isso se complicou mais ainda quando um índio lhe perguntou: "Se o seu Deus é tão esperto, por que ele não pode falar a nossa língua?" Com apenas 23 anos, Townsend começou a agir nesta perspectiva.

Em março de 1919, abriu na Guatemala a primeira escola missionária local para os índios, e em julho casou-se com Elvira Malmstrom, uma missionária servindo também em seu primeiro período de trabalho na Guatemala. O casal, então, resolveu fazer parte da Missão para a América Central e foi morar entre os índios cakchiquel. Eles aprenderam a língua e a cultura daquele povo, estabeleceram igrejas e escolas, mas o auge do trabalho de Townsend foi a tradução do Novo Testamento para a língua dos cakchiquel, finalizada em 1929, depois de dez anos de trabalho árduo. Sua esposa era fiel auxiliadora nesse trabalho tanto quanto no ministério evangelístico do marido. Em 1931, o Novo Testamento em língua cakchiquel foi oferecido ao presidente da Guatemala, e depois, ao povo.

A palavra produziu fruto. Um oficial que foi ensinado a ler por Cameron comprou um Novo Testamento simplesmente porque tinha pouco mais para ler. O resultado foi que, um dia, convidou os cristãos para sua casa, e depois de se reunir, ele se levantou e disse: "Eu quero crer em Cristo." Assim, William Cameron Townsend começou a sonhar mais intensamente com a tradução da Bíblia para todas as línguas do México, dos índios do Brasil, da África, os dialetos na China e todos os lugares onde os povos nativos ainda não possuíam a Escritura na própria língua.

William Townsend e a esposa, Elvira, entre indígenas da Guatemala.

Ele compartilhou seu sonho com líderes missionários, mas nenhum se interessou, pois a ideia parecia complexa demais. Os dirigentes da Missão para a América Central também não ofereceram apoio. Todos achavam que ele devia permanecer com os cakchiquel e continuar a obra de edificá-los na fé. Por fim, pediu a direção de Deus, fechou os olhos, abriu a Bíblia e colocou seu dedo sobre um versículo ao acaso, Mateus 18:12: "Que vos parece? Se um homem tiver cem ovelhas, e uma delas se extraviar, não deixará ele nos montes as noventa e nove, indo procurar a que se extraviou?"

"Sim, Senhor", disse Townsend. "Deixaria os 250 mil cakchiquel e iria à procura [...] dos povos que não possuem a Bíblia." A visão estava clara, mas ele se questionava sobre onde estaria o poder e a capacidade para realizar. Pouco tempo depois, Deus lhe deu outro versículo que satisfez seu coração: "... faça-se conforme a vossa fé" (Mt 9:29).

Agora Townsend estava pronto para iniciar sua tarefa de tradução da Palavra de Deus para todos os povos do mundo. Era o momento do nascimento da Missão Wycliffe, responsável pela tradução das Escrituras para uma grande diversidade de línguas. Ao lado de L.L. Legters, ele viajou para o interior do México para pesquisar as línguas dos índios. Em 1934, fundaram a Camp Wycliffe em Sulphur Springs, Arkansas, nos Estados Unidos, para ser uma escola de treinamento de futuros tradutores da Bíblia. Kenneth Pike tornou-se o diretor do Summer Institute of Linguistic (Instituto de Linguística de Verão), nome dado à escola alguns anos depois.

Em 1936, Townsend estabeleceu-se no México e fundou a versão local do Instituto, a primeira organização formada com foco nas línguas das minorias indígenas. A Wycliffe Bible Translators (Associação Wycliffe para Tradução da Bíblia) foi oficialmente fundada em 1942, com direito a receber fundos e fazer propaganda da obra. Finalmente o sonho do Instituto Linguístico de Verão estava se realizando no campo missionário.

Elvira Townsend, esposa e colaboradora de Townsend, faleceu em 1944. As frustrações da vida missionária numa cultura primitiva, às quais ela não conseguia se adaptar, a levaram a uma morte prematura. Em 1946, ele se casou com Elaine Mielke, e no ano seguinte, foram para o Peru a fim de liderar uma nova obra. Serviram aos peruanos durante 17 anos. Depois do Instituto ser estabelecido no Peru, Townsend, junto com o ministro da Educação do país, implementaram um sistema de educação bilíngue. O governo levou a efeito o programa, que funciona até hoje.

As portas da Colômbia se abriram para a obra do Instituto em fevereiro de

> **A ESPIRITUALIDADE EVANGÉLICA**
> A mensagem da cruz é deveras chocante, pois quem pode entender o sentido da morte sacrificial de Cristo? Ninguém pode explicar a cruz, a não ser pela fé, que nos ajuda a entender como da morte brota a vida. Vivemos por que Jesus morreu. Por intermédio da cruz, unimos-nos a Cristo por meio da fé e da graça, ou nos separamos dele por meio da incredulidade e da ingratidão. A cruz não é uma passagem para um destino — é, na verdade, o lugar onde devemos estar até que o mistério do sacrifício do Cordeiro seja compreendido. A mensagem da cruz é, portanto, dura e incômoda. Os religiosos daquela época fecharam seus ouvidos para a mensagem da cruz. Preferiram rejeitar a Cristo, que um dia lhes perguntou: "Quereis vós também retirar-vos?", ao que Pedro respondeu: "Senhor, para quem iremos nós? Tu tens as palavras de vida eterna. E nós temos crido e conhecido que tu és o Cristo, o Filho do Deus vivente" (Jo 6:67-69).

1962, depois de ser negada por sete vezes. Townsend era um homem de fé. Recebeu quatorze vezes uma resposta negativa a seu pedido de entrada na Indonésia antes de ser aceito. Townsend e Elaine mudaram do Peru para a Colômbia para supervisionar a obra do Instituto.

De 1968 a 1979, o casal visitou a União Soviética onze vezes. Os oficiais do governo aceitaram a sugestão de Cameron de incumbir seus próprios linguistas de traduzir I João para alguns idiomas do país. Por volta de 1982, o livro bíblico foi traduzido para cinco línguas da Armênia e estavam em processo de tradução para outras dez.

Townsend faleceu em 23 de abril de 1982. Na ocasião, os sentimentos dos membros do Wycliffe Bible Translators foram registrados nas palavras de Bernie May:

> Quando chegou a notícia de que o "tio Cam" se fora, tive a mesma sensação de várias ocasiões ao pilotar um avião de dois motores e um deles parar de repente. O seu objetivo torna-se da máxima importância. Você imediatamente passa a se utilizar de seu sistema de orientação. Continua voando, mas com uma nova intensidade, a fim de chegar ao seu destino com a maior rapidez possível [...] Há ainda 3 mil línguas sem a Bíblia. Este é o seu desafio. Este é o seu chamado. (TUCKER *apud* BOLETIM WBT, 1977, p. 386)

Num artigo de tributo a Townsend no verão de 1982, Carol Koontz resumiu suas características assim: "Tradutor da Bíblia... linguista... estadista... servo... pioneiro... homem de fé. Ele era verdadeiramente um homem incrível". Durante sua vida, William Cameron Townsend recebeu muitas medalhas, condecorações e diplomas de governos, organizações e universidades por seu labor entre os povos isolados.

Entre as cinco homenagens feitas a ele pelo governo do Peru, a honra de outubro de 1981 se destaca. Foi-lhe conferida a Ordem do Sol do Peru, a maior honra que a nação pode prestar a um estrangeiro. Todavia, a maior recompensa de William Cameron Townsend resta para o dia quando "os mortos ressuscitarão e os vivos serão transformados, e juntos encontrarão com o Senhor nos ares".

CAPÍTULO 18
OS AVIVAMENTOS DE CURA DIVINA DOS ANOS 1950

"Deus não está procurando por vasos de ouro ou de prata. Ele procura por vasos dispostos." **Kathryn Kuhlman**

O Avivamento da Chuva Serôdia — 1948-1952

Mesmo que esse avivamento não tenha produzido diretamente uma organização denominacional e tenha sido muito difuso, com vários ministérios distintos, o Avivamento de Cura dos anos 1950 está conectado com as mesmas aspirações de um retorno à Igreja apostólica. Entre esses movimentos está o Latter Days Rain, ou Movimento da Chuva Serôdia, que cria numa completa restauração da Igreja e um avivamento poderoso e mundial antes da segunda vinda de Cristo.

No fim dos anos 1940, havia uma profunda sede por uma nova visitação de Deus entre aqueles que vinham do ambiente pentecostal. Em resposta a isso, cerca de setenta jovens se reuniram, em outubro de 1947, em North Battleford para iniciar o primeiro semestre do Sharon Bible College. Muitos estavam orando e jejuando por 40 dias em favor de um avivamento.

Nessa época, o grupo era liderado por Jorge Hawtin e Percy G. Hunt, dois pastores que vinham das Assembleias de Deus do Canadá. Entre eles estava também Herrick Holt, um pastor da Igreja Quadrangular de North Battleford. O derramamento do Espírito atraiu públicos cada vez maiores de 7 e 18 de julho de 1948, e o grupo estruturou melhor seu ensino, usando uma hermenêutica simbológica, especialmente no Antigo Testamento, o que abriu as Escrituras em um novo nível. As festas do povo de Israel, por exemplo, eram vistas como sombras de coisas que Deus realizara na Igreja do Novo Testamento e continuava realizando.

O Movimento da Chuva Serôdia foi uma iniciativa de restauração à parte do movimento pentecostal convencional. Muitos dos evangelistas de cura da década de 1950 procedia desse avivamento, que aguardava os novos estágios da restauração de Deus em sua casa.

Os evangelistas de cura divina e fé

Bastante ligados em unção com o movimento Chuva Serôdia, mas muito diferentes na ênfase, surgiram avivalistas de cura muito dinâmicos em meados do século 20. Os primeiros entre eles foram dois homens muito diferentes entre si, Willian Marrion Branham e Granville Oral Roberts.

William Branham

Branham (1909-1965) era um pregador batista simples que foi bem recebido no pentecostalismo através da corrente pentecostal dos unicistas. Ele ganhou proeminência por suas reuniões de massa de 1947, nas quais eram realizadas operações de sinais e de maravilhas. Simples e manso, William Branham foi, todavia, um ungido profeta para sua geração até sua precoce morte num acidente de carro na noite de Natal de 1965.

A morte de Branham revelou um insano e misterioso culto que surgiria à sua personalidade. Alguns irmãos começaram a colocá-lo numa posição de profeta único e uma espécie de "João Batista" a preparar a segunda vinda de Cristo. Outros esperavam que ele ressuscitasse no dia de Páscoa, mas finalmente o enterraram em 11 de abril de 1966, mais de 3 meses depois de sua morte. Alguns de seus discípulos afirmavam que ele era o segundo Elias; outros criam que ele era "Deus, nascido de uma virgem"; ainda outros criam que ele era "o Senhor Jesus Cristo"; e havia quem declarasse que ele era "o profeta dos últimos dias", cujas mensagens eram consideradas "Escrituras orais".

Branham mesmo nunca ensinara tais absurdos e jamais se colocara acima de outros ministérios levantados por Deus. Alguns relatos de seu ministério deixam isso claro, como numa noite em que ele orou por dezoito pessoas. Entre elas havia um homem paralítico por muitos anos. Depois de Branham orar no nome de Jesus, aquele homem se levantou, batendo suas mãos e andando sem que ninguém o ajudasse. Um homem cego também foi curado e surdos receberam cura.

Na manhã seguinte, pediram ao avivalista que orasse por uma mulher no hospital psiquiátrico de Saint Louis. Ela foi restaurada à sua normalidade e logo lhe deram alta. Em Granite City, Illinois, encontraram uma mulher que pesava 41 quilos, sofrendo de câncer terminal. Depois de Branham orar por ela, Deus curou seu corpo e logo a liberaram para voltar para casa.

O interesse por suas campanhas de oração crescia. Os testemunhos de cura se multiplicavam. Orar madrugada adentro pelas pessoas tornou-se um costume para Branham por muito tempo, tamanha era sua compaixão pelas pessoas.

Certa vez, o avivalista foi convidado ao Tabernáculo da Hora Bíblica, no Estado do Arkansas, pastoreado pelo reverendo Richard Reed. Havia gente de 28 dos Estados Unidos e até do México. O público foi estimado em 25 mil pessoas. Na última noite de campanha, o motorista de uma ambulância estacionada perto do palanque pediu que Branham o acompanhasse. Ao chegar ao carro, orou por uma senhora dada como morta. Para espanto e regozijo de todos, aquela mulher ressuscitou.

Granville Oral Roberts

Totalmente diferente do rude William Branham, Oral Roberts pregava a santidade pentecostal. Tinha 29 anos quando iniciou seu ministério, e tornou-se um instrumento de Deus em muitas curas e milagres notáveis em sua geração. De todos os evangelistas de cura, provavelmente encabeça a lista dos que tinham integridade pessoal e equilíbrio. O talento e a habilidade organizacional o empurraram para a vanguarda do cenário dos avivamentos de cura. Ele continuou até 2009 como líder de um ministério multimilionário. Em Tulsa, Oklahoma, ergueu um complexo universitário que leva seu nome.

Oral Roberts nasceu em 24 de janeiro de 1918 em uma família temente e piedosa. Mesmo sendo fazendeiro, seu pai plantou várias igrejas. Sua mãe sempre orava por enfermos. Durante a gravidez, consagrou Roberts a Deus para ser usado no ministério. Mesmo o menino sendo gago, sua mãe sempre afirmara que Deus o usaria poderosamente como seu instrumento para alcançar multidões.

Aos 16 anos, Roberts deixou sua casa a fim de buscar uma vida melhor. Nessa época, ele se desviou dos caminhos de Deus e passou a viver dissolutamente, o que resultou em graves consequências para sua saúde: contraiu tuberculose e foi forçado a retornar para a casa dos pais.

Nessa época, decidiu se reconciliar com Deus e foi levado pelos irmãos a uma campanha de cura divina dirigida pelo evangelista Jorge Moncey. A caminho da cruzada evangelística, Deus falou com Roberts, dizendo que o curaria e que ele seria um instrumento para a sua geração. Ele realmente foi curado instantaneamente tanto da tuberculose quanto da gagueira.

Em 1941, passou a dirigir suas campanhas de cura e aceitar convites para pregar. Em seguida, tornou-se pastor local. No entanto, os sinais e maravilhas eram uma constante em seu dia a dia. Por fim, decidiu entregar o pastorado e se lançar num ministério evangelístico sem limitações de localidade ou denominação. Os milagres foram acontecendo. As multidões cresceram até o ponto de Oral Roberts precisar adquirir uma tenda com capacidade para 12 mil assentos. Nessa época, ele passou a usar a televisão e a mídia.

No fim da década de 1950, seu escritório recebia mil cartas por dia com inúmeros testemunhos e pedidos de oração. Roberts estabeleceu uma estrutura que funcionava 24 horas por dia para orar por telefone por qualquer pessoa que ligasse. De 1947 a 1968, realizou trezentas cruzadas evangelísticas em que milhares de pessoas foram salvas e curadas.

Já com os filhos em idade adulta, enfrentou muitos problemas familiares e lidou com várias crises financeiras no ministério ao fundar a Universidade Oral Roberts e um hospital. Em 1993, Roberts se aposentou com a idade de 75 anos e partiu para estar com o Senhor em dezembro de 2009.

Jack Coe

Jack Coe nasceu em 16 de dezembro de 1918 em Oklahoma City. Bem cedo, tornou-se um dos primeiros evangelistas de cura após 1945. De família muito pobre, foi colocado em um orfanato, de onde saiu aos 17 anos. Lutou na Segunda Guerra Mundial e passou a consumir muito álcool. Ainda servindo como militar, teve uma experiência de conversão, começando a pregar nos quartéis. Foi ordenado ao ministério pela Assembleia de Deus em 1944. Em seguida, passou a viajar pelos Estados Unidos. Por 12 anos, pregou a mensagem de cura divina em grandes tendas que reuniam milhares de pessoas.

Coe visitou a tenda onde Oral Roberts conduzia suas cruzadas evangelísticas e decidiu comprar uma ainda maior. Mais ou menos na mesma época, com dúvidas sobre seu ministério, resolveu visitar uma campanha de William Branham, que confirmou seu chamado. Saindo dali, Coe seguiu um cego por quem o avivalista havia orado e constatou que aquele homem passou a enxergar normalmente e glorificar a Deus. Tal experiência extraordinária serviu de grande inspiração para que prosseguisse com suas campanhas.

Em 1953, as Assembleias de Deus o expulsaram por considerar seu ministério exagerado, confundindo as pessoas. Outros avivalistas logo deixaram as Assembleias de Deus pelos mesmos motivos. Em 16 de dezembro de 1956, Jack Coe faleceu com apenas 38 anos. A.A. Allen adquiriu sua tenda e continuou reunindo nela grandes multidões.

A.A. Allen

Outro evangelista que exerceu um extraordinário ministério no avivamento de cura dos anos 1950 foi Asa Alonso Allen. Ele nasceu em 11 de março de 1911 de uma família muito pobre, cujo pai era alcoólatra. Aos 23 anos, converteu-se na Igreja Metodista Onward, no Estado do Missouri. Logo foi instruído acerca do batismo no Espírito Santo e se tornou membro das Assembleias de Deus. Foi ordenado pastor em 1936, e começou seu ministério numa pequena congregação. Em 1947, já liderava uma igreja numerosa em Corpus Christi, no Texas.

Allen deixou o ministério local para se dedicar exclusivamente ao trabalho

---

A ESPIRITUALIDADE EVANGÉLICA

Jesus Cristo foi crucificado ao lado de dois criminosos e coroado Rei dos judeus como escárnio, sendo ele mesmo o Rei do universo. Humilhado e ultrajado, ouviu todo tipo de impropérios e zombaria, como: "Confiou em Deus; livre-o agora, se o ama; porque disse: Sou Filho de Deus." Jesus morreu sozinho, abandonado por Deus e os seus. "Deus meu, Deus meu, por que me abandonastes?" Diante do silêncio de Deus, Jesus Cristo expirou como Cordeiro, consumando, por fim, o sacrifício da cruz (Mt 27:43,46). Diante desse quadro devastador e cruel, apenas os soldados que guardavam Jesus falaram com coerência o que de fato valia a pena ser dito: "Verdadeiramente este era o Filho de Deus" (Mt 27:54).

itinerante de evangelista e avivalista. As multidões cresciam à medida que viam os milagres operados por ele. No início dos anos 1960, foi o primeiro a ter um programa de televisão que divulgava os milagres realizados em suas campanhas. Suas reuniões eram caracterizadas por pregação, testemunhos, música e oração pelos enfermos.

Em 1955, Allen foi preso por dirigir alcoolizado. Pagou a multa e foi liberado. Um associado seu, Don Stewart, afirmou que Allen estava constantemente bêbado. Mesmo assim, adquiriu uma enorme tenda que comportava 22 mil assentos. Foi o primeiro a chamar a pobreza de um "espírito" que deveria ser quebrado e expulso. Por isso, foi também o primeiro a orar por milagres financeiros. Allen costumava condenar o "espírito denominacional" nas igrejas e o formalismo religioso como pecado.

Suas pregações eram transmitidas através de 158 emissoras de rádio diariamente, bem como por 43 estações de televisão. A Miracle Magazine (Revista Milagre), publicada por ele, tinha uma tiragem de 450 mil exemplares.

Em 1967, Allen divorciou-se de Lexie E. Allen. Eles tiveram quatro filhos. Na época de sua morte, em 11 de junho de 1970, ele possuía uma propriedade de 2,4 mil acres com seu próprio campo de pouso de aviões. A autópsia indicou falência do fígado em decorrência da bebida.

Kathryn Kuhlman

Kathryn Johanna Kuhlman nasceu em 9 de maio de 1907 no Estado do Missouri. Converteu-se aos 14 anos. Mais tarde, começou a pregar acompanhada da irmã e do cunhado, até ser ordenada pela Evangelical Church Alliance (Aliança da Igreja Evangélica). Estando envolvida no Ministério de cura, Kathryn Kuhlman encontrou-se com outro evangelista, Burroughs Waltrip, que se divorciara da esposa. Algum tempo depois, os dois decidiram se casar secretamente. Em 1948, Waltrip decidiu se divorciar de Kuhlman por motivos desconhecidos.

Ela se tornou uma televangelista de renome nos Estados Unidos. Tinha um programa semanal em rede de televisão que cobria todo o país chamado *Eu acredito em milagres*. Mesmo sem treinamento teológico, era reconhecida pelo notório dom de cura. O pastor estadunidense Elmer Burnette, que chegou a pregar em igrejas brasileiras e na Comunidade Evangélica de Goiânia, em 1985, testemunhou publicamente sua experiência de cura com Kathryn Kuhlman — a cura de um câncer, que também resultou em sua conversão.

Nas campanhas de Kuhlman, era muito comum as pessoas experimentarem o impacto do poder de Deus e caírem ao chão, o que gerava muita controvérsia, principalmente na mídia. Segundo Jamie Buckingham, seu biógrafo, mais ou menos 2 milhões de pessoas reportaram terem recebido algum tipo de cura divina pelo ministério de Kuhlman. Richard Owellen, membro do Departamento de Pesquisa do Câncer do Hospital John Hopkins, confirmou vários casos de cura nas campanhas da avivalista.

Em 1955, Kuhlman foi diagnosticada com problemas cardíacos, mas continuou mesmo assim sua pesada agenda de campanhas, viajando pelos Estados Unidos e pelo mundo, dirigindo reuniões públicas que chegavam a durar 6 horas. Em 1970, ela decidiu se mudar para Los Angeles. Em 20 de fevereiro de 1976, ao ser submetida a uma cirurgia cardíaca, morreu na mesa de operações do hospital. Um dos atuais televangelistas que reivindicam ter recebido o "manto de unção" de Kathryn Kuhlman é Benny Hinn, que apresenta fenômenos semelhantes em suas campanhas evangelísticas e de cura divina.

Kenneth Hagin

Kenneth E. Hagin nasceu em 20 de agosto de 1917 com um coração deformado e com problemas no sangue. Por causa disso, não se esperava que ele sobrevivesse. Aos 15 anos, vivia confinado em sua cama sem forças sequer para se levantar. Em abril de 1933, converteu-se de forma marcante depois de ter experimentado a proximidade da morte por várias vezes.

Em agosto de 1934, recebeu a revelação de como ter fé em Deus, baseada em Marcos 11:23-24: "Porque em verdade vos afirmo que se alguém disser a este monte: ergue-te e lança-te no mar, e não duvidar em seu coração, mas crer que se fará o que diz, assim será com ele. Por isso vos digo que tudo o quanto pedires em oração, crede que recebereis e será assim convosco." Após essa experiência, Kenneth Hagin foi completamente curado do problema cardíaco, podendo trabalhar, inclusive, na colheita de maçãs.

Em 1936, tornou-se pastor batista em Roland, no Texas. Mais tarde, uniu-se às Assembleias de Deus, pastoreando várias Igrejas. A partir de 1949, começou seu Ministério de Evangelista e de ensino na Palavra, unindo-se a T.L. Osborne, Gordon Lindsey e Oral Roberts. Em 1967, começou suas séries de ensino sobre fé em programas de rádio e em 1974 abriu a Faculdade de Treinamento Bíblico Rhema.

Através desse ministério, abriu centros de treinamento em quatorze países e 1,5 mil igrejas foram plantadas por ele, tendo perto de 25 mil alunos. Entre seus livros mais populares estão *A autoridade do crente, O nome de Jesus, Aprendendo a combater o bom combate da fé* e *Compreendendo a unção*.

Kenneth Hagin permaneceu fiel e se tornou uma grande referência no meio pentecostal. Partiu para o Senhor, aos 86 anos, em 19 de setembro de 2003. Muita controvérsia foi causada por seus livros e ensinos no que se convencionou chamar "teologia da prosperidade". O que se constata objetivamente é que ele mesmo tinha um ensino equilibrado, porém as distorções foram inevitáveis. Muitas pessoas, entretanto, ao ler e ouvir as mensagens de Hagin, levaram seus ensinos ao extremo, ignorando outros assuntos igualmente bíblicos. De qualquer forma, sua mensagem acerca da fé impactou muito a Igreja de Deus em sua geração.

Manoel de Mello

Manoel de Mello e Silva nasceu em 20 de agosto de 1929 em Água Preta, Pernambuco. Em 1947, mudou-se para São Paulo, onde passou a trabalhar como pedreiro nas construções. À noite, costumava atender a pedidos para pregar em igrejas das Assembleias de Deus, denominação onde era membro ativo. Na sequência, uniu-se ao grupo que daria origem à Igreja do Evangelho Quadrangular. Em 1952, ele afirmou ter sido miraculosamente curado de um problema intestinal. Deixou, então, seu trabalho secular para dedicar-se a tempo integral ao ministério, sendo ordenado em 1955.

Seguindo uma direção divina, Manoel de Mello fundou a igreja pentecostal O Brasil para Cristo em 1956, sendo já bastante conhecido por seu programa de rádio *A voz do Brasil para Cristo*. Seu ministério cresceu exponencialmente, chegando a reunir até 200 mil pessoas em suas campanhas. Acusado sistematicamente de curandeirismo e confrontando os abusos cometidos no regime militar, chegou a ser preso 27 vezes nas décadas de 1960 e 1970.

Em 1976, após vinte anos, Mello deixou a direção de sua denominação. Em 1979, um dos maiores locais de reunião evangélicos do país foi inaugurado na Vila Pompeia, em São Paulo. Em 3 de maio de 1990, Manoel de Mello partiu para o Senhor, sendo o pioneiro e um dos principais evangelistas de cura divina da História do Brasil.

Culto em igreja pentecostal.

As controversas práticas de alguns evangelistas de cura

A galeria de fama dos avivalistas de cura inclui outros nomes de grande peso, como o missionário T.L. Osborn, falecido em 2013; Tommy Hicks, cuja cruzada individual mais famosa foi o avivamento da Argentina de 1954, no qual 400 mil pessoas assistiram a um culto individual em Buenos Aires e de onde tiraram caminhões carregados de cadeiras de rodas, muletas e bengalas; Franklin Hall, que alcançou popularidade com seus conceitos de "poder atômico com Deus" através da oração e jejum; Morris Cerullo e sua "nova unção"; e os televangelistas Rex Humbard, Jimmy Swaggart e Robert W. Shamback.

Por intermédio dessas pessoas — todas imperfeitas, é claro —, o poder de Deus se manifestava inquestionavelmente. Cegos viam, aleijados andavam, surdos ouviam e o Evangelho era pregado. Infelizmente, alguns avivalistas de cura representaram mais "madeira, palha e feno" do que "ouro, prata e pedras preciosas", contrariando o que o Movimento da Chuva Serôdia esperava: um retorno à Igreja do livro de Atos dos Apóstolos.

O declínio do pentecostalismo institucional nos anos 1940 e 1950 criou um vácuo que muitos procuraram ansiosamente preencher, mas entre demonstrações miraculosas e os poderosos sinais e maravilhas, frequentemente se encontravam transações financeiras escandalosas, práticas morais impróprias, lutas por poder, egoísmo, arrogância, independência, rivalidade e dissensões. Como Sansão, o poder de Deus era evidente e inquestionável, mas o caráter de Cristo estava tristemente ausente em alguns deles.

O avivamento era um grande mover de Deus, mas havia muita ambição pessoal e manobras por posição entre os evangelistas. Em 1962, muitos tinham adotado métodos questionáveis, enquanto outros declinaram por causa da falta de humildade e da tendência à autoexaltação. Deus os removeu por causa da ênfase crescente no dinheiro. O público tinha toda a razão para julgar que o avivamento era falso, pois a conduta nada ética de muitos dos evangelistas tinha se tornado sério obstáculo à mensagem carismática.

No início dos anos 1960, os avivamentos de cura haviam mudado de curso. Uma por uma, as personagens idolatradas saíram de cena por morte prematura ou submersas na obscuridade. Poucos sobreviveram até as décadas seguintes. Consequentemente, no derramar do Espírito do século 20, a nova geração aprendeu uma importante, mas dolorosa lição: a inutilidade total de buscar apenas as bênçãos transitórias de Deus sem o necessário caráter de Cristo. Assim, o ambiente estava maduro para uma nova e soberana obra do Espírito Santo: o avivamento carismático.

CAPÍTULO 19
OS MAIORES EVANGELISTAS DO SÉCULO 20

"Avivamento não é descer a rua com um grande tambor; é subir ao Calvário em grande choro." **Billy Graham**

William (Billy) A. Sunday

Mais conhecido como Billy Sunday, nasceu no Estado de Iowa em 19 de novembro de 1862. Billy nunca viu o pai, que morreu na Guerra Civil dos Estados Unidos quatro meses antes de seu nascimento. A responsabilidade do lar caiu sobre a mãe, que lutou contra a extrema pobreza para manter a família unida sob o teto de uma casa feita de madeira com apenas dois cômodos. Assim, Billy aprendeu "as lições fundamentais da vida na escola, na pobreza e na luta da vida".

Ele teve de se esforçar muito para alcançar tudo o que conquistou. Quando tinha cerca de 14 anos, tornou-se zelador de uma escola. Levantava-se de madrugada e carregava carvão para quatorze fogões manterem o fogo aceso durante o dia todo, além de varrer o chão e manter os estudos em dia. Ganhava, na época, 25 dólares por mês. Teve pouca instrução formal. Começou o Ensino Médio, mas não se formou. Foi jogador profissional de beisebol de 1883 a 1891. Mais tarde, como evangelista, podia cativar seu auditório com suas histórias do esporte e outras experiências adquiridas de quando era jogador.

Sunday se converteu num domingo de 1887, depois de ter entrado numa adega com seus companheiros e ter bebido. Assentados na esquina, assistiram a um culto ao ar livre que estava sendo realizado do outro lado da rua. Um grupo de homens e mulheres da missão Pacific Garden tocavam instrumentos musicais e cantavam os hinos evangélicos que Sunday ouvia sua mãe cantar quando era menino e que aprendeu na escola dominical.

Com saudades dos dias e das pessoas que conhecera naquela época, chorou amargamente. Um jovem fez um convite para o povo ir à missão ouvir testemunhos de alcoólatras que foram salvos. Sunday levantou-se e disse aos seus companheiros: "Não posso mais, vou para Jesus Cristo." Deixou os amigos na esquina e foi à missão. Em suas próprias palavras, "de joelhos saí cambaleando do pecado para os braços do Salvador". Não dormiu naquela noite porque teve medo da zombaria que esperava de seus colegas na manhã seguinte. Mas, para sua surpresa, quando se reuniram às 10h no campo de beisebol para o ensaio costumeiro, todos os seus companheiros, um por um lhe deram palavras de encorajamento.

Billy continuou sua carreira no beisebol até 1891. Todos os seus colegas sabiam que sua vida cristã era genuína. Ele se recusou a jogar aos domingos e não demorou em se unir à Igreja Presbiteriana no Parque Jefferson, em Chicago. Frequentava fielmente os cultos e outras programações, incluindo a reunião semanal de oração. Foi lá que

> **A ESPIRITUALIDADE EVANGÉLICA**
> A morte de Jesus desnorteou os discípulos, que, diante de sua crucificação, perderam o rumo das coisas, até mesmo o sentido da vida. Voltaram ao passado, talvez porque há sempre a falsa ilusão de que ele se mantém imutável, e ali se busca um lugar seguro, uma zona de conforto para escapar do caos inesperado da vida. Do ponto de vista humano, tudo isso pode fazer sentido, mas, na perspectiva divina, não é o caso, pois o nosso Deus não é Deus de passado, mas do presente e do nosso futuro. Depois da decepção, os discípulos voltaram ao lugar de suas origens, às suas antigas vilas, para as coisas que lhes eram tão familiares, como as velhas e rotas redes de pescadores da vida de outrora. Ainda que justificável, a escolha de Jesus por nós é irrevogável, e sua vontade prevalecerá, mesmo na contramão de nossos atos e escolhas. Jesus há de nos reencontrar, ainda que seja no Mar da Galileia, de onde um dia nos tirou. "Depois disto, manifestou-se Jesus outra vez aos discípulos junto ao Mar da Galileia [...] Eram eles: Simão Pedro, Tomé, Natanael, João e André, e outros" (Jo 21:1,3). Os discípulos trabalharam a noite toda e nada pescaram, até que, ao amanhecer, Jesus apareceu de surpresa na praia sem que os discípulos o reconhecessem, dizendo: "Filhos, tendes alguma coisa de comer? Responderam-lhe: Não" (Jo 21:5).

Sunday se encontrou com Helen A. Thompson. Em setembro de 1888, uniram-se em matrimônio.

A influência de Helen sobre o marido foi profunda. Era a pessoa encarregada dos negócios em suas campanhas. Viajava quase sempre com Billy e, como mãe, cuidava de seu trabalho e atendia às necessidades da família. Sunday tinha tanta confiança em sua sabedoria que, antes de aceitar qualquer convite para uma campanha, ele exigia a cooperação de todas as igrejas da cidade e a coordenação de sua esposa. Pedia também que reuniões de oração se realizassem em preparação para as campanhas.

As despesas das campanhas eram supridas por ofertas voluntárias levantadas durante cada evento. A manutenção de Sunday vinha de uma oferta voluntária levantada no último dia. Dessa oferta, ele pagava a metade das despesas de toda a sua equipe. Às vezes, essas ofertas alcançaram grandes somas. Em Pittsburg, foram levantados 40 mil dólares, e quase 53 mil dólares na Filadélfia, tudo em valores da época, o que era muito dinheiro. Sunday sempre foi criticado nos assuntos financeiros, mas ninguém que o conhecia de perto duvidou jamais de sua "generosidade, integridade ou senso de mordomia". Os amigos íntimos afirmavam que ele entregava o dízimo sobre tudo que recebia.

Quanto às mensagens que pregava, Sunday chamava o povo ao arrependimento. "A sua pregação era uma violenta, mas pungente condenação do pecado, entregue com tal ardor e força que cortava, ardia e queimava a alma do ouvinte. Uma colheita de almas era sempre o resultado de suas campanhas."[71]

Sua linguagem não era convencional, mas informal. Usava muitas gírias. Falava com os olhos, com gestos e com ações. Dizia ele: "Quero pregar o Evangelho com toda a clareza para que os homens possam vir das fábricas sem trazer seus dicionários." Era ferrenho inimigo das bebidas alcoólicas. Iria a qualquer lugar para combater o uísque, e teve maravilhosos resultados. Algumas de suas declarações eram marcantes:

---

71   ALLEN, 1958, p. 65.

- "Eu falo para o século em que vivo. Estou simplesmente refazendo meu vocabulário para adaptar ao povo do meu século, ao invés do século de Josué."
- "O Senhor não é obrigado a usar teólogos. Ele pode pegar cobras, paus ou qualquer outra coisa e usar para o avanço de sua causa."
- "O piloto mais seguro não é aquele que se veste do maior chapéu, mas o homem que conhece as vias."
- "Eu permaneço firme na minha crença de que a Bíblia é a Palavra de Deus, e creio no inferno, não o hades, mas o inferno — i-n-f-e-r-n-o — com fogo e enxofre. Ele não está mobiliado com conveniências modernas, e não lhes servirão uísque em uma bandeja."
- "Sou um pregador antiquado da religião antiquada que tem aquecido o coração deste mundo frio durante 2 mil anos."

Os resultados das campanhas de Sunday

É calculado que Sunday ganhou cerca de 400 mil pessoas para Cristo durante seu ministério. Sua campanha mais notável foi realizada em Boston, Massachusetts, a qual durou dez semanas no inverno de 1916-1917. Foram registradas 63.716 conversões. Na Filadélfia, de 3 de janeiro a 21 de março daquele ano, 41.724 cartões foram assinados por aqueles que receberam a Cristo, e os reportes das igrejas indicavam que o dobro ou o triplo desse total se converteu fora da tenda. No último dia, foram registradas 1.852 decisões.

Essa e outras campanhas serviram para atrair atenção à igreja e seu lugar na comunidade. Mais de 50 mil pessoas passaram a frequentar as classes bíblicas da cidade. Antes das campanhas de Billy Sunday, poucas pessoas estavam sendo adicionadas ao rol de membros das igrejas. Depois, tudo se transformou, conforme o seguinte testemunho revela:

> Em um domingo só em Scranton, Pensilvânia, 3 mil membros foram adicionados às igrejas. Seis meses depois da campanha nessa cidade, 5 mil pessoas foram a um piquenique de esporte e oração. Em Carbondale, uma pequena cidade a 22 quilômetros de Scranton, quatro igrejas protestantes receberam mil membros em cinco meses. Isso foi resultado direto ou indireto

dos sermões de Sunday. O reverendo dr. Maitland Alexander, pastor da Primeira Igreja Presbiteriana de Pittsburg, disse que 419 membros foram adicionados à sua igreja como resultado da campanha de Sunday. Uma igreja em Wilkes-Barre, Pensilvânia, recebeu mil membros como resultado da campanha naquela cidade.

Os resultados sociais das campanhas eram notáveis porque as mensagens de Billy Sunday levavam uma multidão de pessoas a reconhecer que a solução dos problemas deste mundo viria pela transformação de indivíduos, e não por meio de novos métodos. Uma companhia de aço de Pittsburg estabeleceu um departamento religioso na fábrica sob a direção de um pastor ordenado. Isso foi resultado direto da campanha de Sunday.

Como efeito da campanha em Scranton, um clube de Wilkes-Barre converteu-se em uma classe bíblica denominada "Classe Bíblica da Garagem" porque se reunia na garagem de um dos membros. Antes, era um grupo de homens ricos que se reunia semanalmente em lares diferentes para jogar pôquer. Apesar de seu firme propósito de não comparecer às reuniões de Sunday, não puderam resistir à atração da tenda, e um após o outro se converteu.

Em Columbus, Ohio, vários homens de negócio aumentaram voluntariamente os salários de seus empregados, especialmente os das mulheres. Era resultado dos sermões de Sunday. Vitórias favoráveis à Lei Seca, onde era proibida a venda de bebidas alcoólicas, eram conquistadas nas eleições que seguiam às campanhas. O Estado de Illinois é exemplo: onze das cidades onde Sunday realizou campanhas se tornaram "cidades secas", livres do álcool.

Cinco anos depois da campanha de Billy Sunday, ainda havia evidências da presença e da obra do evangelista. "A pessoa mais cética e antagonista não podia falhar em achar centenas de milhares de convertidos de Billy Sunday nas igrejas das cidades onde ele realizou suas campanhas."[72]

---

[72] William, E; Sunday, b. 1959, p. 137.

Uma das razões pela conservação dos frutos era o esforço que Sunday e sua equipe empreendiam para levar os convertidos a se tornar membros da igreja de escolha deles. Sunday ensinava a seus novos convertidos que eles não podiam crescer na graça e ser úteis fora da Igreja visível de Cristo.

Também enfatizava a importância do serviço cristão por parte de todos os membros do Corpo de Cristo, especialmente a evangelização pessoal. Para ele, o mais simples e mais efetivo tipo de serviço cristão era esse. "Ele ajudou as pessoas a 'acertar contas com Deus'. Suas campanhas promovem justiça, diminuíram perversidades e fortaleceram a Igreja."[73] Sunday faleceu em 6 de novembro de 1935.

William (Billy) Franklin Graham Jr.

Billy Graham é o mais conhecido e reconhecido evangelista do século 20 no meio cristão evangélico. Ele realizou campanhas em quase uma centena de países e pregou a mais de 100 milhões de pessoas, e muitos outros milhões ouviram suas mensagens pelo rádio ou pela televisão. Mais de 2 milhões de pessoas atenderam aos apelos feitos em suas campanhas, e um grande número permaneceu firme na sua decisão de seguir a Cristo.

Além das campanhas, outros ministérios de Billy incluíam a revista Decisor, fundada em 1960, com 4 milhões de assinantes em 1985; muitos livros de sua autoria; produção de filmes cristãos; programa de rádio *A hora da decisão*; e vários programas especiais de televisão por ano.

Billy Graham nasceu no dia 7 de novembro de 1918 numa fazenda na Carolina do Norte, nos Estados Unidos. Seus avós eram descendentes de pioneiros escoceses-irlandeses que se fixaram nas Carolinas antes da independência do país. Os pais dele eram cristãos dedicados de uma pequena igreja presbiteriana de Charlotte.

Antes dos 10 anos, Billy aprendeu de cor Catecismo Breve de Westminster. Desde pequeno, trabalhava arduamente com o pai na fazenda. Levantava-se às 3h para tirar leite de 25 vacas e levar à cidade antes de ir para a escola. À tarde, ajudava nos outros serviços da fazenda. Era

---
[73] Ibid.

brincalhão e tão cheio de vigor a ponto de causar preocupação à mãe. Assim era o jovem que Deus estava prestes a chamar para a maravilhosa tarefa do ministério da Palavra em todo o mundo.

Aos 12 anos, Billy tornou-se membro da igreja de seus pais, mas ainda não tinha uma experiência genuína de salvação. Em maio de 1934, seu pai emprestou um pasto a um grupo de homens de negócio para que passassem um dia de oração a favor da cidade de Charlotte, que, devido à Grande Depressão e à crise econômica, tinha caído num estado de grande decadência espiritual. Eles haviam planejado uma série de conferências evangelísticas para serem realizadas naquele mesmo ano, apesar de não terem o apoio do Conselho de Pastores. Naquele dia, o líder Velnon Patterson orou para que Deus levantasse alguém em Charlotte para pregar o Evangelho até os confins da terra.[74]

Aqueles homens erigiram uma grande tenda na cidade, onde, em setembro de 1934, foi iniciada uma série de conferências que durou onze semanas. O evangelista era Mordecai F. Mas, famoso pregador do Sul dos Estados Unidos na época, e Walter Ramsey era o regente do coro.

Os Grahams não assistiram aos primeiros dez dias das conferências, mas, depois de serem levados uma vez por alguns vizinhos, não faltaram mais. Billy mantinha uma atitude antagônica, e recusou-se a ir até o dia em que um dos empregados da fazenda, Albert McMakin, que estava frequentando as reuniões, encheu seu velho caminhão de gente e convidou Graham para servir de motorista. Billy, então, aceitou o convite. Assentaram-se bem atrás. Aquela era a maior congregação que ele já havia visto.

Mordecai começou a pregar, e Billy Graham ficou boquiaberto do início até o fim. O pregador atacou sem reservas o pecado, e falou do horrível julgamento que estava à espera daqueles que não se arrependessem. A mensagem se aplicava tão bem à sua vida que ele achou que sua mãe havia falado com o pregador a seu respeito.

Compungido e contrito, Billy não faltou a nenhuma reunião a partir daquela noite. O Espírito Santo estava agindo, e havia uma grande luta no íntimo de

---

74 POLLOCK, 1969, p. 6.

Graham entre sua consciência e sua vontade. Durante muitas noites, resistiu ao apelo, mas em uma delas, quando o coro começou a cantar, Billy não resistiu mais e foi à frente, profundamente consciente da presença de Cristo.

Naquela noite, Billy Graham experimentou o novo nascimento bíblico. Nos dias que se seguiram, percebeu que "algo tremendo" havia acontecido nele. As velhas coisas haviam passado, e "tinha consciência de novos apetites, novas normas. O mundo ao redor parecia diferente, e não tinha dúvidas de que aquilo era o que a Bíblia chama o novo nascimento". Em suas próprias palavras: "Aquela foi a primeira grande decisão de minha vida."[75]

Em sua instrução formal, os primeiros anos de estudo não eram de nível elevado por causa da baixa qualidade de ensino no Estado da Carolina do Norte. Entretanto, ao chegar aos 14 anos, já havia lido cerca de cem livros que lhe interessaram. Em 1936, Billy entrou para o Bob Jones College. Naquele tempo, não era uma faculdade reconhecida formalmente. Estudou durante um semestre, mas, por causa da rigidez da escola e de sua luta com uma gripe forte que exigia banhos de sol por prescrição do médico, transferiu-se para o instituto bíblico denominado Temple Terrace Independent Bible School (hoje Trinity College), perto de Tampa, em fevereiro de 1937.

Muitos pregadores evangélicos de renome passavam suas férias em Temple Terrace, e o reitor os convidava para falar nas conferências bíblicas. Homens como Gipsy Smith, Homer Rodeheaver e W.B. Riley anelavam por um mover do Espírito Santo. O tema único era: "Precisamos de um profeta. Precisamos de alguém para chamar o país de volta para Deus."[76]

Graham começou a perceber, em seu íntimo, um chamado para ser um pregador. Nos passeios à noite, ele lutava em oração, inventando desculpas. Uma noite, em março de 1938, estava voltando de um passeio e não resistiu mais. Disse ele: "Eu me lembro de ter ajoelhado e dizer: 'Ó, Deus, se tu queres que eu pregue, eu o farei. Lágrimas rolaram de minhas faces enquanto fazia essa grande entrega para me tornar um embaixador de Jesus Cristo'."[77]

---

75 Ibidem, p. 9.
76 POLLOCK, 1969, p. 19.
77 Ibidem, p. 20.

Dali em diante, sua paixão era ganhar almas para Cristo. Foi ordenado em 1939, em Peniel, pela Associação de Saint John das Igrejas Batistas do Sul. Em seu último ano em Temple Terrace, serviu de pastor do Tabernáculo de Tampa Gospel, além de ser requisitado por muitas igrejas e capelas espalhadas pelo Estado da Flórida. No outono de 1940, Billy matriculou-se na Universidade de Wheaton para estudar Antropologia. Durante as férias, passava seu tempo na Flórida, pregando em conferências para jovens. Em 1941, tornou-se pastor do Union Gospel Tabernacle de Wheaton e Glen Ellyn. Mais tarde, foi presidente do Christian Student Council.

Em Wheaton, Graham encontrou-se com sua futura companheira, Ruth McCue Bell. Os pais dela, L. Nelson Bell e esposa, eram missionários presbiterianos servindo na China, onde Rute nasceu. Bell era médico, e ajudou a desenvolver um hospital missionário durante as guerras civis na China e no Japão. Billy e Rute se casaram em 13 de agosto de 1943 em Montreat, Carolina do Norte, onde os pais de Rute fixaram residência, quando a Segunda Guerra Mundial impediu sua volta à China. Eles voltaram para Illinois, onde Billy estava pastoreando uma pequena igreja em Western Springs, e tiveram sete filhos.

Billy Graham serviu como evangelista da Mocidade Para Cristo Internacional. De 1945 a 1947, viajou pela Escócia, Inglaterra e Irlanda. A equipe de Graham era composta de Cliff Barrows e sua esposa. Juntos, eles visitaram 27 cidades das Ilhas Britânicas, e realizaram 360 campanhas entre outubro de 1946 e março de 1947. O lema era "Adaptado aos tempos, ancorados à Rocha". Ao terminar as viagens,

> **A ESPIRITUALIDADE EVANGÉLICA**
> A presença daquele estranho e sua identidade foi, por fim, reconhecida por João. Jesus estava de volta ao lugar onde tudo começara três anos antes. Foi naquela praia, naqueles barcos, naquelas redes tão familiares dos pescadores, que, pela primeira vez, os discípulos ouviram a inconfundível voz que dizia: "Venham após mim e eu vos farei pescadores de homens." Daquele dia em diante, a vida de pescador de peixes ficara para trás, dando lugar a uma vida nova através da chamada para abraçar uma missão de serviço. Foi para isso que tinham sido transformados de pescadores de peixes em proclamadores do Evangelho de Jesus Cristo. Por três anos e meio, tiveram uma experiência incomparável, definitiva.

foi realizada uma conferência especial para 250 líderes de jovens em Birmingham, Inglaterra.

Durante dois anos, no fim da década de 1940, Billy serviu como diretor da interdenominacional North Western School, composta de escola bíblica, seminário e universidade, na cidade de Minneapolis, Minnesota.[78] Graham aceitou a posição contra sua vontade a pedido do fundador, W.B. Riley, que insistiu para que ele fosse seu sucessor.

North Western ensinou lições valorosas. A função ofereceu a Billy treinamento inestimável em finanças e administração, além de ensiná-lo a delegar responsabilidades e formar equipes. Várias pessoas que mais tarde viriam a trabalhar com ele em outras organizações foram fruto do trabalho no North Western. As dificuldades que ele encontrou colocaram no espírito de Graham a fibra de liderança sem a qual nenhum homem alcança a grandeza.

Para a campanha de Los Angeles, no outono de 1949, os planos eram para três semanas, mas foi estendida a oito. Era o início das enormes campanhas de Billy Graham que começaram na América do Norte e se espalharam pelo mundo inteiro. A equipe era composta de Billy, o evangelista; Cliff Barrows, o regente do coro; George Beverly Shea, solista; e Grady Wilson, colega de Graham. As pregações eram feitas numa tenda onde, no início, cabiam 6 mil pessoas. No entanto, foi necessário aumentá-la para acomodar 9 mil pessoas, e ainda assim continuou pequena. No último domingo, 20 de novembro, ninguém podia calcular o número. Era aparentemente o maior auditório de uma campanha daquela natureza desde a campanha de Billy Sunday em Nova York, em 1917.

É digno de menção o fato de que, quando Graham voltou a Los Angeles para outra campanha, em 1963, o local lotou com 134.254 pessoas na última noite, sendo que mais de 20 mil permaneceram do lado de fora. Cerca de 4 mil decisões foram registradas. Entre elas, algumas conversões notáveis que atraíram a atenção, como a de Stuart Hamblen, um caubói e compositor que dirigia um programa de rádio. Após sua conversão, perdeu seu emprego porque utilizou seu programa para proclamar o Evangelho.

.....
78 Id., p. 50.

Criminosos, atletas, atrizes e até um gângster tomaram uma decisão por Jesus como resultado da pregação e dos apelos de Billy Graham.

O sucesso da campanha foi atribuído a três coisas: a intensa oração do povo de Deus; a liberação do poder do Espírito Santo; e as mensagens centradas na Palavra de Deus. Suas pregações eram simples, ungidas, bíblicas e muito contextualizadas para aqueles dias. Tal como as pregações de Graham em Los Angeles, em 1949, foram todas as que se seguiram. Essa é a razão de multidões serem atraídas para ouvi-lo. A partir daquele momento, ele se tornaria um evangelista conhecido em todos os Estados Unidos. Em Washington D.C., em fevereiro de 1952, Billy Graham tornou-se bem conhecido pelos líderes políticos e amigo pessoal do presidente Eisenhower.

Outra campanha foi realizada em Londres dois anos depois na Arena de Harringay e no estádio de Wembley. Durou doze semanas, de 1º de março a 22 de maio, com 38.447 decisões registradas, sendo 5 mil na primeira semana. Apesar do frio e da chuva, 180 mil pessoas assistiram à última reunião, realizada no maior estádio ao ar livre de Londres, o Wembley. Foi a maior congregação religiosa vista nas Ilhas Britânicas até aquela noite. Sir Winston Churchill ficou tão impressionado com as notícias de Wembley que marcou 5 minutos para uma entrevista com Graham, a qual foi estendida para 40 minutos.

As palavras do bispo de Barking na reunião final dos pastores expressou os resultados da campanha sobre os ministros: "Uma nova chama de esperança se acendeu em nosso coração, nova coragem e nova fé..."[79] Na última reunião da campanha realizada nos dias 15 de maio a 1º de setembro de 1957 no Madison Square Garden, Nova York, a frequência foi de 125 mil pessoas. Jornais de todo o mundo publicaram as notícias.

Billy Graham visitou o Brasil pela primeira vez em 1960, quando participou das reuniões do X Congresso da Aliança Batista Mundial no Rio de Janeiro, de 23 de junho a 3 de julho. Pregou duas vezes, a primeira na Escola Técnica Ferreira Viana para um auditório de 5 mil pastores de todo o Brasil e de outros países. O assunto foi "O espírito do evangelismo", uma mensagem que teve grande impacto sobre os pastores.

---
79   POLLOCK, 1985, p. 69.

A segunda vez foi no encerramento do congresso, quando falou a um auditório de 200 mil pessoas no estádio do Maracanã, que estava superlotado. Milhares delas se decidiram para Cristo. O impacto que a pregação de Billy Graham causou nos brasileiros foi poderoso e profundo. Ele voltou ao Brasil em 1962 para uma campanha em São Paulo, e depois em 1977, para uma campanha no Rio de Janeiro, em que o estádio do Maracanã novamente foi aproveitado com grande êxito.

A Campanha de Seul, na República da Coreia, em 1973, foi realizada na famosa May 16 People's Plaza, anteriormente um campo de aterrissagem durante a guerra, com cerca de 1,6 quilômetro de comprimento e quase 200 metros de largura. Por volta de 300 mil pessoas estavam presentes para a primeira reunião, e mais de 1 milhão assistiram à última no domingo, 3 de junho. Foi uma cena indescritível, considerada a maior congregação religiosa na História do Cristianismo. Milhares fizeram sua decisão para Cristo.

Considerado o maior evangelista do século 20, Billy Graham pregou em dezenas de países.

O ano de 1977 foi notável no ministério de Billy Graham: as portas se abriram para ele pregar nos países comunistas da Europa Oriental. Ele visitou a Hungria, aonde retornou em 1981, para receber um doutorado honorário, e em 1985. Esteve na Polônia em 1978 e 1981, nesta segunda vez só para receber outro doutorado honorário. Foi à antiga União Soviética e à Tchecoslováquia (ambas posteriormente desmembradas em várias repúblicas) em 1982. No mesmo ano, visitou a extinta Alemanha Oriental.

Esteve na Romênia em 1985. Billy estava verdadeiramente obedecendo à Grande Comissão de Cristo: "Ide por todo o mundo e pregai o evangelho a toda criatura..." (Mc 15:16).

O Congresso Mundial de Evangelização Mundial de 1966 em Berlim

A visão de um congresso mundial sobre evangelização nasceu no coração de Billy Graham, e finalmente foi realizada em Berlim, de 25 de outubro a 4 de novembro de 1966. O lema foi "Uma raça, um Evangelho e uma tarefa". Cerca de 1,2 mil delegados e observadores estavam presentes. O Congresso foi aberto pelo imperador Haile Selassie, da Etiópia. Billy era presidente honorário e presidiu as sessões da noite. "É minha convicção", disse Billy Graham, "que aqui em Berlim poderia começar um movimento que alcançaria o mundo em nossa geração".[80]

Vários congressos regionais se seguiram ao Congresso de Berlim, e que deixaram um impacto no mundo: Singapura, em 1968; Minneapolis (EUA) e Bogotá (Colômbia, em 1969. A Associação Evangelística Billy Graham financiou esses congressos, mas o evangelista não participou diretamente porque não quis dar a impressão de que ocupava um papel dominante.

> Os congressos demonstraram que aqueles que acreditavam na autoridade das Escrituras e desejavam levar outros ao Cristo vivo eram muitos mais e maiores em número, sabedoria e influência do que se havia suposto. Para a Igreja como um todo, Berlim trouxe um urgente apelo pela volta a um compromisso dinâmico pela evangelização mundial. (POLLOCK,1969, p. 50)

A ESPIRITUALIDADE EVANGÉLICA

Ao retornar da praia, os discípulos foram surpreendidos pela mesa da comunhão, do pão e do peixe preparados pelo próprio Senhor. Fazia pouco tempo, na época da Páscoa, que Jesus lhes servira o pão e o vinho, dizendo: "Tomai e comei." De maneira bem semelhante, Jesus disse novamente: "Vinde e comei! Jesus tomou o pão e deu-lhes, e semelhantemente, o peixe." (Jo 21:12-13). Pão e peixe ou pão e vinho, trata-se do cuidado providente do Senhor que cuida dos seus, do nosso corpo e também da nossa alma.

---

80   POLLOCK,1969, p. 237.

O Congresso Mundial de Lausanne

No Congresso Internacional de Lausanne sobre Evangelização Mundial, em julho de 1974, cerca de 4 mil pessoas de mais de 150 nações se reuniram na Suíça. Foi um dos eventos mais marcantes da Igreja no século 20. O lema era "Que o mundo ouça a sua voz", escrito e apresentado em seis línguas. Billy Graham pregou na abertura, quando levantou alto a bandeira do verdadeiro Evangelho e do Cristianismo bíblico.

O congresso não foi apenas internacional, mas também muito mais abrangente. Delegados do então chamado "Terceiro Mundo" não eram mais espectadores, como em Berlim, mas contribuíram ativamente. A criação do Pacto de Lausanne foi a obra mais importante do congresso, mostrando a fusão de mentes, corações e almas dos participantes. Eles assumiram um compromisso com a tarefa de evangelização do mundo. Quatro meses depois, Billy Graham comentou: "Parece que Deus inspirou um documento histórico que bem pode ser uma vertente teológica para os evangélicos durante gerações vindouras."

Outra obra importante do Congresso foi a formação do Comitê de Continuidade de Lausanne, que, nos anos seguintes, comissionou equipes para conferências e pesquisas sobre evangelização e forneceu novos métodos para o cumprimento do Pacto e da Grande Comissão.

A Conclusão do Congresso consistiu em um poderoso sermão pelo bispo anglicano Festo Kivengere, de Uganda, a celebração da Ceia do Senhor — o pão e o vinho foram distribuídos a mais de 4 mil pessoas — e a última mensagem, entregue por Billy Graham e intitulada "O Rei está voltando", na qual enfatizou a urgência da evangelização do mundo em face da volta de Cristo. A campanha de Los Angeles fez de Billy um vulto nacional. A de Londres lhe trouxe fama mundial. Lausanne mostrou que Billy era um estadista cristão universal.

Com o objetivo de inspirar, treinar e mobilizar o Corpo de Cristo para a tarefa de disseminar o Evangelho no mundo, outras importantes conferências aconteceram depois do Pacto de Lausanne. As principais foram as de Amsterdã, em 1983 e 1986. Um dos segredos do sucesso do segundo evento na capital da Holanda foi a oração. Calcula-se que pelo menos

1,5 milhão de pessoas se dedicaram à oração em favor da conferência. A ênfase foi dada à oração durante as reuniões e os *workshops* de tal maneira que o tema ficasse gravado na mente e no coração dos evangelistas. Seria difícil para os participantes esquecer da importância da oração.

Anne Graham Lotz, filha de Billy, disse aos evangelistas: "Deus está mais impressionado com o tempo gasto em oração e no estudo da Bíblia para conhecê-lo do que com todo o nosso trabalho." Os meios de comunicação divulgaram ao mundo o que aconteceu em Amsterdã em 1986. Jornais, revistas, emissoras de televisão e rádio mandaram suas equipes.

As declarações de Amsterdã, firmadas na Conferência de 1983 e reafirmadas em 1986, impactaram o mundo cristão:

1. Confessamos a Jesus Cristo como Deus, nosso Senhor e Salvador, o qual está revelado na Bíblia, que é a infalível Palavra de Deus.
2. Afirmamos nosso compromisso com a Grande Comissão de nosso Senhor, e declaramos a nossa disposição de ir a qualquer parte, de fazer qualquer coisa e sacrificar o que Deus pedir de nós para o cumprimento desta comissão.
3. Respondemos ao chamado de Deus para o ministério bíblico do evangelismo e aceitamos a nossa solene responsabilidade de pregar a Palavra de Deus a todos os povos aos quais Deus nos der oportunidade de fazê-lo.
4. Deus ama a cada ser humano que, a não ser pela fé em Cristo, está debaixo do juízo de Deus e destinado ao inferno.
5. A Boa-Nova de salvação da parte de Deus é o cerne da mensagem bíblica, e essa salvação é somente pela graça, mediante a fé no nosso Senhor Jesus Cristo ressurreto e sua morte expiatória na cruz pelos nossos pecados.
6. Reconhecemos, em nossa proclamação do Evangelho, a urgência de chamar todos à decisão de seguir Jesus Cristo como Senhor e Salvador, e de fazer isso com amor, sem coerção ou manipulação.
7. Precisamos e desejamos estar cheios do Espírito Santo e por ele controlados ao darmos testemunho do Evangelho de Jesus Cristo,

porque somente Deus pode converter os pecadores dos seus pecados e dar-lhes a vida eterna.
8. Reconhecemos, como servos de Deus, a nossa obrigação de levar uma vida santa e moralmente pura, sabendo que exemplificamos Cristo diante da Igreja e do mundo.
9. Nosso crescimento espiritual e nosso poder no ministério dependem, essencialmente, de uma vida constante e fiel de oração e estudo bíblico.
10. Seremos fiéis despenseiros de tudo o que Deus nos der, prestaremos contas das finanças do nosso ministério aos outros e seremos honestos na divulgação das nossas estatísticas.
11. Nossas famílias constituem uma responsabilidade que nos foi dada por Deus, e são um bem sagrado a ser preservado com tanta fidelidade quanto nosso chamado para ministrar aos outros.
12. Temos responsabilidade para com a igreja, e procuraremos sempre conduzir nossos ministérios visando edificar o corpo local de crentes e servir à Igreja como um todo.
13. Somos responsáveis pelos que abraçam a fé por meio de nosso ministério no sentido de fornecer-lhes cuidado espiritual, de incentivá-los a fazer parte de uma igreja local e de fornecer-lhes instrução para testemunharem do Evangelho.
14. Partilhamos da profunda preocupação de Cristo com os sofrimentos pessoais e sociais da humanidade, e aceitamos a nossa responsabilidade como cristãos e como evangelistas de fazer o máximo que pudermos para aliviar a necessidade humana.
15. Rogamos ao Corpo de Cristo que se una a nós em trabalho e oração pela paz em nosso mundo, pelo avivamento, por uma renovada consagração da Igreja à prioridade bíblica do evangelismo e pela unidade dos crentes em Cristo com vistas ao cumprimento da Grande Comissão até que Cristo volte.

Os evangelistas que representaram 174 países do mundo no congresso de Amsterdã em 1986 voltaram para seus lares mais bem preparados para "fazer o trabalho de evangelistas". O tempo provou que aquele foi um dos mais importantes eventos da História da Igreja.

Em 24 de junho de 2005, Billy Graham iniciou em Nova York o que seria sua última cruzada pelos Estados Unidos. Em março de 2006, organizou o Festival da Esperança. Essas foram algumas das iniciativas do grande evangelista para mobilizar o Corpo de Cristo para a evangelização mundial. Depois de uma longa vida servindo ao Senhor, ganhando milhões para Cristo e sendo um grande referencial de integridade espiritual, William Franklin Graham Jr. partiu para a pátria celestial aos 99 anos, em 21 de fevereiro de 2018, em sua casa em Montreat, Carolina do Norte. Billy Graham é considerado uma das mais influentes personalidades do século 20, e deixou uma viva história de serviço à Igreja de Cristo.

Reinhard Bonnke

Reinhard Bonnke nasceu na Alemanha, na cidade de Königsberg, em 19 de abril de 1940. Era filho de um ministro evangélico. Ele entregou sua vida a Jesus Cristo aos 9 anos, depois que sua mãe falou sobre um pecado que ele havia cometido. Arrependido, pouco tempo depois partiu numa viagem, acompanhando um evento missionário na África. Na época, tinha apenas 10 anos. Ele teve ali a experiência do batismo no Espírito Santo e recebeu também o chamado para ser um missionário.

Mais tarde, Bonnke se graduou em um seminário teológico no País de Gales. Após sua formação teológica, pastoreou uma igreja durante sete anos na Alemanha, e então partiu com a esposa e o filho recém-nascido para a África a fim de começar seu trabalho missionário a partir de 1969.

Em Lesoto, Deus lhe deu uma visão do continente africano completamente redimido pelo sangue de Cristo. Fundamentado nesse chamado, que transformou profundamente sua vida e seu ministério, o evangelista Bonnke começou a pregar a Boa Nova, seguido por sinais e milagres extraordinários. Logo vieram gigantescas cruzadas evangelísticas em locais públicos que comportavam multidões de pessoas sedentas que encontravam Jesus Cristo.

Para despertar os pastores e líderes para o trabalho de evangelismo, Reinhard Bonnke promovia encontros onde essas pessoas eram incendiadas pelo Espírito Santo através das Conferências de Fogo, realizadas em vários lugares do mundo. Em 1974, depois de muitos anos trabalhando como missionário na África, ele criou a organização Christ for All Nations (Cristo para Todas as Nações). Foi um passo de fé com uma equipe muito reduzida, e esse ministério evangelístico tinha como um dos principais objetivos alcançar o continente africano "da Cidade do Cabo até o Cairo".

Em 1974, enquanto Bonnke e sua família estavam de mudança para Joanesburgo, na África do Sul, para ter como foco maior o evangelismo de todo o continente, e após se demitir de suas funções como missionário de uma denominação, ele passou de carro diante de uma grande casa numa fazenda abandonada na cidade Witfield. Foi nesse instante que o Senhor disse: "Esta é a sua nova sede."

O lugar estava muito maltratado e abandonado. Sem dinheiro, mas num passo de extraordinária fé na palavra que havia ouvido de Deus, Bonnke foi falar com os proprietários. De maneira miraculosa, os recursos foram disponibilizados para fechar o negócio. Aquela casa de fazenda outrora abandonada foi reformada e, no dia 6 de dezembro daquele ano, tornou-se a sede do primeiro centro de Cristo para Todas as Nações.

Por quase quatro décadas, desde a primeira cruzada evangelística realizada em Botswana, em 1975, muitos milhões de vidas ouviram a mensagem do Evangelho. Somente nos últimos anos, quase 77 milhões de pessoas deram testemunho público, declarando sua fé em Jesus Cristo e sua salvação. Nas enormes cruzadas — que, com frequência, reuniam mais de 1 milhão de pessoas —, a multidão que aceitava Cristo era convidada a preencher um cartão de decisão. Em seguida, cada pessoa era colocada em contato com uma igreja local.

Em seu ministério, Bonnke publicou e distribuiu 4 milhões de cópias gratuitas do livro *Evangelismo por fogo*, no qual narra suas experiências missionárias por todo o planeta. A obra foi publicada em português e em dezenas de outros idiomas.

Depois de décadas na África do Sul, chegou o tempo de espalhar a organização Cristo para Todas as Nações para outros países. Em 1986, sua base foi transferida para Frankfurt, na Alemanha. Ao longo dos anos, esse ministério espalhou-se por todos os continentes do mundo. Em novembro de 2017, o evangelista anunciou que realizaria sua cruzada evangelística de despedida em Lagos, na Nigéria.[81] Assolada por uma guerra civil entre muçulmanos e cristãos que dividiu a nação, a cidade foi escolhida por Bonnke por ser a mais populosa da África, hoje com mais de 7 milhões de habitantes.

De 8 a 12 de novembro de 2017, milhões de pessoas participaram da cruzada. Os números finais foram impressionantes. Cerca de 30 milhões participaram do último evento, provenientes de todas as partes do país e de outras nações vizinhas. O resultado foi o registro extraordinário de 1,7 milhão de decisões por Cristo. Milhares de milagres de cura também foram relatados. Centenas de evangelistas, pastores, líderes e empresários de muitos países marcaram presença nesse evento extraordinário. Esse último gigantesco evento público, após 50 anos de ministério, foi transmitido ao vivo por diversos sites e pela televisão.

Aquele gigante da fé completou a carreira fazendo o que foi comissionado pelo Mestre a fazer: pregar a Boa Nova de Jesus Cristo. De fato, nas últimas décadas tem sido registrado um movimento de conversões sem precedentes na África, e talvez seja nesse continente que a Igreja tem crescido mais rapidamente, apesar de muita miséria e grandes desafios. Bonnke dizia que amava a África, para onde se mudou em 1967: "Eu preguei a Jesus com todas as minhas forças, e continuarei a fazê-lo enquanto ele me ajudar. Não construímos monumentos; nós edificamos o Reino de Deus."

Durante essa última cruzada em Lagos, Bonnke entregou a liderança de Cristo para Todas as Nações a seu cooperador e discípulo Daniel Kolenda. Reinhard Bonnke foi ao encontro de seu Mestre 2 anos depois, em 7 de dezembro de 2019.

---

81 https://www.cfan.org.br/reinhard-boonke.html. Site do Christ For All Nations.

CAPÍTULO 20
A IGREJA NA GRÃ-BRETANHA DO SÉCULO 20

"A graça é o único poder suficientemente grande para enfrentar o pecado." **Martin Lloyd Jones**

Os três movimentos principais do século 19 da Igreja da Inglaterra continuaram no século 20: o evangélico, o liberal e o anglo-católico. As igrejas denominacionais, como batistas, metodistas e congregacionais, continuaram ativas, e muitas independentes surgiram. Em 1919, uma nova Constituição da Igreja Anglicana da Inglaterra foi publicada, dando maior autonomia às igrejas locais, mas o quadro geral apontava para um declínio a partir das primeiras décadas do século 20.

Principalmente após a Segunda Guerra Mundial, o quadro geral da Igreja na Inglaterra, outrora uma potência missionária e cristã por séculos seguidos, mudou drástica e infelizmente. The Daily Worker, uma revista comunista, possuía mais assinaturas do que as três revistas da Igreja oficial da Inglaterra em conjunto. Por aqueles dias, já havia completa falta de interesse em missões ao estrangeiro, e somente uma pequena parte do orçamento das entradas da Igreja da Inglaterra estava sendo utilizada para essa finalidade — menos da metade daquilo que tinha sido investido nas primeiras décadas. Havia grande contraste entre o século 19, considerado "o grande século de missões", e o século 20.

Em meados do século 20, calculava-se que uma em quatro crianças batizadas estava chegando a ser confirmada na fé na idade adulta. Só uma em cada grupo de dezessete pessoas assistia à Ceia do Senhor no dia da Páscoa. A situação das igrejas denominacionais era ainda pior. No início do século 20, tinham 2 milhões de membros, mas nas décadas de 1950 e 1960, esse número havia caído para cerca de 1,5 milhão. No mesmo período, a população inglesa aumentara em 10 milhões de pessoas. Com tal deterioração de interesse nas coisas espirituais, cresciam o consumo de drogas e o crime. Quando os homens deixam de viver para Deus e passam a viver para si mesmos, essa é uma constatação simples.

Em 1961, havia cerca de 17 mil igrejas anglicanas, 3 mil católicas romanas e 23 mil de diversas denominações na Inglaterra e em Gales. As quatro maiores igrejas livres eram os metodistas que tinham por volta de 700 mil membros; os batistas, com 240 mil na Inglaterra e 90 mil no País de Gales; os congregacionais, com 200 mil; e a Igreja Presbiteriana, com 70 mil na Inglaterra.

Em muitos aspectos, a situação da Igreja na Grã-Bretanha em meados do século 20 era de desesperadora decadência espiritual. A campanha de Billy Graham em Londres, em 1954, que durou doze semanas com mais de 38 mil decisões, apesar do êxito, já apontava nessa direção. O quadro geral na última metade do século 20, segundo as publicações The Church Around the World de julho de 1986 e Pulse de 9 de janeiro de 1987, afirmava que o islamismo estava aumentando rapidamente na Inglaterra. Cerca de 30 anos antes, havia apenas três mesquitas na Inglaterra. Na década de 1990, esse número ultrapassava quinhentas mesquitas. Centenas de escolas islâmicas estavam sendo abertas. Uma mesquita nova estava sendo inaugurada a cada dez dias.

Houve tentativas esporádicas de reverter o quadro geral de declínio espiritual, e um deles era a Mocidade Para Cristo da Inglaterra, que atraía milhares de jovens. Em 1985 e 1988, 25 mil jovens reuniram-se para a conferência Spring Harvest (Colheita da Primavera), evento de uma semana com instrução

> **A ESPIRITUALIDADE EVANGÉLICA**
> Eis os discípulos reunidos outra vez na mesa do Senhor. Sim, outra vez, eis Jesus fazendo a partilha de si mesmo como Pão da Vida, alimento para a alma enfraquecida dos discípulos em momento de restauração. Nessa comunhão e intimidade da mesa, portanto, Jesus Cristo serve o alimento de que a alma precisa para recobrar as forças e retomar a jornada para qual foram chamados.

e evangelização. Diversas conferências voltadas para o evangelismo e missões eram realizadas pelas mais diversas igrejas, mas o quadro geral era desolador.

No fim do século 20, apenas 8% do total de adultos na Inglaterra frequentavam alguma igreja cristã, mas a maioria da população ainda se dizia cristã nominal. Dos 8% frequentes nas igrejas, aproximadamente um terço era membro da Igreja Anglicana, um terço, da Igreja Católica Romana e o último terço era de membros divididos entre as diversas denominações. Apesar da diminuição do rol de membros na Grã-Bretanha, os programas de televisão e de rádio estavam florescendo. Vinte milhões de adultos assistiam a algum programa religioso todas as semanas.

A incredulidade, entretanto, estava se agravando cada vez mais, como revelam os seguintes dados:

> O número de mães solteiras aumentou 50% de 1979 a 1987 na Inglaterra. As razões incluem a mudança de atitude para com a gravidez antes do casamento e a tendência à coabitação, ao invés do matrimônio. Dois terços dos adolescentes de ambos os sexos da Grã-Bretanha não viam nada de mal em ter relações sexuais antes de se casar.[82]

> O consumo de bebidas alcoólicas dobrou nos anos 1960 e 1980 na Grã-Bretanha, e os grupos mais afetados foram as mulheres e jovens.[83]

O Sínodo Geral da Igreja da Inglaterra, na tentativa de agradar os conservadores e os liberais, decidiu que práticas homossexuais não são completamente pecado, apenas não se conformam com os ideais cristãos de casamento. O arcebispo de Cantuária, cabeça da Igreja da Inglaterra, admitiu que práticas homossexuais são condenadas na Bíblia, mas afirmou que a Igreja não deveria condenar a homossexualidade quando "disciplinadas e responsáveis".

.....
82 PULSE, 1986, p. 8.
83 Id., p. 6.

Abadia de Westminster, em Londres.

O jornal The Guardian, num artigo de 4 de setembro de 2017, divulgou uma estatística segundo a qual a Igreja da Inglaterra estava enfrentando uma realidade catastrófica, pois apenas 3% dos adultos afirmam ser filiados a ela. Entre os católicos, a situação não é muito melhor, pois apenas 5% dos britânicos se reconheciam católicos romanos. Em 2015, na Inglaterra 53% da população afirmavam não ter nenhuma afiliação religiosa. Diante disso, pode-se dizer que a maior parte da população inglesa já não era mais cristã, de acordo com as estatísticas do ano de 2015. Trata-se de um fato estarrecedor para o país que foi, por muito tempo, um dos maiores responsáveis por missões mundiais.

Centenas de igrejas são fechadas todos os anos e se tornam bares, bibliotecas e apartamentos. O quadro geral da Inglaterra é sintomático, pois se repete no País de Gales, na Escócia e também por todo o continente europeu. Países que antes possuíam uma maioria cristã protestante ou católica têm visto esse número declinar rapidamente, como na Alemanha, na Holanda e na Suécia. A Europa é hoje um grande e desafiador campo missionário.

Podemos afirmar que um olhar penetrante na Igreja da Grã-Bretanha e da Europa do século 21 revelará que uma única coisa poderia mudar essa situação tão terrível: um genuíno avivamento espiritual que balançasse as estruturas dessas nações. Em outras palavras, um poderoso despertamento em escala continental como aquele agir divino que houve em Gales no início do século 20, e que então se alastrou pelo mundo inteiro.

CAPÍTULO 21
O MOVIMENTO CARISMÁTICO DOS ANOS 1960 E 1970

"Não preciso crer no Pentecostes. Porque eu o vi!" **Ralph Keyfer**

Enquanto os fragmentos do Movimento da Chuva Serôdia e dos avivamentos de cura dos anos 1950 permaneciam espalhados ao longo do século 20, uma nova maré começou vagarosamente a subir no início da década de 1960. Era o início do movimento carismático, destinado a se tornar o mais difundido e a mais extensa manifestação do Espírito Santo desde o avivamento pentecostal. Nele é encontrado um cumprimento mais completo da promessa: "Nos últimos dias [...] derramarei o meu Espírito sobre toda carne..." (At 2:17; Jl 2:28); e: "Ele fará descer sobre vós, como outrora, a chuva temporã e a serôdia [...] e as eiras se encherão de trigo, e os lagares transbordarão de vinho novo e azeite. E eu restituir-vos-ei os anos que foram consumidos pelo gafanhoto migrador..." (Jl 2:23-25).

Esse novo mover do Espírito Santo teve uma de suas origens no ministério da Associação Internacional dos Homens de Negócio do Evangelho Pleno (Adhonep), nascida em Los Angeles, em 1951, sob a inspiração de Demos Shakarian, próspero fazendeiro da Califórnia, e do evangelista de cura Oral Roberts. Nos anos 1960, Demos tornou-se um instrumento nas mãos do Senhor para abrir o coração de muitos homens de negócio que frequentavam igrejas, bem como de seus ministros, para a experiência pentecostal.

No Brasil, a partir da mesma década, o Espírito do Senhor começou a abalar as igrejas tradicionais não pentecostais com uma fortíssima inquietação por avivamento. Esses grupos de crentes sedentos passaram a anelar pelos dons e pelo batismo no Espírito Santo dentro das igrejas batistas, presbiterianas e metodistas, entre outras denominações protestantes.

O poderoso avanço carismático

O movimento carismático permaneceu influente nas últimas décadas do século 20, mas totalmente descentralizado. Inspirou espiritualmente dezenas de milhões de pessoas em todo o mundo, e, de maneira crescente, tornou-se tema de incontáveis reportagens, artigos, programas de televisão e rádio e até teses acadêmicas. Foi um movimento diferente de qualquer outro que se observara até então na História da Igreja Cristã. Sua liderança tinha as mais variadas procedências, com a experiência pentecostal de Atos dos apóstolos como ponto em comum. Todos eram muito comprometidos com a exaltação de Jesus Cristo como o Cabeça de seu Corpo — a Igreja. A renovação carismática foi, portanto, um avivamento espiritual internacional que se achou em quase todas as principais denominações protestantes, bem como na Igreja Católica e na Igreja Ortodoxa Grega.

O nome "carismático" deriva-se da palavra "carisma" (do grego *kharismata* — χαρίσματα), que se refere aos dons do Espírito Santo descritos pelo apóstolo Paulo em I Coríntios 12:14: sabedoria, conhecimento, fé, cura, operações de milagres, profecia, discernimento de espíritos, variedade de línguas, capacidade de interpretar as línguas e o dom de socorros. São dados aos cristãos para a edificação da Igreja e para equipá-la com poder para cumprir sua missão na evangelização do mundo. Os cristãos carismáticos afirmam ter recebido um ou mais desses dons depois de terem sido batizados com o Espírito Santo, que significa uma experiência religiosa após a conversão correspondente ao derramamento do Espírito no dia de Pentecostes. Refere-se à mesma situação relatada no livro de Atos 1:12—2:4; 8:14-17; 18:44-46; 19:1-7.

Para o católico, não significa uma experiência nova, mas a reafirmação e a renovação nos adultos das graças recebidas no batismo: a regeneração (remissão dos pecados) e a infusão do Espírito Santo na crisma (confirmação), "que confirma a recepção já efetivada do Espírito com uma nova infusão, mais perfeita e mais abundante." Sintetizando: "Não se trata de um novo sacramento, por isso é chamado 'batismo' em sentido impróprio. É o despertar, a revivescência, a evidência dos efeitos do batismo e da crisma."[84]

---
84 FALVO, 1975, p. 135.

Às vezes, é chamado neopentecostalismo por suas práticas e liturgias semelhantes às das igrejas pentecostais históricas. Todavia, há quatro notáveis diferenças:

1. O movimento carismático não é uma igreja nem uma denominação.
2. É inclinado à unidade dos cristãos, ao invés do sectarismo.
3. Enfatiza a diversidade dos dons do Espírito, ao invés de destacar ou defender a primazia de um dom, o de falar em línguas.
4. Atrai seguidores de todas as classes sociais, em vez de ter sua membresia principalmente nas classes mais baixas. (EERDMANS, 1983, p. 484)

Apesar das definições, não há dúvida de que a renovação é fruto do avivamento pentecostal que se deu no início do século 20. No que se refere a cada pessoa em particular, "é viver uma vida nova de intimidade com Deus sob a direção do Espírito Santo". A pessoa e a obra do Espírito se acham no centro do movimento.

A Renovação Carismática surgiu em reação ao Cristianismo secularizado, que deu pouco lugar para a experiência pessoal com Deus, e também à religião, que enfatizava a doutrina correta e a conduta acertada em detrimento da experiência espiritual. Para o carismático, Deus não está morto, mas vivo, e está agindo no meio de seu povo, concedendo-lhe dons e poder para o serviço cristão.

A origem do movimento carismático está na convergência de várias vias de influência imediata. O primeiro é o movimento de santidade, que começou no avivamento do século 18 da Inglaterra sob os Wesleys e Jorge Whitefield. Embora não haja prova histórica de que João Wesley falasse em línguas, foi um homem cheio do Espírito e dotado de muitos dons espirituais. Foi fundador do metodismo, que se espalhou para as colônias inglesas da América do Norte. A doutrina da santidade se arraigou-se, e foi proclamado que a santificação é uma obra de graça que os crentes experimentam após a conversão e antes da morte física. Portanto, os carismáticos modernos são devedores àqueles que constituem a tradição de inteira santificação.

A segunda fonte da Renovação Carismática são as Igrejas Pentecostais.

O ponto central da tradição pentecostal foi, e agora ainda é, o falar em línguas. Da mesma forma que aqueles do movimento de santidade, os pentecostais creem em uma segunda obra de graça, que é uma benção que todos os cristãos devem buscar.

O terceiro tributário que tem sido de grande influência sobre o movimento são os líderes proeminentes do passado, como D.L. Moody, R.A. Torrey, A.B. Simpson, André Murray, os líderes do movimento Keswick, da Inglaterra, e A.J. Gordon. Todos esses deixaram um impacto permanente sobre os carismáticos através de seus escritos sobre o enchimento com Espírito Santo e as instituições que fundaram.

> Observe, por exemplo, as bibliografias nos livros dos autores carismáticos modernos. Poderia ser surpreendido de quantas vezes esses velhos autores são usados como a fonte de material tanto teológico quanto de inspiração. E da próxima vez que fizer uma visita à Universidade de Wheaton, Gordon ou Asbury, pergunte aos estudantes com quem encontrar como eles vieram a Cristo, e descobrirá que muitos foram alcançados através do movimento carismático. Quanto à teologia que eles estão aprendendo, muito dela é a mesma na qual esses mesmos homens criam há mais de cem anos. (LINDSELL, 1983, p. 24-25)

Reunião de católicos carismáticos na Polônia, em 2016.

A origem do movimento carismático

Já falamos sobre a notável influência da Adhonep de Demos Shakarian no início do avivamento carismático. A outra fonte da renovação, no fim da década de 1950, foi o ministério do reverendo Dennis Bennett, da Igreja Episcopal de São Marcos em Van Nuys, Califórnia. Ele e um número considerável de membros daquela comunidade experimentaram o batismo no Espírito Santo e abertamente começaram a falar em línguas e a experimentar outros dons carismáticos. As revistas Time e Newsweek divulgaram as notícias do acontecimento, bem como as contradições que surgiram. Bennett demitiu-se, e o bispo da diocese de Los Angeles proibiu línguas nas igrejas sob sua jurisdição. Por fim, Bennett conseguiu transformar a Igreja Episcopal de São Lucas, em Seattle, de uma paróquia moribunda em uma igreja viva de cerca de 2 mil membros.

Nos meses que se seguiram, inúmeros clérigos e leigos de muitas denominações testemunharam do enchimento do Espírito e dos dons espirituais que Deus lhes havia concedido. Entre eles havia clérigos que se tornaram os defensores da renovação carismática. Quatro nomes devem ser mencionados: Larry Johnson (luterano), Haroldo Brendesen (Igreja Reformada), Howard Erwin (batista) e J. Rodman Williams (presbiteriano).

> **A ESPIRITUALIDADE EVANGÉLICA**
> "Você me ama?" Jesus chama a Pedro para uma conversa particular e decisiva. Afinal, ele tinha sido escolhido por aquele que escrutina o coração humano para saber, melhor do que nós mesmos, nossas motivações interiores. Jesus conhecia muito bem a Pedro, mais do que poderia parecer. O Pedro influenciador dos discípulos, a pessoa temperamental, o homem de duas palavras, Pedro precipitado, rápido no agir, não obstante a tudo isso, era também um Pedro dotado de um coração completamente entregue e rendido a Cristo. Esse era Pedro, pedra bruta a ser lapidada numa joia preciosa, coluna da Igreja que se tornou. Jesus Cristo não desistiu de Pedro, e, de igual maneira, não desiste de nós.

A renovação carismática católica

"Renova nestes dias as tuas maravilhas, como de um novo Pentecostes." Esta foi a oração do papa João XXIII na abertura do Concílio Ecumênico Vaticano II. Não é sem significado, porque aquele concílio abriu caminho para o "novo Pentecostes" na Igreja Católica. Na era pós-concílio, em vez de ser caracterizada pela realização das reformas prescritas, "abriu-se um período crítico de confusão, discussões polêmicas de defecções e rebeliões". Em vez de uma Igreja mais pura e santa, queria-se uma Igreja mais secular, mais conformada com este mundo. Foi contra o espírito mundano que o papa Paulo VI lutou, sacrificando sua popularidade. No entanto, por trás do cenário, Deus estava agindo.

Todas as renovações espirituais na história do Cristianismo nasceram com oração e busca ao Senhor. Não era diferente na "Renovação Carismática" da Igreja Católica. No outono de 1966, um grupo de professores leigos da Universidade de Duquesne, em Pittsburg, Pensilvânia, Estados Unidos, reuniu-se para um período de oração e discussão sobre a sua pobreza espiritual.

> Sentiam que alguma coisa estava faltando em sua vida cristã, que havia um vazio, uma falta de dinamismo, uma fraqueza em sua vida de oração. Perceberam que viviam para si mesmos, como se movessem para frente sob a influência de seu poder pessoal, de sua própria vontade, e não de Deus. Pareceu-lhes que a vida cristã não deveria ser uma jornada puramente humana e sem o Senhor. Passaram, então, a meditar juntos no livro de Atos.
>
> Em poucos momentos, aquele bando indisciplinado de discípulos se transformou em uma comunidade de fé e amor. Sem acanhamento nem medo, louvavam a Deus e testemunhavam do ministério de Jesus. Eles se levantavam e continuavam seu trabalho. Transmitiam o amor do Pai aos pecadores, pregavam o arrependimento e salvação em Jesus, e em seu nome curavam os enfermos como o Mestre fizera.
>
> Tornaram-se fortes e confiantes na oração e continuaram a celebração da morte e ressurreição de Cristo através do banquete eucarístico. Impulsionados por qual poder realizaram tudo isso? Estavam movidos pelo Espírito Santo, exatamente como Jesus prometera...[85]

---

85 RANAGHAN et al., 1972, p. 16-17.

Meditando nas experiências do livro de Atos, aqueles irmãos passaram a orar uns pelos outros, pedindo o mesmo poder e a mesma força dos cristãos primitivos. Oraram fervorosamente durante o resto do ano. Costumavam recitar todos os dias o hino ao Espírito Santo *Vem, Espírito divino*. Enquanto oravam, estudavam profundamente todo o Novo Testamento, dando atenção especial às partes que destacam a vida poderosa dos cristãos da Igreja primitiva. Foram tomados de uma expectativa de que o Espírito Santo viesse da mesma maneira sobre eles.

Chegaram às mãos deles dois livros que tocaram profundamente suas vidas. O primeiro, *A cruz e o punhal*, por David Wilkerson, no qual o autor conta suas experiências com jovens marginais e viciados que se converteram e foram libertados de seus males. O segundo livro, *Eles falam em outras línguas*, por João Sherril, analisa positivamente renovação carismática dos Estados Unidos. Depois de terem lido, compartilhado, discutido e orado sobre eles, julgavam já ter intercedido bastante e que era tempo de agir. Entre várias alternativas de como prosseguir, resolveram procurar alguém que tivera passado por essas experiências.

Em 13 de janeiro, quatro desses católicos assistiram a uma reunião de oração carismática protestante. Naquela reunião, nada extraordinário aconteceu, mas saíram plenamente convictos de que o que viram, ouviram e sentiram era de Deus. Na semana seguinte, só dois daqueles que assistiram à primeira reunião puderam comparecer: Ralph Keifer e Patrick Bourgeois, instrutor no Departamento de Teologia de Duquesne.

As orações e as discussões baseavam-se na Epístola aos Romanos. Nada foi ofensivo ali para um católico romano. Para eles, foi uma notável reunião ecumênica. Terminada a reunião, os dois pediram oração para que recebessem o batismo com o Espírito Santo. Então, se dividiram em grupos, e dentro de pouco tempo, Ralph e Patrick foram batizados com o Espírito Santo e falavam em línguas. Na semana seguinte, os outros dois novamente compareceram à reunião. Ralph impôs as mãos sobre eles, e também receberam o batismo com o Espírito Santo.

Em meados de fevereiro, um grupo de cerca de trinta pessoas, todos professores e estudantes de Duquesne, passaram novamente um fim de semana em oração e meditação sobre os primeiros quatro capítulos de Atos, buscando a vontade de Deus para suas vidas. O que ocorreu "é um dos mais notáveis acontecimentos na História do movimento. Embora tenha havido muitos relatos semelhantes ao redor do mundo, esse foi um exemplo importante da rápida ação graciosa do Espírito Santo em direção àqueles que são receptivos a ele".[86]

Estudaram durante o sábado todo, mas a noite foi reservada para descanso e para celebrar a festa de aniversário de um padre que estava no retiro. Uma moça, estudante de Duquesne, sentiu-se impulsionada a ir à capela e chamou outras pessoas para se unirem a ela em oração. Em pequenos grupos, dirigiram-se à capela espontaneamente e sem nenhuma orientação humana sobre o que deviam fazer, mas, sob o controle do Espírito Santo, oraram das 22h às 5h. O Espírito Santo foi derramado poderosamente sobre as pessoas de tal maneira que cada um foi maravilhosamente tocado. O que aconteceu nas semanas que se seguiram foi impressionante:

> Através desse grupo, o Senhor tocou muitas outras pessoas [...] muitos se converteram de uma vida de pecado, outros de dúvidas intelectuais, passando a aceitar o senhorio de Jesus. Durante o fim daquele semestre de primavera, os dons e os frutos do Espírito Santo continuaram a ser derramados sobre aquela pequena comunidade de fé e a espalhar a alegria do amor de Cristo sobre muitos católicos na universidade. E isso perdurou. (RANAGHAN, 1972, p. 35)

Com o batismo no Espírito Santo, houve uma nova consciência do amor de Deus. Jesus tornou-se familiar para eles de uma maneira nova e se tornaram muito mais conscientes de sua presença. Suas orações se encheram do louvor a Deus, e o desejo de orar aumentou. A Bíblia passou subitamente a ter uma nova atração para aqueles católicos. Começaram a ler as Escrituras por puro prazer, regozijando-se na nova luz concedida pelo Espírito Santo. Passaram a ter uma nova paz. Sérios problemas de personalidade, de trabalho e de estudo foram resolvidos, assim como várias tensões entre indivíduos.

---
86 Id., p. 33.

Uma fé vibrante encheu o coração daquelas pessoas. Não somente passaram a se dedicar mais a Cristo, como também descobriram uma nova vitalidade espiritual para evangelizar e compartilhar sobre o Senhor. Até nas provações, constataram a envolvente alegria que a vida mais intensa com Cristo trazia.

> Ao lado daquela maravilhosa transformação interior, receberam muitos ou todos os dons do Espírito Santo — os carismas encontrados com grande abundância na Igreja primitiva [...] Esses dons do Espírito Santo, especificados em I Coríntios 12, que já se pensou que pertenciam somente à Igreja primitiva, estavam sendo recebidos com alegria por membros da Igreja Católica estadunidense do século 20. Ali estavam fluindo os dons de falar com sabedoria e com ciência, discernimento das influências dos espíritos bons e maus, profecia, curas físicas e espirituais. Coisas sobre as quais nós lemos, obras de Deus nas quais acreditamos — para a Igreja primitiva —, coisas que pensávamos não ter lugar algum na sociedade tecnológica de hoje estavam agora presentes e se tornando parte da experiência cristã normal.
>
> Há outro dom que eles receberam. Parece bastante estranho [...] Esse é chamado o dom de línguas. Pode ser descrito como o louvor a Deus em uma nova língua, a qual o que fala não compreende, embora seja ele mesmo que esteja falando com muita frequência. Aquele que recebe o batismo com Espírito Santo é levado a falar certos sons ou sílabas que são estranhas..." (RANAGHAN, 1972, p. 29-30)

Em 4 de março de 1967, Ralph Keifer foi à Universidade de Notre Dame, em South Bend, Indiana, para falar num retiro de professores e estudantes durante um fim de semana. Em seu discurso, testemunhou da operação maravilhosa do Espírito Santo e da experiência em Duquesne. Relatou como ele mesmo havia recebido o batismo com o Espírito Santo e experimentado os dons. Terminou com essas palavras: "Não preciso crer no Pentecostes. Porque eu o vi."

Após algumas perguntas sobre o assunto, todos no grupo pediram oração e a imposição de mãos sobre eles para que recebessem o enchimento do Espírito Santo com seu fruto e dons. Não houve manifestação carismática naquela noite, mas o fruto do Espírito começou a se manifestar poderosamente na vida de cada um.

Em 13 de março, o grupo foi participar de uma reunião carismática protestante interdenominacional na casa do presidente da Associação dos Homens de Negócio do Evangelho Pleno, a Adhonep, da região de South Bend. A reunião, liderada por Demos Shakarian, era composta de crentes leigos que haviam experimentado o batismo com o Espírito Santo. O impensável, humanamente falando, aconteceu: católicos em oração com um grupo de evangélicos, unidos como irmãos e irmãs em Cristo. Muitos do grupo católico receberam o poderoso batismo no Espírito Santo e os dons carismáticos naquela noite. Na semana seguinte, todos estavam preocupados em compartilhar essa bênção com outros colegas e amigos. Uma das pessoas do grupo afirmou:

> Quando cada um de nós soube o que o outro estava fazendo, ficamos alegres e descobrimos que, em cada caso, nosso testemunho não era a respeito de línguas, nem primordialmente a respeito do Espírito, mas em qualquer lugar aonde íamos, nossa palavra era a respeito de Jesus Cristo e o poder de seu amor salvador para transformar os homens e o mundo dos homens. (RANAGHAN, 1972, p. 57)

Em breve, o movimento se espalhou para outras universidades e para quase todos os Estados Unidos. O Primeiro Congresso Nacional de Renovação Carismática Católica foi realizado em abril de 1967, com a presença de cerca de uma centena de pessoas. E tão rápido foi o crescimento que 35 mil se reuniram em Notre Dame para a Oitava Conferência Nacional da Renovação Carismática Católica. Roma foi a sede do Primeiro e do Terceiro Encontro Internacional dos Líderes do Movimento, realizados em outubro de 1973 e maio de 1975.

Atualmente, a renovação carismática da Igreja Católica floresce em quase todas as nações do mundo. Como afirmou John Thomas Nichol em seu artigo, ela "tem se desenvolvido em um influente e penetrante movimento".[87]

---
87   EERDMANS, 1983, p. 483.

A renovação carismática no Brasil

No Brasil, a renovação carismática representa uma lufada de vida e dinamismo dentro da Igreja Romana desde as últimas décadas do século passado. Ela tem se tornado um importante contraponto ao avanço das igrejas evangélicas neopentecostais no País. O mais importante desses movimentos é a Comunidade Canção Nova, que nasceu na década de 1970.

Em 1968, o monsenhor Jonas Abibe começou a liderar os primeiros encontros com os jovens, e, a partir de 1972, começaram as reuniões de oração em Lorena, interior de São Paulo, buscando conduzir os jovens a um primeiro encontro pessoal com Cristo e ao batismo no Espírito Santo. O movimento cresceu exponencialmente, com milhares de jovens e suas famílias se unindo à renovação carismática. A influência cresceu poderosamente no meio católico, com encontros organizados regularmente e, especialmente, com a aquisição de um canal de televisão. Em 2008, a Canção Nova alcançou o reconhecimento pontifício, recebendo aprovação de seus estatutos junto à Santa Sé.

Nas primeiras décadas do século 21, muitos líderes reconhecidos surgiram no meio católico brasileiro. Emissoras de rádio e televisão têm difundido ininterruptamente a mensagem carismática católica. Há uma profusão de novos sacerdotes que surgiram na área do ensino e do louvor, onde cabe destacar os padres Fábio de Melo e Marcelo Rossi, capazes de reunir multidões em suas celebrações. *The World Christian Encyclopedia* aponta 277 milhões da população cristã total do mundo como sendo formada por pentecostais e carismáticos.

> **A ESPIRITUALIDADE EVANGÉLICA**
> Na premissa do amor está a base de nossa salvação e de nossa reconciliação com o Pai. Qualquer outro meio conciliatório seria fadado ao fracasso. Por isso, nenhum mecanismo religioso é passaporte de entrada para o céu. Pois tão somente por meio do amor que nos foi outorgado por Deus, a saber, Jesus Cristo mesmo, é que podemos fazer a caminhada da fé em adoração constante e de serviço ao Deus da nossa alma.

Jesus Movement e o avivamento *hippie*

No fim dos anos 1960, em meio à efervescência do movimento *hippie*, surgiu o Jesus Movement — Movimento de Jesus ou Jesus People. Foi um avivamento que nasceu no meio dos jovens na Califórnia em contraposição às igrejas convencionais e sua liturgia pesada. Milhares se converteram e foram batizados, mas não queriam deixar de lado algumas das bases de seu estilo de vida contracultural. Um dos principais líderes do movimento foi o jovem evangelista Lonnie Frisbee, muito usado por Deus em sinais, milagres e operações de maravilhas. Lonnie discipulou e influenciou inúmeros líderes do movimento, e marcou profundamente outros que seriam levantados posteriormente, como John Wimber.

Esse movimento adotou o mesmo estilo despojado de se vestir e as mesmas influências musicais dos *hippies*. Até o surgimento desse momento, predominava nas igrejas o estilo tradicional, com música e hábitos mais conservadores. O Jesus Movement levou às igrejas o uso de instrumentos musicais até então incomuns nos templos, como a guitarra, a bateria, o pandeiro, as percussões e os estilos de música mais populares.

O movimento se colocava fortemente contra o consumismo capitalista a hipocrisia religiosa, o formalismo denominacional e as guerras. Desse estilo de música contemporâneo surgiram muitas expressões musicais mais recentes, como o Hosana Music, da década de 1990 e o Jesus Culture e a Hillsong, já no século 21.

Ainda na década de 1980, o movimento se estruturou e organizou, dando origem a uma rede de igrejas independentes nos Estados Unidos conhecidas como Calvary Chapel. Também proveniente do Jesus Movement, ainda mais poderoso e influente, foi o movimento de igrejas Vineyard, estabelecido por John Wimber (1934-1997). Com uma ênfase carismática moderada e usando o mesmo estilo despojado, a Vineyard causou poderoso impacto no evangelicalismo estadunidense e também na Inglaterra. Wimber se associou com outros ministros reconhecidos, como Paul Cain, Mike Bickle e Bob Jones. Depois da morte de John Wimber, em 1997, o movimento declinou bastante em influência.

No Brasil, o meio carismático foi profundamente influenciado por esse jeito mais despojado de louvor e adoração. O estilo musical do rock, com as guitarras, as vestimentas alegres e um comportamento menos formal, tomou conta das comunidades cristãs evangélicas. Igrejas independentes da década de 1980 são a expressão mais marcante dessa influência em solo brasileiro. O auge desse movimento de adoração e restauração no Brasil aconteceu de 1985 a 1992.

CAPÍTULO 22
O AVANÇO DA IGREJA EVANGÉLICA NO BRASIL

"O Brasil é um leão adormecido que despertará, e o seu rugido será ouvido em todas as nações." **Paul Yonggy Cho**

O protestantismo no Brasil cresceu lentamente nas primeiras décadas do século 20, e foi somente após a Segunda Guerra Mundial que começou a crescer mais rapidamente. De 1935 a 2020, os batistas cresceram de aproximadamente 40 mil para mais de 2 milhões de membros no país. Os congregacionais, de pouco mais de mil membros em 1935 passaram a contar mais de 100 mil em 2020. Os luteranos, de 14 mil em 1935 para 700 mil em 2020. Os presbiterianos, em suas diferentes vertentes, que tinham 38 mil membros, passaram a somar aproximadamente 700 mil, e os metodistas cresceram de 22 mil membros em 1935 para 300 mil em 2020.

As Assembleias de Deus contavam com 120 mil membros em 1947, e em 2020, já eram mais de 10 milhões. As igrejas carismáticas e as pentecostais e neopentecostais constituíram o grande fenômeno a partir da década de 1960 até as primeiras décadas do século 21. Em função disso, a maioria dos cristãos protestantes e pentecostais no Brasil de hoje é resultado dessa vertente carismático-pentecostal.

Segundo a publicação *The Church of the Around the World* (*A Igreja ao redor do mundo*), em outubro de 1987, a Igreja Evangélica no Brasil estava crescendo cinco vezes mais rápido do que a população do país. A chave era o desenvolvimento de líderes nacionais. Havia cerca de 27 mil pastores brasileiros ordenados, 6 mil estudantes evangélicos nos seminários, 4 mil estudando nas escolas bíblicas e 12 mil estudando por extensão no programa de Associação Evangélica Para Treinamento Teológico por Extensão (AETTE).

Havia, então, entre 20 milhões e 25 milhões de membros de igrejas protestantes. A maioria deles era pentecostal. A maior denominação era a Assembleia de Deus, com 5,6 milhões de membros adultos ativos (cálculo de 1985). A denominação tinha mais de 10 mil pastores e 56,5 mil evangelistas leigos, segundo estatísticas compiladas por Richard Sturz, missionário e professor no Seminário Batista Conservador de São Paulo.

A Assembleia de Deus do Brasil é considerada a maior denominação no mundo. Paul Carden, do Christian Research Institute in Brazil, afirmou na revista Pulse que "o reconhecimento do domínio e do poder do sobrenatural é a maior razão para o crescimento das igrejas pentecostais no Brasil [...] Em geral, aquelas igrejas que comunicam mais claramente a necessidade de uma experiência com o sobrenatural têm colhido mais fruto como resultados de seus labores".[88]

Dois eventos históricos dos anos 1980

O Congresso Brasileiro de Evangelização reuniu-se em Belo Horizonte, Minas Gerais, de 31 de outubro a 5 de novembro de 1983. O objetivo principal foi "reunir as lideranças evangélicas do Brasil no esforço conjunto para reafirmar a evangelização como tarefa prioritária da Igreja, desafiando o povo de Deus a realizá-la de forma autêntica e urgente em âmbito nacional e mundial". Mais de 2 mil congressistas participaram, sendo dezesseis pessoas vindas de outros países. O último item do Compromisso de Belo Horizonte diz: "Comprometemo-nos, finalmente, com a evangelização do Brasil nesta geração."

Outro evento importante foi a Cooperação Missionária Ibero-Americana (Comibam). Reuniu-se no Brasil, recebendo cerca de 2,7 mil delegados de 25 países da América Latina, Espanha e Portugal, além de 370 observadores de outros países, representando a comunidade evangélica mundial. A conferência aconteceu em São Paulo, de 23 a 29 de novembro de 1987.

---

88   Pulse, 8 de maio de 1987, p. 5.

O orador, Luiz Bush, expressou o tom fundamental do congresso nestas palavras: "Em 1918, a América Latina foi declarada um campo missionário. Em 1987, a América Latina se declara uma força missionária." O congresso foi verdadeiramente vitorioso. Houve uma resposta entusiástica às mensagens missionárias. Luís Palau falou aos congressistas que o Brasil seria a próxima nação a enviar o maior número de missionários ao mundo todo. Tradicionalmente, esse papel era dos Estados Unidos. Quando a Comibam foi encerrada, havia uma clara convicção de que algo inédito havia sido iniciado por Deus.

No fim do século 20, o Brasil estava assumindo rapidamente sua responsabilidade na área de propagação do Evangelho, e milhares de brasileiros trabalhavam em missões transculturais dentro e fora do país no começo do terceiro milênio. As décadas de 1950 e 1960 constituíram um tempo especial de despertamento no Brasil, e a visão missionária foi um dos resultados desse avivamento. A Associação Missionária Brasileira Transcultural, composta de 22 agências, tinha a visão de enviar 10 mil missionários do Brasil durante as décadas seguintes.

Uma das mais notáveis iniciativas independentes e interdenominacionais do Brasil é a Missão Antioquia, fundada em 1976 pelo pastor Jônatas Ferreira dos Santos e Décio Azevedo durante o avivamento carismático da década de 1970. Cerca de 150 missionários foram treinados por essa missão, servindo atualmente na América Latina, Europa e Ásia.

A Missão Evangélica Transcultural Avante é uma das mais novas agências missionárias. A estratégia dessa organização é fundar igrejas com equipes de curto prazo. A primeira iniciativa foi no Paraguai e no Uruguai. Os resultados foram encorajadores. Quatro anos depois, os líderes podiam apontar dez novas igrejas e três igreja avivadas. Quase quarenta brasileiros têm servido nas equipes na América Latina e na Espanha. Os planos da liderança da missão estão com planos de logo entrar em Portugal e na África.

Muitas eram as missões voltadas ao trabalho com os índios, entre elas a Missão Além (Wycliffe) e as Asas de Socorro. A população indígena do Brasil alcançava cerca de 200 mil pessoas na década de 1980 — uma minoria num país de 140 milhões de habitantes (censo de 1980). O número estava diminuindo cada vez mais. Várias organizações missionárias trabalhavam entre cinquenta tribos, nas quais cerca de 33% eram composto de cristãos.

O número de missionários evangélicos estrangeiros no Brasil, segundo os cálculos de 1982 pela Missão Informadora do Brasil, era de 2.383, com o maior número no Estado de São Paulo (539) e no Paraná (219). O Brasil tinha proporcionalmente menos missionários estrangeiros que a América hispânica, e eles estavam envolvidos principalmente na evangelização, na educação e nos ministérios de apoio.

Relações entre católicos e protestantes

Durante o século 19, no Brasil, havia hostilidade mútua entre os católicos e protestantes que criticavam uns aos outros. Os protestantes foram sistematicamente perseguidos pelo clero católico. Em 1891, houve finalmente a separação entre a Igreja e o Estado e o estabelecimento da liberdade de culto na Constituição da República dos Estados Unidos do Brasil. Assim, as coisas começaram a melhorar. Veja como os artigos 2º e 3º tratam o assunto:

> Art. 2º - A todas as confissões religiosas pertence por igual a faculdade de exercerem o seu culto, regerem-se segundo sua fé e não serem contrariadas nos atos particulares ou públicos que interessem o exercício deste decreto.

> Art. 3º - a liberdade aqui instituída abrange não só os indivíduos nos atos individuais, senão também as igrejas, associações e institutos em que se acham agremiados; cabendo a todos o pleno direito de se constituírem e viverem coletivamente, segundo seu credo e sua disciplina, sem intervenção do poder público. (REILY, 1984, p. 226)

Houve tentativas, por parte da hierarquia católica, de restabelecer o catolicismo como religião oficial no país com o cardeal Sebastião Leme, arcebispo do Rio de Janeiro, na época a capital do Brasil. Todavia, a nova Constituição de 1934 manteve a liberdade de culto e o Estado laico, ainda que favorecesse o catolicismo. Esse fundamento constitucional tem sido de suma importância para a liberdade e para o crescimento do Evangelho no País.

O neopentecostalismo e o Evangelho no Brasil

Ao raiar do século 21, o Brasil continuou testemunhando um movimento de conversões em massa cuja tendência havia se iniciado nas últimas décadas do século anterior. As estatísticas do Instituto Brasileiro de Geografia e Estatística (IBGE), órgão oficial responsável pelos censos a cada dez anos, identificou esse fenômeno desde os anos 1960 e 1970. O crescimento foi detectado também entre os protestantes históricos (de 4% para 9%, de 1994 e 2013) e pentecostais (10% para 19% no mesmo período).

A população evangélica continuará em ascendência numérica e proporcional até o ano de 2028, quando haverá um "encontro das curvas" ascendente para o número de evangélicos e descendente para o número de católicos, segundo a previsão dos institutos de pesquisa. A projeção é a de que, por volta do ano 2030, o país será de maioria cristã evangélica.

Outro dado, este preocupante, é a crescente secularização da população brasileira: somados os dois grupos — católicos e evangélicos —, por volta de 2040 apenas 68% dos brasileiros se declararão cristãos. No início da década de 2020, esse índice ultrapassava 80%.

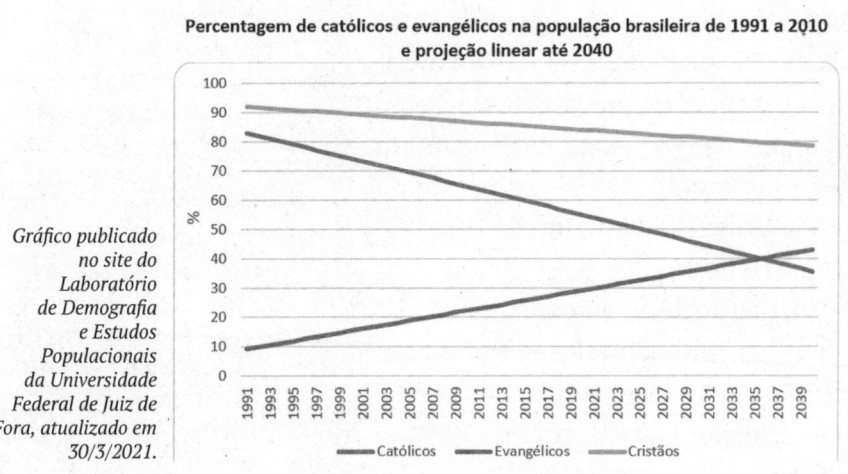

Gráfico publicado no site do Laboratório de Demografia e Estudos Populacionais da Universidade Federal de Juiz de Fora, atualizado em 30/3/2021.

Percentagem de católicos e evangélicos na população brasileira de 1991 a 2010 e projeção linear até 2040

No entanto, o principal crescimento no meio evangélico nas últimas décadas tem ocorrido entre as novas denominações independentes e neopentecostais. São inúmeras igrejas plantadas num movimento sem precedentes na História do país, o que constitui esse grupo como um dos mais importantes no crescimento do número absoluto de crentes. Como representantes mais conhecidos nesse meio neopentecostal estão a Igreja Internacional da Graça e a Igreja Universal do Reino de Deus.

A Igreja Internacional da Graça

Fundada pelo missionário R.R. Soares, a Igreja da Graça segue um modelo híbrido que combina as mensagens e os livros de Kenneth Hagin com um estilo evangelístico arrojado, usando os meios de comunicação, principalmente a televisão. Romildo Ribeiro Soares decidiu se dedicar ao ministério em 1968, depois de ser impactado com a leitura do livro *Curai enfermos e expulsai demônios*, do evangelista estadunidense T.L. Osborn.

Nesse mesmo ano, ele conheceu Edir Macedo, de quem viria a ser cunhado. Ambos congregavam na Igreja de Nova Vida, no Rio de Janeiro. Soares foi ordenado ao ministério por Cecílio Carvalho Fernandes, da Igreja Casa da Bênção, em 1975. Juntamente com Macedo, fundou a Igreja Universal do Reino de Deus em 9 de junho de 1977.

Em função de desentendimentos teológicos, os cunhados se separaram em 1980. quando houve uma disputa interna para se decidir quem assumiria o papel de líder da Igreja Universal. Na votação,

---

A ESPIRITUALIDADE EVANGÉLICA

Nada do que dissermos ou fizermos suprime a expectativa de um amor recíproco, como esperado por Jesus: "Pedro, tu me amas?" é a pergunta que não se faz calar, para a qual não se encontra resposta única, perfeita, capaz de satisfazer a arguição do Mestre. Pergunta para a qual não se acha uma resposta pronta, rápida e imediata. Ao fazer a mesma pergunta três vezes, Jesus chama a atenção de Pedro para o fato de que o amor ao qual se refere não se restringe a três réplicas afirmativas de um subjetivo "sim", mas àquilo que realmente importa: uma aliança de compromisso sincero e verdadeiro. É um amor sem expectativa, amor que ama porque ama, sem querer nada em troca. Amar a Jesus por causa da pessoa que ele é — isso, por si só, basta.

Macedo ganhou com doze votos a seu favor contra três em favor de R.R. Soares. Em 9 de junho de 1980 foi aberto o primeiro templo da Igreja Internacional da Graça.

Hoje estima-se que a denominação possua cerca de 5 mil congregações e 1,2 milhão de membros. Além do Brasil, onde se encontra a maior parte dos fiéis, a igreja está presente em mais de uma centena de países.

A Igreja Universal do Reino de Deus

É impossível desassociar a Igreja Universal do Reino de Deus (IURD) de seu fundador e líder, Edir Macedo. Ele se converteu na Igreja de Nova Vida, uma comunidade neopentecostal fundada pelo bispo evangélico canadense Walter Robert McAlister. Macedo tinha a expectativa de ser ordenado pastor, o que não aconteceu. Ele decidiu, então, tornar-se membro da Casa da Bênção, seguindo o cunhado, R.R. Soares. Os dois se desligaram para fundar a Cruzada do Caminho Eterno, precursora da Igreja Universal do Reino de Deus.

Em 1977, Macedo alugou um espaço comercial que se tornou o primeiro templo da nova igreja. A discórdia já mencionada levou Soares a deixar a parceria ministerial e a fundar, em 1980, a Igreja da Graça de Deus. Em função de sua maneira agressiva de evangelizar, de sua forte ênfase em prosperidade, cura e libertação e pelo seu estilo empresarial, Edir Macedo enfrentou com frequência acusações de charlatanismo, lavagem de dinheiro e muitos outros crimes, dos quais sempre saiu ileso de qualquer condenação.

Em relação às demais denominações evangélicas e pentecostais, Edir Macedo mantém uma atitude sectária de completo isolacionismo. Suas posições a favor do aborto, o envolvimento político com partidos acusados de corrupção, posições teológicas contraditórias e os conflitos com religiões afro-brasileiras, bem como

> **A ESPIRITUALIDADE EVANGÉLICA**
> A resposta a esta pergunta — "Tu me amas?" — é pessoal. Cada um de nós precisa responder, no tempo de nossa vida e de forma honesta, como o apóstolo Pedro, conhecedor de si mesmo, foi verdadeiro em responder: "Senhor, tu sabes tudo; tu sabes que eu te amo" (Jo 21:17). Qualquer coisa que vier depois é resultante desse amor espontâneo por Jesus Cristo que dá sentido à vida e determina o seu compasso.

os embates contra a Igreja Católica, rendem críticas contínuas ao líder da IURD.

Trata-se, de fato, de uma das figuras neopentecostais mais carismáticas e controvertidas. Há quem acuse a Igreja Universal de ser apenas uma empresa bem administrada. Em 1989, num passo arrojadíssimo para uma denominação evangélica dentro de um país maciçamente católico, a IURD comprou a Rede Record de Televisão, que passou a disputar, a partir da década de 2010, o posto de segunda maior rede do Brasil. Segundo estimativas da própria denominação, no início da década de 2020 a Igreja Universal contava com aproximadamente 8 milhões de membros, sendo 1 milhão deles espalhados por 190 países.

Fiéis da Igreja Universal do Reino de Deus reunidos na frente do Templo de Salomão, em São Paulo.

Os batistas

Os batistas formam um grupo protestante clássico, presente no Brasil há mais de um século. A denominação procede da Reforma Protestante e do movimento anabatista do século 17, e mantém uma forma de governo congregacional. Desde o surgimento, os batistas são contrários a qualquer filiação ao Estado e advogam a completa autonomia de cada congregação local. Sua doutrina se fundamenta na aceitação das Escrituras Sagradas como fonte de autoridade máxima e final, na salvação pela graça, mediante a fé, e no batismo por imersão de adultos em idade de consciência.

A Convenção Batista Brasileira congrega as igrejas consideradas protestantes clássicas ou tradicionais, que mantêm a tradição histórica e doutrinária. Em 2018, contava com quase 9 mil igrejas e 5 mil congregações (grupos que se reúnem e organizam regularmente, mas sem autonomia, vinculados a uma igreja local). Sua membresia era estimada, em 2018, em aproximadamente 2 milhões de filiados.

Com o advento do avivamento carismático das décadas de 1960 e 1970, muitas igrejas batistas tradicionais foram sacudidas pela experiência do batismo no Espírito Santo. Assim, houve uma separação das igrejas que passaram a se identificar como "renovadas" a partir de 1967. O Pastor Enéas Tognini fundou, então, a Convenção Batista Nacional para congregar aquelas igrejas do movimento carismático, que não se encaixavam mais na Convenção Batista Brasileira. Os dados de 2015 apontavam para 2,2 mil igrejas e 400 mil crentes. Mesmo adotando o pentecostalismo, os batistas nacionais continuaram afiliados à Aliança Batista Mundial.

Além dessas duas principais convenções, há ainda os Batistas Independentes, os Batistas Regulares, os Batistas Fundamentalistas e os Batistas do Sétimo Dia, que guardam o sábado. É importante dizer que todas essas denominações têm crescido no Brasil, embora em ritmo menos acelerado que o das igrejas neopentecostais e carismáticas. Os batistas mantiveram uma forte ortodoxia bíblica, e constituem uma das igrejas históricas mais consistentes no Brasil.

Os metodistas

Os metodistas são conhecidos por sua confissão protestante clássica tradicional e seu governo episcopal, com a figura de bispos regionais. Assim como ocorreu com os batistas, desde as décadas de 1960 e 1970, os metodistas têm sido tocados pelo avivamento carismático que trouxe a ênfase no batismo no Espírito Santo. A maior parte da denominação, entretanto, ainda mantém seu perfil tradicional, recusando qualquer alinhamento com a vertente carismática.

Na década de 1980, o metodismo no Brasil foi fortemente influenciado pela teologia da libertação. Atualmente, os metodistas no Brasil estão distribuídos em outros dois principais grupos: os metodistas ortodoxos e a Igreja Metodista Wesleyana. De acordo com o censo do IBGE de 2010, a denominação tem 1,4 mil igrejas e 200 mil crentes no Brasil.

Os presbiterianos

A Igreja Presbiteriana constitui um dos mais importantes grupos, representando o protestantismo clássico e tradicional. Está no país desde os tempos do império, e durante o período da Proclamação da República, dividiu-se em dois grupos: a Igreja Presbiteriana do Brasil e a Igreja Presbiteriana Independente.

Com o advento do avivamento carismático, surgiram duas outras ramificações: a Igreja Cristã Presbiteriana, principalmente no Centro-Oeste do país, e a Igreja Presbiteriana Independente Renovada, no Sul do Brasil. Os dois grupos decidiram formar uma só aliança a partir de 1975, fundando a Igreja Presbiteriana Renovada. Além do batismo no Espírito Santo, a nova denominação adotou inicialmente um forte viés nos usos e costumes. Era comum a proibição de prática de esportes para homens, do uso de adereços para mulheres e da televisão. Seu legalismo pentecostal forçou a saída de muitos jovens e causou um declínio em seu crescimento, bem como a perda de seu impulso.

Os presbiterianos são governados por um presbitério local, eleito pela igreja, e um presbitério regional. Segundo a estimativa do IBGE de 2016, havia no Brasil quase 5 mil locais de culto e 650 mil membros em todo o país.

> **A ESPIRITUALIDADE EVANGÉLICA**
>
> "Siga-me!" A palavra "seguir" ressalta a escolha intencional de Jesus pelos discípulos para uma vida em movimento. Com essa palavra, ele abre a mensagem do Evangelho, e com ela também o encerra. "Venha após mim" conecta-se muito bem com o que se ouve mais tarde: "Siga-me." Uma palavra não contradiz a outra, antes, elas se complementam e reforçam o sentido da missão de Jesus Cristo.

Assembleias de Deus

As Assembleias de Deus formam a maior denominação evangélico-pentecostal do Brasil. Chegaram no país no início do século 20 como resultado do poderoso avivamento pentecostal iniciado nos Estados Unidos. Além das doutrinas clássicas protestantes de autoridade e inspiração das Escrituras e da salvação pela graça mediante a fé, as Assembleias de Deus adotaram o ensino e a prática do batismo no Espírito Santo, acompanhado pelo dom de falar em outras línguas.

No entanto, o fator mais importante que marcou a diferença entre a Assembleia de Deus, com seu astronômico crescimento numérico, e as demais igrejas foi a sua eclesiologia. Desde o início, ainda em sua fundação, é ensinada uma dependência direta do Espírito Santo e total autonomia para se fazer a obra de Deus. Assim, obreiros e pastores não dependiam de uma superestrutura denominacional centralizadora. Em outras palavras, na Assembleia de Deus vivia-se, em realidade, a visão e a prática do sacerdócio de cada crente, que podia pregar, evangelizar, ensinar, profetizar, plantar igrejas, liderar ou praticar missões. Essa atitude flexível dotou a Assembleia de Deus de uma poderosa força leiga de massas motivadas e comprometidas com o seu crescimento, embora a denominação continue se opondo ao pastorado feminino.

No início da década de 2020, as Assembleias de Deus estavam distribuídas em três principais convenções: a Convenção Geral, liderada pelo pastor José Wellington da Costa e com sede em São Paulo; a Convenção Nacional, liderada pelo bispo Manoel Ferreira a partir do Rio de Janeiro; e a Convenção da Assembleia de Deus no Brasil, liderada pelo pastor Samuel Câmara, sediada em Belém do Pará. Com mais de 110 anos no Brasil, a denominação possui quase 400 mil locais de culto e cerca de 22 milhões de membros, segundo estimativas próprias de 2011.

CAPÍTULO 23
O MOVIMENTO DE RESTAURAÇÃO DA IGREJA

"O espiritual depende totalmente de Deus e se satisfaz com o que Deus lhe deu; o que é da alma foge de Deus e cobiça o que ele não concedeu."
Watchman Nee

Na continuação de muitos movimentos de restauração do passado, surgiu dentro do movimento carismático o desejo de um retorno ainda mais completo à simplicidade apostólica do primeiro século. Nas últimas décadas do século 20, milhares de comunidades através do mundo caminhavam na visão de serem simplesmente uma expressão bíblica do Corpo de Cristo na terra: santo, apostólico e católico.

A visão quíntupla que fascina muitos que estão ativos nessa prática da restauração da Igreja inclui:

1. Uma visão verdadeiramente universal, onde não há lugar para nenhuma divisão sem fundamento ou sectarismo no Corpo de Cristo.
2. A crença de que estas são as horas finais e estes são os "últimos dias", nos quais o Senhor mesmo voltará para consumar todas as coisas.
3. O Evangelho do Reino deve ser pregado em toda a terra antes que o fim venha.
4. Isso se dará paralelamente a uma forte manifestação do Reino de Deus através de sua Igreja. A Casa de Deus dos últimos dias terá nas mãos uma posição de governo.

5. Creem também que devem ser, na prática, o Corpo de Cristo sobre a terra, com todos os membros funcionando em seu lugar como um sacerdócio real diante do Senhor, segundo os dons e ministérios de I Coríntios 12.

Portanto, há um desejo de que o Senhor Jesus Cristo seja o único Cabeça sobre a sua Igreja em cada cidade. Os que estão caminhando pelas trilhas da restauração, como no primeiro século, acreditam que não há lugar para lideranças clericais ou para o ministério singular de um único homem dominando sobre a localidade. Não há lugar também para aquele tipo de autoridade que usurpe a liderança prática de Cristo, desrespeitando a pluralidade de presbíteros em cada localidade.

Finalmente, creem em uma forte ênfase naquele tipo de ensino apostólico do primeiro século que está centrado na edificação do caráter e na vida prática, em contraste com os ensinamentos que focalizam definições técnicas e rígidas, tais como as que temos herdado da era dos concílios da Igreja decadente e dos teólogos inconversos. Uma visão de discipulado que manifeste na prática o Reino de Deus, ao invés de teologias frias ou meras teorias intelectuais.

Trata-se de um movimento crescente que entendeu o sacerdócio de cada crente e que o templo é, de fato, o espírito de cada cristão, e não um santuário feito de pedras. Há uma organização em pequenos grupos nas casas que também se reúnem semanalmente para adoração em prédios, que já não são chamados "templo" ou "igreja".

Nessa corrente sempre crescente que está fluindo através do próprio coração do atual derramamento carismático, também pode ser identificada a busca por mais daqueles "lagares transbordantes", aquela mais completa e pura restauração do Corpo de Cristo em toda a terra, na expectativa de que seguramente, "o fim de todas as coisas está próximo" (IPe 4:7).

A ESPIRITUALIDADE EVANGÉLICA

Nosso lugar é junto de Jesus, de quem não podemos distanciar, sob o risco de perdermos a referência de sua pessoa. É ele que nos aponta o Caminho, que é, em si, o Caminho para a vida eterna. Como dizia o profeta: "Este é o caminho, andai sem vos desviardes nem para a direita nem para a esquerda" (Is 30:21).

Nas últimas décadas, podemos dizer que a Igreja tem avançado muito. Mesmo considerando que em alguns países não haja uma presença evangélica numerosa, sabemos que o Evangelho tem se espalhado como nunca. Dentre as nações onde o testemunho cristão é fraco estão os países muçulmanos do Norte da África e do Centro e Sudeste da Ásia.

Outro bloco que tem sido evangelizado com dificuldades é o que surgiu da implosão da antiga União Soviética. Toda aquela faixa do planeta é usualmente definida como "janela 10x40", identificada pelas coordenadas latitudinais, onde estão localizados os países onde a evangelização é mais desafiadora por questões políticas, perseguição estatal, radicalismo das religiões locais, situação socioeconômica, entre outros fatores.

Ainda assim, o Reino de Deus tem se manifestado com força total em países onde a Igreja, apesar das dificuldades, cresce debaixo de uma forte unção. São lugares onde igrejas locais ser formam com equilíbrio e poder, avançando muito. Nesses países, Deus está levantando um ministério pioneiro que planta igrejas, possui uma visão clara e prática da obra de Deus, cuida com zelo do rebanho e tem sido acompanhado de fortes sinais e uma vida humilde e quebrantada.

Seriam os novos apóstolos? Podemos identificar esse tipo de liderança fluir na Inglaterra, na Itália, nos Estados Unidos, na Argentina, no Brasil, na Tailândia, na Indonésia e em muitos outros lugares. Não é uma estrutura denominacional ou doutrinária que os liga, mas um livre e espontâneo reconhecimento gerado pelo Espírito Santo.

O Bible Temple de Portland

Um dos centros de influência do movimento de restauração foi o Bible Temple, liderado por Dick Iverson, que começou o ministério em 1951 e viu a igreja crescer para mais de 3 mil membros em poucos anos. Em 1965, Deus trouxe o nascimento de uma visitação de sua presença com os princípios da restauração da Igreja, o que provocou imediato crescimento numérico. Em 1967, foi iniciado o Portland Bible College, resultado diretos da ação divina na Igreja. Milhares de homens e mulheres têm sido treinados naquela poderosa escola de ministérios. Em 1995, Dick Iverson passou a liderança para um de seus discípulos, Frank Damásio.

Uma das características do Bible Temple foi a plantação de igrejas e o estabelecimento de relacionamento com inúmeros pastores e líderes em busca de conexão e acompanhamento, sem que uma denominação fosse criada. A partir de 1987, a Ministers Fellowship International (Comunidade Internacional de Ministros) foi lançada com o objetivo de criar um ambiente onde pastores de igrejas independentes pudessem estabelecer conexão e receber inspiração e orientação espiritual. Como um centro de referência para igrejas da restauração, o Bible Temple foi um marco na vida de milhares de comunidades cristãs e seus pastores.

O ministério de Jack Schisler no Brasil

Jack Schisler (1916-2014) foi, sem dúvida, um dos homens mais usados para trazer os princípios do movimento de restauração para o Brasil. Seu caráter quebrantado e firme e sua integridade pessoal fizeram dele uma sólida influência. Era reconhecido por muitos como um verdadeiro apóstolo e um zeloso pai espiritual para muitos pastores e líderes.

Ele começou seu ministério ainda jovem, servindo como missionário em Bornéu, na Ásia. Por questões imigratórias, teve seu trabalho naquela região impedido. Em oração com a família, decidiu servir na América do Sul, mais especificamente na Argentina e no Paraguai. Como pioneiro, Jack Schisler participou do avivamento na Argentina com uma equipe que reunia multidões em estádios para ouvir a mensagem do Evangelho. Na ocasião, tiveram a oportunidade de pregar para o presidente do país, Juan Domingos Perón.

No fim da década de 1970, Schisler foi procurado por Robson Rodovalho, que, na época, liderava uma pequena comunidade em Goiânia que buscava viver os princípios da restauração. Várias famílias passaram a morar juntas em um pequeno sítio da cidade, procurando recuperar o conceito presente no livro de Atos dos Apóstolos. O grupo havia deixado as instituições e buscava viver uma autêntica experiência de comunidade.

Jack Schisler ajudou a estruturar aquela obra e passou a mentorear o grupo que mais tarde tornou-se conhecido como Comunidade Evangélica de Goiânia. Essa denominação teve enorme protagonismo em disseminar a restauração no Brasil. Milhares de pastores e líderes jovens foram inspirados e desafiados nas conferências de Goiânia e, mais tarde, a partir de 1986, em Brasília.

Schisler tinha um zelo especial por líderes. Ele continuou viajando e servindo a Igreja brasileira, ministrando em seminários e institutos bíblicos. Era um homem de hábitos simples e severa disciplina. Costumava acordar bem cedo a cada manhã, quando dedicava horas à oração, numa prática consistente das disciplinas espirituais. Uma de suas características era "ministrar e liberar a presença de Deus" aonde chegava. Homem profundo nas Escrituras, era comum trazer às suas reuniões poderoso senso de contrição espiritual. As pessoas que participavam de suas ministrações invariavelmente terminavam de joelhos e em lágrimas diante de Deus. Em janeiro de 2014, com a idade de 97 anos, Jack Schisler partiu para o seu Senhor.

As comunidades de Goiânia, São Paulo e Porto Alegre

O movimento de restauração das chamadas "comunidades" começou já no fim da década de 1970, nos anos finais do avivamento carismático. Muitos pastores e líderes desejavam algo bem mais consistente do que a bênção do batismo no Espírito Santo. Esses irmãos desejavam um completo retorno às verdades e à vida da Igreja no livro de Atos dos Apóstolos. Almejavam pela restauração da Palavra

A ESPIRITUALIDADE EVANGÉLICA
Seguir a Cristo é, também, fruto de uma decisão pessoal e particular. Ao segui-lo, cada discípulo responderá por si mesmo, livre de qualquer interferência ou sugestão, simplesmente porque entende que em Jesus Cristo está o Caminho, a Verdade e a Vida. Sendo assim, não há como lançar mão do arado e olhar para trás, abalar-se por qualquer vento e tempestade que se levanta no mar, tampouco se ocupar do outro, do que diz e no que pensa, mas fitar o olhar em Jesus Cristo, referência única e necessária que dá sustentação para essa jornada que conduz à vida eterna. "Deixemos todo o embaraço e o pecado que tão de perto nos rodeia e corramos com paciência a carreira que nos está proposta [...] olhando para Jesus" (Hb 12:1-2). Ao fim, podemos entender melhor o sentido do Caminho do Cordeiro de Deus, que nos convida todos a andar com ele: "E dizia a todos: Se alguém quer vir após mim, negue-se a si mesmo e tome cada dia a sua cruz, e siga-me." (Lc 9:23).

de Deus sendo liberada dos púlpitos com revelação e com vida; queriam ver a adoração congregacional entoando cânticos não "sobre Deus", mas "para Deus"; aguardavam a restauração dos cinco ministérios de Efésios 4:11 e a manifestação da presença de Deus em seus cultos. Essa geração de líderes tinha por objetivo experimentar ser Igreja sem ser denominação.

Alguns líderes pioneiros foram levantados por Deus em várias capitais do Brasil com o coração de paternidade espiritual e "cobertura espiritual", termo que trouxe muita controvérsia fora do movimento. Esses líderes pioneiros plantaram as primeiras igrejas brasileiras conhecidas apenas como "comunidades" em função do zelo e do desejo de se evitar a fundação de mais uma denominação.

Em São Paulo, a Comunidade da Graça surgiu como um poderoso centro de influência, liderada pelos pastores Carlos Alberto Bezerra e Carlos Alberto Antunes. Em Curitiba, a Comunidade Cristã era liderada por Michael Piper. Em Goiânia floresceu a Comunidade Evangélica, liderada por Robson Rodovalho e César Augusto M. Sousa.

Muitos líderes de adoração e compositores, como Asaph Borba, Ademar de Campos e Bené Gomes, foram levantados por Deus com uma poderosa onda de louvor e adoração em que se manifestava a presença poderosa de Deus. Todos esses irmãos se tornaram referência de ministério para uma geração inteira de jovens entusiasmados, todos anelando por uma restauração genuína da Igreja.

Durante a década de 1980, o Brasil viveu essa experiência de vanguarda no movimento evangélico. Milhares de igrejas foram plantadas por todo o país. Já na década de 1990, vimos o declínio desse movimento com a chegada do conceito de igreja em células, que, para muitos, foi outro agir do Espírito Santo.

Nee To Sheng — Watchman Nee

Em 30 de maio de 1972, aos 67 anos, morreu como mártir, em uma prisão da China comunista, o principal apóstolo da restauração: Nee To Sheng, mais conhecido como Watchman Nee. Ele nasceu em 4 de novembro de 1904, filho de Ni Weng-Hsiu e Lin He-Ping, que eram metodistas. Seu avô era um ministro da Igreja Anglicana. Nee converteu-se numa visita de Dora Yu, uma evangelista itinerante, e decidiu receber melhor treinamento para se tornar pastor, frequentando a escola bíblica liderada por ela em Xangai. Pouco tempo depois, foi expulso por maus hábitos de preguiça e falta de pontualidade.

Watchman Nee, um dos maiores propagadores do Evangelho na China.

Nee, então, foi grandemente ajudado pela missionária britânica Margaret E. Barber, que se tornou espontaneamente uma espécie de tutora espiritual para ele. Ela o tratava com consideração, mas também com firmeza e muita disciplina. As ênfases de "miss Barber" eram na cruz de Cristo e na experiência do quebrantamento espiritual.

Ao morrer, em 1930, ela deixou para ele seus poucos pertences. Por ela, Watchman Nee foi introduzido aos ensinos de Jessie Pen Lewis, T. Austin Sparks, D.M. Panton, Robert Govett e G.H. Pember. Bem cedo, ele se identificou com o movimento de Plymouth Brethren, conhecido como movimento de restauração "dos Irmãos". Dedicava muito tempo ao estudo das Escrituras, e em 1928, escreveu seu livro clássico *O homem espiritual*, traduzido para muitas dezenas de línguas.

No movimento chamado das "Igrejas Locais", Nee recusava a ideia de exclusivismo e não aceitava excluir da celebração da Ceia do Senhor os irmãos denominacionais. Acabou sendo expulso do movimento em 1935.

Antes da revolução comunista, o movimento de Watchman Nee plantou inúmeras igrejas no interior da China e treinou centenas de obreiros.

Um de seus cooperadores, Witness Lee, emigrou para os Estados Unidos e, infelizmente, estabeleceu um movimento sectário e exclusivista de Igrejas Locais que causou grande mal ao Corpo de Cristo. No Brasil, o principal arauto desse movimento foi Dong Yu Lan.

Em uma de suas reuniões, estudando o livro de Daniel, Lan afirmou em público que o banquete de Beltessazar significa que "se deve ir aos irmãos que estão em Babilônia — as igrejas denominacionais — e trazê-los de volta para o templo sagrado, em Jerusalém, que são eles mesmos, a Igreja Local". Portanto, desonrou e desrespeitou qualquer autoridade que não procedesse deles mesmos. Esse tipo de doutrina e prática fez a Igreja Local enveredar pelo pior do exclusivismo sectário. Além disso, o grupo prefere praticar o proselitismo religioso a evangelizar os não crentes. Sua teologia introspectiva de "dependência de Deus", na prática, destrói e paralisa qualquer potencial de liderança.

Watchman Nee viveu um poderoso ministério na Palavra. Muitas de suas mensagens foram publicadas e abençoaram milhões de crentes. Entre elas, *A vida cristã normal*, *Autoridade espiritual* e *Quebrantamento e a liberação do Espírito* são clássicos.

Nee também era um empreendedor, abrindo negócios para financiar e manter seus obreiros no campo missionário. Com o advento da revolução comunista na China de Mao Tsé-Tung, ele e milhares de outros cristãos foram perseguidos, os locais de reunião cristã, fechados e os pastores e líderes, lançados na prisão. Watchman Nee passou mais de 30 anos preso pelo testemunho do Senhor.

> **A ESPIRITUALIDADE EVANGÉLICA**
>
> "Coisas gloriosas são ditas de ti, ó Cidade de Deus" (Sl 87:2). Como Jesus tantas vezes declarou, "o meu Reino não é deste mundo; se o meu Reino fosse deste mundo, pelejariam os meus servos para que eu não fosse entregue aos judeus; mas agora o meu Reino não é daqui" (Jo 18:36). Seus discípulos também não são deste mundo. Somos peregrinos nesta terra rumo ao lar celestial, aonde Cristo foi para nos preparar morada: "Na casa de meu Pai há muitas moradas; se não fosse assim, eu vo-lo teria dito. Vou preparar-vos lugar. E quando eu for, e vos preparar lugar, virei outra vez, e vos levarei para mim mesmo para que onde eu estiver estejais vós também" (Jo 14:2-3).

CAPÍTULO 24
O ADVENTO DAS IGREJAS EM CÉLULAS

"Deus é tão grande quanto você lhe permitir que o seja. Ele também é tão pequeno quanto você o obrigar a ser." **David Yonggi Cho**

A maior igreja do mundo

A Yoido Full Gospel Church — ou Igreja Yoido do Evangelho Pleno — foi fundada na Coreia do Sul pelo pastor David Yonggi Cho e sua sogra, Choi Ja-Shil, ambos ministros ordenados pela Assembleia de Deus. Em alguns meses, a membresia havia chegado a cinquenta membros que se reuniam na sala da casa de Ja-Shil, em 1958. Da sala para uma tenda, os cultos enfatizavam a salvação, a cura divina e a prosperidade financeira. Em 1961, os discípulos haviam chegado ao número de mil. Estando grande demais para as tendas, a igreja resolveu adquirir uma área de terras em Seodaemun.

Durante esse tempo, a Igreja foi auxiliada pelo missionário americano John Hurston. O pastor Cho foi chamado para servir no Exército, mas, por estar designado para um local próximo a Seul, continuou seu pastorado e o grupo continuou crescendo até chegar aos 3 mil membros, em 1964.

Devido à sua fragilidade e saúde comprometida, Yonggi Cho teve um colapso em um culto onde os batismos estavam sendo realizados. Impossibilitado de continuar servindo àquela congregação como antes, decidiu reestruturar a igreja. Assim, dividiu a cidade de Seul em zonas, e as zonas em células que se reuniriam uma vez por semana para oração e estudos bíblicos. Os membros das células eram convidados a chamar para a reunião seus parentes, vizinhos, colegas de trabalho e de escola, além da própria família.

Cada líder de célula era criteriosamente instruído a treinar um auxiliar. Inicialmente, como os homens se recusaram a liderar, Cho constituiu as mulheres como líderes das células. Ele deu a elas um pequeno tecido que deveria ser colocado sobre a cabeça apenas quando estivessem exercendo a função de líderes de célula. O tecido significava que estavam sob a autoridade direta do pastor da igreja para oficiar e liderar.

No início dos anos 1970, a Igreja já contava com 10 mil membros, e a estrutura de Seodaemun se mostrou incapaz de conter o crescimento numérico. Assim, a igreja decidiu adquirir uma grande área de terras na Ilha de Yoido, em Seul, onde um auditório bem maior foi construído.

Em 1977, a igreja atingiu a fenomenal membresia de 50 mil pessoas, passando para 200 mil em 1981 e se tornando a maior igreja local do mundo. O crescimento exponencial atingiu 700 mil discípulos em 1992. Nessa época, foi decidido que a Igreja abriria núcleos por toda a capital coreana a fim de acomodar melhor os seus membros.

Segundo Cho, um dos segredos do grande crescimento dessa igreja foi a oração. Por isso, a fim de estimular os membros da comunidade à oração, foi adquirido um terreno onde se erigiu um centro dedicado a essa disciplina da fé. Mais de 4 mil pessoas oram diariamente no local.

Yonggi Cho escreveu diversos livros que se tornaram *best sellers*, como *A quarta dimensão* e *Oração, a chave do avivamento*, no qual aborda esse importante princípio. Escreveu *Grupos familiares e o crescimento da Igreja* e *Muito mais que números*, tratando dos princípios que nortearam sua igreja em células. A influência do "dr. Cho" na vida e no ministério de pastores do mundo inteiro, é incontestável. Numa visita ao Brasil, em 1986, pregando no Maracanã, profetizou que a Igreja do Brasil é um leão adormecido, mas que, quando se levantar, todo o mundo ouvirá a sua voz.

Em 2008, a liderança foi passada a Younghoon Lee. A Igreja Central do Evangelho Pleno segue com esse nome, embora seja afiliada ao movimento mundial das Assembleias de Deus. A igreja de Yoido é reconhecida pelo Guiness Book como a maior do mundo, com 800 mil membros em 2018.

Templo-sede da Yoido Full Gospel Church em Seul.

O ministério Touch

O Touch Ministries foi fundado nos Estados Unidos por Ralph Neighbour Jr. em 1972 com o propósito de auxiliar igrejas e pastores a fazer a transição do modelo convencional templista-clerical, baseado em programas, para igrejas em células. Atualmente, sua sede está localizada em Houston, no Texas. O Touch mentoreia pastores, treina líderes e compartilha seus recursos com milhares de pessoas internacionalmente. No Brasil, são representados pelo Ministério Igreja em Células, sediado em Curitiba, no Paraná.

Ralph Neighbour esteve em estreito contato com os pastores das maiores igrejas em células do mundo, e possui um profícuo ministério, tendo publicado mais de quarenta livros. Entre eles se destaca *Where Do We Go from Here?* (*Daqui, para onde vamos?*), onde traça, de maneira clara, precisa e profunda, o diagnóstico das igrejas convencionais, cuja existência é baseada em programas e no templo. Ele também orienta como fazer a transição para o modelo em células.

Os quatro principais movimentos de igrejas em células no Brasil

O advento das igrejas em células no Brasil começou no início da década de 1980 com a publicação do livro de Paul (David) Yonggi Cho *Grupos familiares e o crescimento da igreja*. Infelizmente, a falta de compreensão exata dos princípios de funcionamento desse modelo de igrejas em células levou a um fracasso generalizado. Muitas comunidades tentaram estabelecer o mesmo paradigma, mas por não conhecê-lo profundamente, acabaram falhando.

Por volta de 1988, a Igreja Luz para os Povos, de Goiânia, implementou um modelo que a levou a experimentar um rápido e consistente crescimento, combinando discipulado e grupos familiares. Ela cresceu de 350 para mais de 4 mil membros em apenas quatro anos, e foi a pioneira no Brasil a aplicar um modelo que funcionava gerando crescimento sustentável e uma grande multiplicação de líderes.

A partir de 1999, surgiram vários outros movimentos. O G12, da Colômbia, ganhou enorme proeminência no Brasil. As igrejas ligadas ao Ministério Igreja em Células, de Curitiba, passaram a treinar líderes denominacionais.

O movimento do G12 foi fundado por Cesar Castellanos em Bogotá, na Colômbia, em 1991. Depois de visitar a Igreja Central do Evangelho Pleno, em Seul, Castellanos afirmava ter recebido uma visão que o orientou a estabelecer um modelo baseado no discipulado de doze pessoas que cuidam de outros doze líderes, e assim sucessivamente.

Cada líder foi estimulado também a estabelecer um grupo de evangelismo. As pessoas que se convertiam passavam a pertencer a um grupo de discipulado de doze. A estratégia do G12 usava também o Encontro, que, na prática era um retiro focado em consolidar aqueles que fossem convertidos e salvos. O movimento de multiplicação de líderes e rápido crescimento funcionava como uma pirâmide em rede.

Em Bogotá, a igreja, além de ser liderada por Castellanos, possuía até 2004 muitos outros líderes importantes, como o carismático pastor de jovens César Fajardo, que deixou o movimento por discordâncias quanto ao modo de se estabelecer lideranças. No Brasil, a conhecida pastora Valnice

> **A ESPIRITUALIDADE EVANGÉLICA**
> Jesus Cristo nos faz cidadãos do Reino de Deus mediante a sua morte, pela qual conquistou para nós o direito de uma residência permanente no lar celestial, como a melodia do Cântico do Cordeiro entoa: "Digno és de tomar o livro, e de abrir os seus selos; porque foste morto, e com o teu sangue os compraste para Deus de toda tribo, e língua, e povo, e nação. E para o nosso Deus nos fizeste reis e sacerdotes; e reinaremos sobre a terra" (Ap 5:9-10).

Milhomens foi a pessoa que mais investiu no G12, juntamente com Renê Terranova, da Igreja Batista da Restauração, em Manaus. No entanto, o movimento passou por muitos reveses, enfrentou divisões e várias controvérsias.

O modelo rígido do G12, que se assemelha muito ao ambiente empresarial, cresceu e declinou muito rapidamente. O pragmatismo que impedia a construção de verdadeiros relacionamentos e um discipulado que valorizasse realmente as pessoas fizeram o movimento ruir. Muitas igrejas e muitos líderes internacionais que adotaram o modelo do G12 acabaram também por sair dele em função dos problemas criados pelo tipo de estrutura pesada e uma dinâmica controladora no discipulado. Os conhecidos pastores Colin Dye, do Kensington Temple de Londres, e Larry Stockstill, da Bethany Church em Baton Rouge, nos Estados Unidos, são exemplos de líderes que deixaram o movimento.

O Movimento de Discipulado Apostólico (MDA) tem início oficialmente no Norte do Brasil. Em janeiro de 1994, com o apoio de irmãos da Igreja Luz para os Povos, o pastor Abraham "Abe" Huber deu início a dezessete células na Igreja da Paz em Santarém, no Pará. Pouco tempo depois, ele adotou o método de discipulado um a um, influenciado por Karl Horton, um especialista nesse assunto, com doutorado pelo Seminário Fuller da Califórnia. Nessa visão, cada crente cuidaria de alguém e seria cuidado por outro, numa rede que cobre teoricamente toda a membresia da igreja.

Nas células, as pessoas são encorajadas a criar grupos de evangelismo que funcionam temporariamente. Quem se converte no grupo de evangelismo é levado para a célula e encaixado diretamente com um discipulador. Além disso, uma vez por semana, os líderes se encontram com o pastor sênior no prédio da igreja para encorajamento e acompanhamento.

O MDA é um modelo que se propõe a prestar acompanhamento e mentoreamento para uma larga rede de pastores. A primeira igreja do movimento, em Santarém, contava em 2020 com uma membresia de quase 45 mil crentes, o que faz da Igreja da Paz naquela cidade uma das maiores igrejas locais do Brasil.

Outro movimento importante foi a Videira. Fundada em 1999 pelos pastores Aluízio Silva e Marcelo Almeida, depois de uma frutífera experiência liderando os grupos familiares na Igreja Luz para os Povos de Goiânia, esse ministério cresceu exponencialmente de 2000 a 2018. O modelo da Videira era inicialmente semelhante ao que foi aplicado na Coreia do Sul por David Yonggi Cho. Caracterizado como um movimento através de uma associação de igrejas chamada Vinha, essa obra, em 2018, já havia plantado perto de 2 mil igrejas em 35 nações, liderando por volta de 300 mil discípulos, dos quais 100 mil eram crianças.

Todo o sistema é criteriosamente acompanhado por supervisores que gerenciam detalhadamente cada parte dos processos, dos programas, dos eventos, dos encontros, dos cursos de treinamento, dos jejuns e das conferências. Muito semelhante ao G12 em sua prática de discipulado gerencial e pragmatismo, o movimento se distanciou de suas origens de restauração, que valorizavam vínculos mais relacionais e comunidades focadas em comunhão familiar.

O arrojado projeto da Vinha contemplava a entrada em países fechados para o Evangelho, como Paquistão, Bangladesh, Índia e Nepal. A Vinha é liderada por um Conselho Apostólico cujo presidente vitalício é Aluízio Silva. Anualmente, desde 1999, a Videira promove uma conferência anual para pastores e líderes com mais de 4 mil participantes. A Vinha — Videira e Ministérios Associados possui uma rede de escolas bíblicas que já treinou milhares de obreiros e pastores.

O cansaço de um modelo

Por volta do fim da década de 2010, alguns dos movimentos de igrejas em células no Brasil foram perdendo o fôlego e muitos passaram a testemunhar um grande rodízio de membresia. Ao mesmo tempo que continuava ocorrendo a entrada de novos membros, o sistema não conseguia mais reter as pessoas além de alguns anos. Um grande cansaço, acompanhado de uma séria aversão ao estilo empresarial e controlador de discipulado, fizeram o movimento perder muito do seu ritmo em alguns dos modelos.

As verdades maravilhosas acerca do retorno à Igreja primitiva, com a ênfase no princípio "cada crente, um ministro e cada casa, uma igreja", não podiam mais ser praticadas plenamente em função de uma rígida centralização. Na prática, elas se mantêm como uma estrutura focada em números e no crescimento rápido. Alguns modelos de discipulado não contemplam a autonomia, a liberdade nem a livre iniciativa dos discípulos. Ao contrário, há um fortíssimo controle e criteriosa supervisão a fim de se manter rigidamente cada processo. Em algumas igrejas, há uma rígida uniformização e padronização de prática celular.

Paralelamente, hoje em dia está surgindo em todo o mundo um crescente e espontâneo movimento de igrejas emergentes que anelam pelo princípio fundamental, porém de uma forma mais livre, informal e orgânica. Esse tipo de igreja é menos institucional e mais relacional. O foco é sobre a "experiência de ser Igreja" de forma natural e espontânea. Busca-se um discipulado que investe generosamente, mantém a liberdade e libera os discípulos a fim de que cumpram seu propósito ministerial. Esse modelo de igreja orgânica não almeja reproduzir as antigas, impressionantes e convencionais megaestruturas.

O sintoma do cansaço dos que saíram do sistema de algumas igrejas em células não é inédito. Há um número crescente daqueles que têm se afastado de qualquer regime eclesiástico controlador. O forte movimento da geração Z, formada pelos nascidos depois de 2000, e o advento da internet tem feito surgir um anelo por outro modelo de igreja mais relacional, menos massificante e de volta aos pequenos grupos, onde se vive a experiência de comunidade acolhedora. Essa parece ser a mais nova tendência à medida que o século 21 avança.

De acordo com uma pesquisa de 2020 apresentada por Ryan P. Burge, da Universidade de Illinois, há um novo cenário no ambiente religioso estadunidense que indica a mesma tendência para todo o mundo ocidental e para o Brasil: o crescimento rápido dos "sem igreja". No impressionante artigo "Nones Now as Big as Evangelicals, Catholics in The US ("Os sem igreja, agora tão grandes quanto os evangélicos e os católicos nos EUA"), publicado no *site* Religion News Service, afirma que,

De acordo com a recentemente publicada General Social Survey, pesquisa realizada por Ryan P. Burge, da Universidade de Eastern Illinois, os estadunidenses que afirmam estar "sem Igreja" — às vezes conhecidos também como "nones", em função de como respondem à pergunta "qual a sua afiliação religiosa?" — agora representam cerca de 23,1% da população, mais do que os 21,6% em 2016. As pessoas que afirmam que são evangélicas [...] agora representam 22,5% dos estadunidenses, um pequeno decréscimo dos 23,9% em 2016. Isso faz com que ambos, os "sem Igreja" e os católicos (23%), estatisticamente muito próximos, sejam os dois maiores agrupamentos religiosos no país.[89]

Assim, os "sem igreja", que não são necessariamente ateus ou agnósticos, mas afirmam não se identificar com nenhum institucionalismo tradicional, representam hoje praticamente um quarto da população total dos Estados Unidos. É uma massa que representa assustadores 80 milhões de pessoas.

Esse fenômeno se repete no Brasil e em uma proporção crescente. De acordo com o IBGE, de 2003 a 2009, o índice da população dos "sem igreja" cresceu de 0,7% para 2,9%. Espera-se que esse percentual aumente muito no censo de 2021.

O que esses números indicam é que há um grupo cada vez maior de pessoas insatisfeitas que simplesmente não se identificam mais com qualquer perfil convencional, organizacional e institucionalizado de Igreja. As igrejas convencionais também perdem rápida e drasticamente sua membresia.

Essa grande massa dos "sem igreja" tem buscado uma expressão mais orgânica de comunidade cristã nos pequenos grupos. É o novo cenário do Cristianismo para as próximas décadas do terceiro milênio.

> **A ESPIRITUALIDADE EVANGÉLICA**
> Aos que seguirem Jesus até o fim será conferido o direito de se assentar à mesa da comunhão do Senhor, que é a Ceia das bodas do Cordeiro. Como está escrito: "Bem-aventurados aqueles" que são chamados à Ceia das bodas do Cordeiro" (Ap 19:9).

.....
89   Em *https://religionnews.com/2019/03/21/nones-now-as-big-as-evangelicals-catholics-in-the-us/*, acessado em 30/3/2021.

CAPÍTULO 25
AS NOVAS FRONTEIRAS DO SÉCULO 21

"Não são grandes homens que mudam o mundo, mas homens fracos nas mãos de um grande Deus!" **Irmão Yun**

A Velha Europa, um novo campo missionário

Após a Segunda Guerra Mundial, o processo de secularização de toda a Europa se acentuou rapidamente. O percentual de cristãos diminuiu muito em relação àqueles que se declaram ateus e agnósticos. Essa tem sido uma mudança cultural e geracional tão profunda que as marcas do Cristianismo estão desaparecendo rapidamente em muitas nações.

Além disso, entre aqueles que se declaram cristãos, há uma maioria que assim procede apenas por causa de uma vaga herança cultural, podendo ser classificada como de crentes nominais. Os sinais dessa triste secularização estão em todo lugar, em todo continente, com milhares de prédios religiosos vazios, incluindo antigos templos e belíssimas catedrais.

Muitos projetos de apartamentos e de reutilização desses imóveis estão em curso em vários países europeus, pois já não há mais cristãos que os utilizem para seus cultos. A situação do Velho Continente é desesperadora em inícios do século 21. Podemos dizer que hoje a Europa é um continente pós-cristão e secular.

Dados do relatório "Europe's Young Adults and Religion" ("Jovens adultos e religião da Europa"/Bullivant, 2018) indicam que a maioria das pessoas da geração milênio, em 22 países selecionados, não é afiliada a nenhuma religião. A pesquisa, com jovens de 16 a 29 anos, mostra que a República Tcheca é o país menos religioso da Europa, com 91% da juventude dizendo que não têm filiação religiosa alguma. Na Estônia são 80%. A percentagem de jovens sem religião também é muito alta na Suécia (75%), na Holanda (72%) e no Reino Unido (70%). Outros países que possuem mais de 50% dos jovens de 16 a 29 anos que se declaram sem religião são: Hungria (67%), Bélgica (65%), França (64%), Dinamarca (60%), Finlândia (60%), Noruega (58%) e Espanha (55%).

Entre os que afirmam ser cristãos, na República Tcheca, 70% dos jovens jamais vão aos cultos. O número de jovens ausentes das igrejas é também muito elevado (em torno de 60%) na Holanda, Espanha, Reino Unido, Bélgica e França. Para o continente como um todo, o cenário é de prevalência dos jovens sem religião ou daqueles que declaram uma filiação religiosa, mas frequentam pouco os cultos semanais.

O declínio da influência cristã entre católicos, protestantes e evangélicos é evidente. Entre os que são ativos e frequentam suas comunidades, os muçulmanos, em geral, são ampla maioria. Além disso, fazem parte do grupo religioso com o maior crescimento. Na Holanda, assim como nos países nórdicos, eles já superam o número de católicos.

A Europa é hoje um dos maiores e mais desafiadores campos missionários do planeta. Ao entrar no terceiro milênio, a Igreja de Cristo se vê novamente diante do desafio de evangelizar a Europa. O inimigo atual não são as perseguições e a morte, mas uma ideologia humanista, materialista e secularista que criou uma barreira enorme contra o Cristianismo. Mais do que nunca, as nações europeias precisam experimentar um novo avivamento que traga de volta a vida de Deus, especialmente entre os jovens.

> **A ESPIRITUALIDADE EVANGÉLICA**
> João, o apóstolo, descreve a visão da Cidade de Deus: "Vi também a cidade santa, a nova Jerusalém." Nela, "o tabernáculo de Deus está com os homens. Deus habitará com eles, e eles serão o seu povo, e o próprio Deus estará com eles, e será o seu Deus" (Ap 21:2-3).

O Islã se propaga pela Europa

Uma das características do perfil pós-moderno e pós-cristão da Europa é o baixíssimo índice de natalidade. Não é exagero dizer que a maioria dos países europeus está morrendo, isto é, morrem mais cidadãos do que nascem. Suas populações estão decrescendo em proporções alarmantes e históricas.

Por outro lado, em função da ideologia secular dos governos e do povo europeu, eles têm escolhido suprir seu baixo crescimento populacional abrindo-se para a imigração. Essa imigração tem ocorrido especialmente a partir dos países muçulmanos do Norte da África e do Oriente Médio.

Literalmente, milhões de muçulmanos têm entrado na Europa e forçado os Estados europeus a lhes dar abrigo.[90] É uma opção perigosa, pois essa população islâmica tem crescido a proporções assustadoras desde a década de 1960. Há cinquenta anos, a Europa ocidental tinha uma população de 250 mil muçulmanos. Hoje são 20 milhões, e projeta-se o dobro até 2030. Há atualmente um enorme crescimento demográfico das famílias muçulmanas, e isso em contraposição ao baixo índice de natalidade e renovação populacional dos europeus. A continuar esse processo, isso produzirá, em cem anos, algo impensável anteriormente. O que os mouros e turco-otomanos não conseguiram, o crescimento demográfico fará: tornar a Europa um continente islâmico.

A continuar esse avanço muçulmano, em questão de décadas a Europa cristã será passado, e aquilo que existiu de cultura e influência espiritual será substituído por outro tipo de ideologia. Estudiosos afirmam que, em 2050, muitas nações europeias serão forçadas a aplicar a *sharia* (a lei muçulmana) às comunidades muçulmanas. De acordo com os resultados de uma pesquisa de opinião pública realizada em 2004, mais de 60% dos muçulmanos britânicos querem viver debaixo da lei muçulmana, mesmo enquanto vivem no Reino Unido.

As democracias ocidentais não estão preparadas para atender às reivindicações e às pressões de uma população muçulmana cada vez mais assertiva. Assim como as tribos bárbaras germânicas (centradas no clã e cheias de filhos) varreram do mapa o estéril Império Romano Ocidental, os novos "bárbaros" também estão se levantando.

Um século depois das duas grandes guerras e outras atrocidades que não conseguiram conduzir de volta o continente ao Cristianismo, a Europa está agora prestes a se sujeitar à influência do Islã. Ao rejeitar sua herança cristã, a civilização corre o risco de se sujeitar ao fundamentalismo islâmico. No passado, outras civilizações já desapareceram. Não será novidade.

---

90 Ed Vitagliano, blog do Instituto Cristão de Pesquisas (icp.com.br), acessado em 20/3/2021 *https://www.icp.com.br/df87materia7.asp*.

Manifestação de protesto de muçulmanos em Barcelona.

Os novos mártires

A entrada do terceiro milênio tem resgatado algo que era impensável há bem pouco tempo: a volta dos mártires cristãos que sustentam o testemunho de Cristo com a própria vida. Com a guerra no Iraque e, mais adiante, os gigantescos e massivos movimentos de protesto e as revoltas em favor da democracia que enfraqueceram as ditaduras árabes, um grande território foi tomado pelo grupo terrorista Estado Islâmico, identificado em alguns países como Isis, abreviação em inglês para Islamic State of Iraq and Syria (Estado Islâmico do Iraque e da Síria). A partir de 2014, esse grupo pretendia estabelecer um califado desde o Iraque até a Síria e a Líbia. De fato, seu domínio se estendeu por um enorme território, mas depois de sangrentas lutas, foi perdendo espaço. Em 2020, o Estado Islâmico já não representava mais uma grande ameaça sobre os países do Oriente Médio.

Enquanto durou, seu domínio foi brutal, e por onde passou, foi deixando um rastro de destruição e violência sem precedentes contra seus opositores, em especial contra os cristãos. Milhares de crentes morreram degolados ou crucificados; centenas de milhares fugiram e se tornaram desterrados em seus próprios países.

Nos países muçulmanos onde a Primavera Árabe eclodiu, os cristãos ficaram desprotegidos e suas igrejas, casas e propriedades foram destruídas. Muitos foram perseguidos e assassinados cruelmente pelos próprios compatriotas. Foi o que aconteceu no Egito contra a minoria cristã copta. Naquele país, inúmeras igrejas foram incendiadas e sacerdotes coptas foram assassinados.

Grupos terroristas, como o Boko Haram, a Al Qaeda e o Taleban, estabelecidos em países como a Nigéria, o Paquistão e Afeganistão, entre outros, estão cometendo terríveis atrocidades contra os cristãos. Raptam crianças, transformam meninas em escravas sexuais, queimam as propriedades, matam os homens e destroem famílias inteiras. No Paquistão, a comunidade cristã não possui direitos civis como os muçulmanos, e são frequentes as incursões terroristas contra as igrejas. Centenas de mártires têm morrido no Paquistão pelas mãos de terroristas muçulmanos.

Tudo isso além da perseguição oficial de muitos governos muçulmanos radicais, que proíbem os crentes até de pregar o Evangelho fora de suas igrejas. Em números absolutos, portanto, há mais mártires hoje em dia do que durante séculos de perseguições romanas aos primeiros cristãos.

Um fenômeno, entretanto, tem se repetido sistemática e sobrenaturalmente em todos esses países. Diante dessa completa falta de liberdade, há milhares de muçulmanos que relatam sonhos, visões e experiências com a manifestação direta de Jesus. São incontáveis os testemunhos, sempre com a mesma experiência na qual o próprio Salvador lhes aparece e anuncia o Evangelho. Essas e outras muitas conversões estão gerando um grupo cada vez maior de muçulmanos convertidos que passam a viver debaixo daquele sistema opressivo e violento. Mesmo sem liberdade, também há igrejas cristãs prósperas crescendo numericamente em vários países islâmicos.

O poderoso avanço da Igreja na China

O governo comunista chinês perseguiu sempre e de maneira violenta a Igreja Cristã. Depois que a revolução marxista de Mao Tsé-Tung saiu vitoriosa, na década de 1950, os lugares de culto

> **A ESPIRITUALIDADE EVANGÉLICA**
>
> O Cordeiro de Deus apresentado ao mundo por João Batista se revela aos seus num conhecimento de sua plenitude. Esse não é como o conhecimento intelectual adquirido a respeito de Jesus nem uma experiência pessoal pela qual podemos descrever o Filho de Deus. É o descortinar de seu rosto, puro ato de graça e de contemplação da refulgente glória de Cristo, como está escrito: "Eu sou o Alfa e o Ômega, o Primeiro e o Último, o Princípio e o Fim. A quem quer que tiver sede, de graça lhe darei da fonte da água da vida. Quem vencer, herdará todas as coisas; e eu serei seu Deus, e ele será meu filho" (Ap 21:6-7; 22:13).

foram fechados, os missionários foram expulsos, os pastores chineses foram presos e a Igreja vem sofrendo grandemente.

Por muitos anos, pareceu ao Ocidente livre que a Igreja havia acabado na China. Depois da abertura econômica empreendida por Deng Xiaoping, foi novamente permitida a entrada de ocidentais no país. Surpreendentemente, a Igreja Cristã não apenas havia sobrevivido, como também crescera exponencialmente para cerca de 10% da população — 120 milhões de crentes. Esse crescimento se deu especialmente em regiões rurais e nas pequenas cidades.

De acordo com o testemunho de Ben Wong, um pastor chinês de Hong Kong e um dos líderes do Touch Ministries, na entrada do século 21, uma igreja subterrânea que se reúne secretamente em casas na China, considerada de médio porte, possui por volta de 400 mil membros. É uma revolução silenciosa e longe do controle oficial comunista. Esse enorme crescimento da Igreja é parte de um alinhamento divino ainda de desconhecido impacto no futuro.

De acordo com uma pesquisa de 2011 da Revista Impacto,

> A Igreja Cristã oficial registrada pelo governo, Movimento Patriótico Triplo (Three Self Patriotic Movement), conta oficialmente com aproximadamente 28 milhões de membros. Pode haver até 80 milhões de cristãos em congregações não registradas. Esses grupos independentes podem estar crescendo numa taxa de até 9% por ano, o que representa um crescimento extraordinário, se comparado com a taxa de crescimento da população, de apenas 0,6%. A Constituição da China garante aparente liberdade religiosa, mas exige que todas as organizações religiosas se registrem e estejam sob intervenção do governo. Os grupos que não são registrados são taxados pelo governo como "ilegais" ou "seitas".[91]

A China passou por um enorme crescimento econômico nas últimas décadas, o que tirou o país da pobreza e o levou à posição de superpotência. É previsto que, nos próximos anos, tome a posição estadunidense de liderança. As consequências geopolíticas disso são ainda imprevisíveis, mas o fato de haver uma Igreja crescendo a passos rápidos na China nos enche de expectativas sobre aquilo que Deus irá fazer.

......
91   Em *https://www.revista0000000impacto.com.br/biblioteca/noticias-da-igreja-na-china/*, acessado em 30/3/2021.

A influência do país asiático no mundo de hoje já é indiscutível. Seu comércio internacional e sua presença econômica em países da África e da Ásia tem atraído dezenas de nações para sua esfera de poder. Espera-se que, com esse avanço econômico, a Igreja acabe por ter mais liberdade, e as perseguições, que ainda existem, sejam parte do passado.

O avivamento e a Igreja subterrânea no Irã

Em 2020, a Igreja subterrânea e perseguida do Irã era a que vivia o maior e mais rápido crescimento no mundo — algo por volta de 20% ao ano, de acordo com a agência de notícias americana Fox News.[92] Isso acontece sem prédios religiosos ou templos e sem denominações, num movimento espontâneo descentralizado e majoritariamente liderado por mulheres. São grupos de cristãos que se reúnem nas casas, indetectável pelo regime radical xiita do país. A estimativa é que havia por volta de 1 milhão de crentes nesse massivo movimento no ano de 2020.

Segundo a Missão Portas Abertas, o cristianismo é considerado uma influência ocidental condenável e uma constante ameaça à identidade islâmica no Irã.[93] Isso acontece, principalmente, porque o número de cristãos está crescendo, e até mesmo filhos de conhecidos líderes políticos e espirituais estão se convertendo do Islã ao cristianismo. O número de cristãos que antes eram muçulmanos também continua crescendo. Como cultos na língua local são proibidos, a maioria desses novos cristãos se reúne em igrejas informais nas casas ou recebem informações sobre a fé cristã via mídia, como TV via satélite e sites cristãos.

Em um esforço para impedir a influência ocidental, o governo limitou a velocidade da internet e proibiu a posse de antenas parabólicas. O Estado opressor dificulta o acesso a canais via satélite e *sites* desautorizados, inclusive a mídia cristã. O seu alvo é desacelerar o crescimento da Igreja. *Sites* cristãos com foco em evangelismo são bloqueados. Pessoas ativas no

---

92 Em *https://www.foxnews.com/faith-values/worlds-fastest-growing-church-women-documentary--film*, acessado em 30/3/2021.

93 Em *https://www.portasabertas.org.br/noticias/cristaos-perseguidos/a-perseguicao-aos-cristaos--no-ira*, acessado em 30/3/2021.

ministério com muçulmanos e muçulmanos interessados no cristianismo correm grande risco de serem presos.

Os convertidos do Islã para o Evangelho não podem praticar a fé abertamente. Qualquer indício de que sejam cristãos pode ter sérias consequências. Se são os únicos cristãos na família, precisam ser cuidadosos na maneira de adorar. Todos os cristãos no Irã são colocados sob pressão para renunciar à fé. Cristãos ex-muçulmanos são considerados imundos, especialmente em vilas, áreas rurais e em cidades conservadoras. Radicais islâmicos não apertarão as mãos, tocarão ou comerão a comida de cristãos. Todos os tipos de cristianismo e, principalmente, convertidos caso a nova fé seja descoberta podem enfrentar perseguição e discriminação no local de trabalho, por parte do Estado ou por empregadores do setor privado. O islamismo xiita é a religião oficial do Estado, e as leis devem ser consistentes com a interpretação oficial da *sharia* (conjunto de leis islâmicas). Isso faz com que a opressão islâmica seja o principal tipo de perseguição no Irã. O zelo por manter o poder também tem como objetivo proteger os valores da revolução islâmica de 1979. Há uma paranoia ditatorial no país, e como o regime iraniano tenta expandir a influência do islamismo xiita, ele é a principal fonte de perseguição no país, pois vê os cristãos como uma séria ameaça.

Embora haja relatos de pressão de familiares e membros da comunidade sobre os convertidos, a sociedade é muito menos fanática do que a liderança do país em si. Os que deixaram a religião muçulmana pelo Evangelho constituem o maior grupo de cristãos no Irã, e há também muitos outros que se convertem no exterior.

O segundo maior grupo são os cristãos étnicos ou históricos, que vêm de gerações: os armênios e assírios. Estes são os únicos cristãos reconhecidos pelo governo e protegidos por lei, mas são tratados como cidadãos de segunda classe. São também proibidos de ter contato com pessoas que

A ESPIRITUALIDADE EVANGÉLICA
A esperança do cristão de chegar ao lar celestial será, por fim, concretizada pelo cumprimento da Palavra de Deus, que nos dá as boas-vindas à Cidade de Deus: "Bem-aventurados aqueles que lavam as suas vestes no sangue do Cordeiro, para que tenham direito à árvore da vida, e possam entrar na cidade pelas portas" (Ap 22:14).

deixam o Islã e se convertem ao cristianismo, assim como não podem participar de seus cultos. Líderes de grupos cristãos são presos, acusados e recebem penas de vários anos de prisão por "crimes contra a segurança nacional".

De volta à Igreja primitiva

Qualquer estudante da História da Igreja pode ver que houve uma restauração progressiva e contínua da Igreja de Jesus Cristo na terra desde a Reforma Protestante até hoje. O objetivo de Deus é bem claro: ele deseja "restaurar os anos que foram consumidos". Seu plano é que os dias que precedem a segunda vinda visível de seu Filho sejam de restauração de todas as coisas das quais ele falou pela boca de seus santos profetas (At 3:21).

Desde os primeiros tempos da Igreja, o Senhor sempre teve no seu coração que ela deveria ser como "um homem maduro à medida da estatura da plenitude de Cristo" (Ef 4:13). Ele tem especificamente cumprido este plano nestes dias que precedem o fim de todas as coisas. Ele forma um povo na terra "cheio da plenitude de Deus" (Ef 3:19), e através desse povo irá manifestar claramente aos principados e potestades nos lugares celestiais toda "a sabedoria multiforme de Deus" (Ef 3:10). Assim, em sua vinda, ele se apresentará a uma "Igreja em toda sua glória, sem mancha, nem ruga, nem coisa semelhante, santa e sem defeito".

Ao olharmos hoje, vemos uma Igreja que tem caminhado muito desde a Idade das Trevas, mas ainda muito imatura e dividida. O que está no horizonte para esta geração é aquele avanço final para que possamos "todos chegar à unidade da fé, e ao pleno conhecimento de Cristo e à perfeita varonilidade..." (Ef 4:13).

Assim, a oração profética e fervorosa do nosso Senhor Jesus nas suas horas finais para a unidade de sua Igreja será respondida visivelmente sobre a terra "para que eles todos sejam um assim como tu, Pai, é um em mim, e eu em ti, que eles sejam um em nós; para que o mundo creia que tu me enviaste".

Talvez a consideração mais importante e crucial em tudo isso é como exatamente essas coisas serão cumpridas. É óbvio que o mover de Deus pode ser encontrado atualmente tanto dentro quanto fora do Cristianismo histórico e institucional. Esse derramamento do Espírito Santo está renovando a fé cristã e restaurando a Igreja. Não se trata, obviamente, de um acontecimento inédito. A lição que temos aprendido é que, geralmente, algumas instituições históricas cristãs, como odres velhos, tornaram-se rígidas com a idade, e o Senhor está produzindo gradativamente novos odres para conter o novo vinho do seu Espírito.

Será que a velha Igreja Romana não poderia ultimamente ser divinamente induzida a deixar de lado suas tradições não bíblicas de milênios e voltar novamente à simplicidade apostólica? Será que Deus não tem poder para renovar o pentecostalismo clássico para sua unção inicial? Será que a histórica Igreja de Cristo não poderia deixar a sua hostilidade sectária contra a obra do Espírito? De fato, esses seriam milagres extraordinários e sem precedentes, mas o nosso Deus não é um Deus de milagres?

Seria extraordinário se os crentes em nosso Senhor Jesus Cristo procedentes de todos os cismas pudessem ter, na prática, não uma unidade simbólica, mas genuína, formando um só Corpo em amor, assim como Jesus e o Pai são um. Seria glorioso ver tanto protestantes quanto católicos que nasceram de novo repartindo o pão em cada cidade e vila. Será necessário que haja mais perseguição e tribulação como houve na Igreja primitiva, nos campos de concentração da Alemanha Nazista ou sob o regime comunista para fazer todas as diferenças ruírem e o verdadeiro Corpo de Cristo emergir unido em toda a terra?

Na China comunista, sob o pesado massacre do Estado, as denominações desapareceram. Será necessária uma perseguição como essa para provocar a nossa unidade? É essa a razão pela qual agradou a Deus misturar esta era final de restauração com o tempo de "grande tribulação, tal como jamais ocorreu desde o início do mundo até agora, e nem tampouco haverá" (Mt 24:21)? É assim que a unidade finalmente virá? Em todas essas considerações, devemos andar mansamente diante do Senhor para discernir como ele vai operar.

Há hoje um crescente número de homens e mulheres que estão saindo da atitude sectária para simplesmente se tornar o Corpo de Jesus Cristo na terra. Em todas as gerações, o Espírito Santo tem agido e feito alguma coisa totalmente nova. Hoje estamos realmente no limiar de um novo e poderoso mover de Deus. Estamos todos nessa grande expectativa, e juntos estamos escrevendo as novas páginas da História da Igreja à entrada do terceiro milênio.

REFERÊNCIAS

"A investidura de João Paulo I". *In* Manchete, ed. 1.378, 16 de setembro de 1978, p. 4-11.

"A paz na terra", encíclica do papa João XXIII. São Paulo: F.T.D., 1963.

ALDUNATE, Pe. Carlos; SUENENS, Cardeal Leão; J. Scandian, D. Silvestre; McKINNEY, D. Joseph; MACNUTT, Pe. Francis, *A experiência de Pentecostes*: A Renovação Carismática na Igreja Católica (4ª ed.) São Paulo: Loyola, 1982.

ALLEN, William E. *História dos avivamentos religiosos*. Rio de Janeiro, Casa Publicadora Batista, 1958.

ALMANAQUE ABRIL. São Paulo: Editora Abril, 1980.

America's Great Revivals [Grandes reavivamentos dos Estados Unidos]. Chicago: Christian Life, 2004.

ANDERSON, William K. *Espírito e mensagem do protestantismo*. São Paulo: Imprensa Metodista, 1953.

BETTENSON, H. *Documentos originais da Igreja Cristã*. São Paulo: Juerp, 1961.

_____. *Documentos da Igreja Cristã*. São Paulo: Imprensa Metodista, 1967.

BAITON, R. H. *Lutero*. Buenos Aires: Sudamericana, 1955.

BEMSON, Clarence H. *History of Christian Education* [História da Educação Cristã]. Chicago: Moody Press, 1943.

BOLETIM DA VISÃO MUNDIAL. Edição Documento, ano I, ed. 3, maio de 1981.

BOYER, Orlando. *Heróis da fé*. 3ª ed. Rio de Janeiro: Livros Evangélicos, 1961.

BREDENSEN, Rev. Harold. *Awakening at Yale* [Despertamento em Yale]. Chicago: Christian Life Publications.

BUYERS, Paul Eugene. *Trechos do diário de João Wesley*. São Paulo: Imprensa Metodista, 1965.

_____. *João Wesley, avivador do Cristianismo na Inglaterra*. 2ª ed. São Paulo: Imprensa Metodista, 1957.

BURCKLAND, A.R; WILLIAMS, Lukyn. *Dicionário bíblico universal*. São Paulo: Vida, 2010.

CAIRNS, Earle E. *O Cristianismo através dos séculos*. São Paulo: Vida Nova, 1984.

CAMPOS, J.L. *Dicionário Inglês-Português Ilustrado*. São Paulo: Edições Lep, 1951.

CHURCH AROUND THE WORLD. Wheaton: Tyndale, edições de outubro de 1984 a outubro de 1987.

COLEMAN, Robert E. *One Divine Moment* [Um momento divino]. New Jersey: Fleming H. Revell, 1970.

COMPROMISSO (brochura do Congresso Brasileiro de Evangelização). Belo Horizonte: 1983.

CONCLUSÕES DE MEDELLÍN. II Conferência Geral do Episcopado Latino-Americano. São Paulo: Paulinas, 1984 (5ª ed.)

CONDE, Emílio. História das Assembleias de Deus. Rio de Janeiro: 1960 (1ª ed.)

CONN, Harvie; STURZ, Richard. *Teologia da Libertação*. São Paulo: Mundo Cristão, 1984.

COWMAN, Lettie B.; COWMAN, Charles E. *Missionary Warrior* [Guerreiro Missionário]. Los Angeles: The Oriental Missionary Society, 1947 (8ª ed.)

D'AUBIGNE, J.H. Merle. *História da Reforma do 16º século*. São Paulo: Casa Editora Presbiteriana.

DAVIDSON, F. *Novo comentário da Bíblia*. São Paulo: Vida Nova, 1963.

DAVIS, George T.B. *When the Fire Fell* [Quando o fogo caiu]. Filadélfia: The Million Testament Campaigns, 1948.

DREHER, Arno. *Martim Lutero*. São Leopoldo: Sinodal, 1983.

EERDMAN'S HANDBOOK TO CHRISTIAN BELIEF. Grand Rapids: William B. Eerdmans, 1982.

EERDMAN'S HANDBOOK TO CHRISTIAN IN AMERICA. Grand Rapids: William B. Eerdmans, 1983.

EERDMAN'S HANDBOOK TO THE HISTORY OF CHRISTIANITY. Grand Rapids: William B. Eerdmans, 1977.

ELLIOT, Elizabeth. *The Savage My Kinsman* [O selvagem My Kinsman]. Nova York: Harper and Brothers; Londres: Hodder e Stroughton, 1961.

ELLIS, William. *Billy Sunday, The man and His Message* [Billy Sunday, o homem e sua mensagem]. Chicago: Moody Press, 1959.

ELSON, Robert T. "Pope John XXIII" ["Papa João XXIII]. *In Life Magazine*, ed. outubro de 1962.

ENSLEY, Francis Gerald. *João Wesley, o evangelista*. São Paulo: Imprensa Metodista, 1965.

ERMAN, Raymond. *Finney vive ainda*: o segredo do avivamento em nossos dias. Belo Horizonte: Renovação Espiritual, 1962.

ESBOÇO HISTÓRICO DA ESCOLA DOMINICAL DA IGREJA EVANGÉLICA FLUMINENSE – 1855-1932. Rio de Janeiro, 1932.

EVANGELIZAÇÃO NO PRESENTE E NO FUTURO DA AMÉRICA LATINA. *In Conclusões da III Conferência Geral do Episcopado Latino-Americano de Puebla de Los Angeles*. 8ª ed. São Paulo: Paulinas, 1986.

ETTER, Maria Woodworth. *Diary of Signs And Wonders* (Diário de sinais e maravilhas). Harrison House Inc., 1980.

FALVO S. *A hora do Espírito Santo*. São Paulo: Paulinas, 1975.

FERM, Virgilius. *Pictorial History of Protestantism* [História pictórica do Protestantismo.] Nova York: Philosophical Library, 1957.

_____. *An Enciclopedia of Religion* [Uma enciclopédia da religião.] Nova York: Philosophical Library, 1955.

FINNEY, Charles G. *Short Life of Charles Grandison Finney* [A curta vida de Charles Grandison Finney.] Antrim: Revival Publishing Company, 1948.

FISCHER, Harold A. *Avivamentos que avivam*. Rio de Janeiro: Livros Evangélicos, 1961.

FORELL, George Wofgang. *The Luther Legacy* [O legado de Lutero]. Augsburg: Publishing House, 1983.

GEE, Donald. *Acerca dos dons espirituais*. 3ª ed. Rio de Janeiro: Livros Evangélicos, 1958.

GLOVER, Robert Hall. *The Progress of World-Wide Missions* [O progresso de missões mundiais]. Nova York: Harper e Brothers, 1960.

GONZALEZ, Justo L. *História Ilustrada do cristianismo*. São Paulo: Vida Nova, 2011.

_____. *E até os confins da terra* — Uma história ilustrada do Cristianismo. São Paulo: Vida Nova, 1978.

GRAHAM, Billy. *Padrões bíblicos para o evangelista*. Minneapolis: World Wide Publications, 1984.

GREENFIELD, John. *Power From on High* [Poder do alto]. Atlantic City: Evangelica, 1950.

HAHN, Carl J. "Revival in Brazil". *In The Revival Movement*, ed. janeiro a março de 1953.

HALLEY, Henry H. *Manual bíblico*. São Luiz: Livraria Editora Evangélica, 1961.

HESS, Lucy. *Billy Graham in Paris* [Billy Graham em Paris]. Vol. 86, ed. 3, março de 1987.

HILLERBRAND, Hans. *The Protestant Reformation* [A Reforma Protestante]. Harper: Torchbooks.

HUGHES, Philip. *História da Igreja Cristã*. **2ª ed.** São Paulo: Dominius, 1962.

HUBERT, Jedin. *Concílios ecumênicos*. EUA: Herder, 1961.

INTRODUCING THE AMERICAN SUNDAYSCHOOL UNION (folheto). Filadélfia: American Sunday School Union.

IN OTHER WORDS. Wyclife Bible Translators. Vol. 8, ed. 4, verão de 1982.

JACKSON, Jeremy C. *The Church Through Twenty Centuries* — No Other Foundation [A Igreja através de vinte séculos — Nenhum outro fundamento]. Westchester: Conerstone Books, 1980.

JOHNSTONE, Patrick J. ST. G. *Batalha mundial* — Guia para intercessão pelas nações. 2ª ed. São Paulo: Vida Nova, 1981.

_____ *Batalha mundial*. 3ª ed. 1987.

JOSEFO, Flávio. *História dos hebreus*. São Paulo: Editora das Américas, 1956.

KANE, J. Herbert. *Understanding Christian Missions* [Entendendo as missões cristãs]. Grand Rapids: Baker Book House, 1878.

KELLY, J.N.D. *Early Christian Doctrines* [Doutrinas dos cristãos primitivos]. Nova York, HarperOne, 1978.

KEMPIS, Thomas à. *Imitação de Cristo*. Livro III, "Da consolação interior", capítulo 1, "Da comunicação íntima de Cristo com a alma fiel". Domínio Público.

KLOPPENBURG, Boaventura. *Compêndio do Vaticano II* — Constituições, decretos, declarações. 15ª ed. Petrópolis: Vozes, 1982.

KNIGHT, A.E.; ANGLIN, W. *História do Cristianismo*. 3ª ed. Rio de Janeiro: Casa Publicadora das Assembleias de Deus, 1955.

LATOURETTE, Kenneth. *A History of Christianity* [Uma história do Cristianismo]. Nova York: Harper and Row, 1954.

_____. *História del Cristianismo*. **5ª ed.** El Paso: Casa Bautista de Publicaciones, 1983.

LESSA, Vicente Themudo. *Lutero*. 4ª ed. São Paulo: Casa Editora Presbiteriana, 1960.

LEWIS. T. Vaughan. "Deus visitou o país de Gales". *In Arauto*, ano IV, ed. 41, 1961.

LIARDON, Roberts. *God's Generals* [Generais de Deus]. New Kensington: Whitaker House, 1996.

LINDSELL, Harold. *The Holy Spirit in the Latter Days* [O Espírito Santo nos últimos dias]. Nashville: Thomas Nelson, 1983.

LOPES, Ilídio Burgos. *A reforma religiosa do século XVI*. São Paulo: Livraria Independente Editora, 1955.

LUTERO, Martinho. *Da liberdade cristã*. Domínio público.

_____. *Do cativeiro babilônico da Igreja*. Domínio público.

_____. **À nobreza cristã da Alemanha.** Domínio público.

MACY, Paul Griswold. *A história do Conselho Mundial de Igrejas* (livreto). Rio de Janeiro: Imprensa Metodista.

"Milagre no Vaticano — A história secreta da eleição de João Paulo II." *In Fatos & Fotos Gente*. Ed. 897, 30 de outubro de 1978, p. 3-11.

MOFFETT, Hugh. "The Pilgrimage of Pope Paul the Sixth" ["A peregrinação do papa Paulo VI"]. *In Life Magazine*, vol 56, ed. 3, janeiro de 1964, p. 18-30.

MUIRHEAD, H. H. *O cristianismo através dos séculos*. **3ª ed.** Rio de Janeiro: Casa Publicadora Batista, 1951.

MURCH, James de Forrest. *A aventura ecumênica* — Uma análise do Conselho Mundial de Igrejas. São Luís: Livraria Editora Evangélica, 1963.

_____. *Co-operation Without Compromise: A History of the National Association of Evangelicals* [Cooperação sem comprometimento: uma história da Associação Nacional dos Evangélicos]. Grand Rapids: Eerdmans, 1956.

NEWMAN, Albert Henry. *A Manual of Church History* [Um manual da História da Igreja]. Filadélfia: American Baptist Publication Society, 1903-1904.

NICHOLS, Robert Hastings. *História da Igreja Cristã*. São Paulo: Casa Editora Presbiteriana, 1954 e 1960.

PERSON, B.H. *The Vision Lives: A Profile of Mrs. Charles e Cowman* [A visão vive: uma biografia da senhora Charles E. Cowman]. Los Angeles: Cowman Publications, 1961.

PEQUENO DICIONÁRIO MICHAELIS. 27ª ed. São Paulo: Melhoramentos, 1989.

PINTONELLO, Aquilez. *Os papas* — Síntese histórica, curiosidade e pequenos fatos. 3ª ed. São Paulo: Paulinas, 1986.

POLOCK, John. *Crusades: 20 Years With Billy Graham* [Cruzadas: 20 anos com Billy Graham]. Minneapolis: World Wide Publications, 1969.

_____. *To All the Nations: The Billy Graham Story* [A todas as nações: a história de Billy Graham]. San Francisco: Harper & Row, 1985.

PORTAS ABERTAS — Com irmão André. Ed. junho de 1988, Vol. 9, nº 2.

Presbiterianismo no Brasil 1859-1959. São Paulo: Casa Editora Presbiteriana, 1959.

PULSE. Wheaton: Evangelical Missions Information Service, edições de setembro de 1986 a abril de1988.

RANAGHAN, Kevin; RANAGHAN, Dorothy. *Católicos pentecostais*. Pindamonhangaba: O.S. Boyer, 1972.

REILY, Duncan A. *História documental do Protestantismo no Brasil*. São Paulo: ASTE, 1984.

_____. *História da Igreja: série em marcha*. São Bernardo do Campo: Imprensa Metodista, 1988.

_____. *A influência do metodismo na reforma social da Inglaterra no século XVIII*. Rio de Janeiro: Junta Geral de Ação Social da Igreja Metodista do Brasil, 1953.

"Return of the Native". *In Time Magazine*, vol. 121, ed. 26, 27 de junho de 1983, p. 6-15.

SALVADOR, J.G. *O Didaquê: os ensinos dos apóstolos*. São Paulo: Imprensa Metodista, 1957.

SCHAFF, Philip. *History of Christian Church* [História da Igreja Cristã]. Grand Rapids: Eerdmans, 1952-1953.

SCHATTSCHNEIDER, Allen W. *Through Five Hundred Years: A Popular History of the Moravian Church* [Por quinhentos anos: uma história popular da Igreja Morávia]. Winston Salem: Comenius Press, 1956.

SCHOFIELD, Hugh J. *A Bíblia estava certa*. São Paulo: Ibrasa, 1961.

SCOTT, Benjamin. *As catacumbas de Roma*. Porto: Tipografia Progresso, 1923.

SHIPPS. *Notas da aula de História da Igreja*. Kentucky: Asbury Theological Seminary.

SILVA, Ismael J. *Notas histórias sobre a missão evangelizadora do Brasil e de Portugal*. Rio de Janeiro, 1960-1961.

SOUZA, Alcindo Muniz de. *História Medieval e Moderna para o segundo ano colegial*. 4ª ed. São Paulo: Companhia Editora Nacional, 1955.

STEWART, James Alexander. *Quando desceu o Espírito*. Belo Horizonte: Renovação Espiritual.

STEWART, Randall. *American Literature & Christian Doctrine* [Literatura estadunidense e doutrina cristã). Baton Rouge: Louisiana State University Press, 1958.

STREAM, Carol. *Christianity Today* [Cristianismo hoje]. Illinois: Tyndale.

STOTT, John. *Comenta o Pacto de Lausanne: uma exposição e comentário*. São Paulo: ABU/Visão Mundial, 1983.

"The '59 Revival in Ireland" *in* Revival Stories ed. 2. Belfast: Revival Publishing Company, 1955.

The Concord Desk Encyclopedia. Nova York: Concord Reference Books: 1982.

The New Bible Dictionary. Grand Rapids: Eerdmans, 1962.

"The Pope in America". *In Time Magazine*, vol 114, ed. 16, 15 de outubro de 1979, p. 8-28.

TOGNINI, Enéas. *Vidas poderosas*. São Paulo: Edições Enéas Tognini, 1967.

TUCKER, Ruth A. *E até os confins da terra* — Uma história biográfica das missões cristãs. São Paulo: Vida Nova, 1986.

VAN HALSELMA, Thea B. *João Calvino era assim*. São Paulo: Vida Evangélica, 1968.

WALKER, G.S.M. *The Growing Storm* [A tempestade crescente]. The Paternoster Press, 1961.

WALKER, Williston. *História da Igreja Cristã*. São Paulo: ASTE, 1967.

WESLEY, João. *A perfeição cristã*. Casa Nazarena de Publicações, 1981.

WILDERMUTH, Wesley. "Founders Who Didn't Found" ["Fundadores que não fundaram"]. *In OMS Outreach*, ed. 3, 1976, p. 19.

WINTER, Ralph D. *The Twenty-Five Unbelievable Years* [Os 25 anos incríveis]. 4ª ed. Pasadena: William Carey Library, 1970.

WOOD, A. Skevington. *The Inextinguishable Blaze* [A chama inextinguível]. Londres: Eerdmans/The Paternoster Press, 1960.

WOOD, Robert D. *In These Mortal Hands: The Story of the Oriental Missionary Society — The First 50 Years* [Nessas mãos mortais: a história da Sociedade Missionária Oriental — Os primeiros 50 anos]. Greenwood: OMS International, 1983.

Compartilhando propósitos e conectando pessoas
Visite nosso site e fique por dentro dos nossos lançamentos:
www.gruponovoseculo.com.br

Ágape

- Editora Ágape
- @agape_editora
- @editoraagape
- editoraagape

agape.com.br

Edição: 1ª
Fonte: PT Serif